外国语言文学前沿研究丛书

语言测试的心理测量与统计模型

朱正才 编著

上海交通大学 出版社
SHANGHAI JIAO TONG UNIVERSITY PRESS

内容提要

本书主要是在作者已发表的 23 篇论文基础上完成的,专注于语言测试的心理测量学和统计学模型,分为四章:语言测试的心理测量模型及相关问题、分数等值模型、信度效度模型以及语言能力量表模型及相关研究。每章下的小节标题都是论文题目,论文发表的相关信息都标注在文章的末尾处,方便读者查找。考虑到每篇文章的参考文献对文章理解的重要性,也都一一予以保留。本书中的这些论文都密切联系中国实际,研究的都是中国大学生英语教学和测试方面的问题,以实证研究、定量研究为主,其中大量使用了心理测量和统计学的方法及模型。希望这些研究范例对中国年轻的语言测试工作者有一些参考价值。

图书在版编目(CIP)数据

语言测试的心理测量与统计模型/朱正才编著. ——
上海:上海交通大学出版社,2022.8
ISBN 978-7-313-22460-6

Ⅰ.①语… Ⅱ.①朱… Ⅲ.①语言-测试-心理测验
-研究②语言-测试-统计模型-研究 Ⅳ.①H09

中国版本图书馆 CIP 数据核字(2019)第 263887 号

语言测试的心理测量与统计模型
YUYAN CESHIDE XINLI CELIANG YU TONGJI MOXING

编 著:朱正才
出版发行:上海交通大学出版社 地 址:上海市番禺路 951 号
邮政编码:200030 电 话:021-64071208
印 制:上海万卷印刷股份有限公司 经 销:全国新华书店
开 本:710 mm×1000 mm 1/16 印 张:19.5
字 数:296 千字
版 次:2022 年 8 月第 1 版 印 次:2022 年 8 月第 1 次印刷
书 号:ISBN 978-7-313-22460-6
定 价:98.00 元

在本书即将付梓之际，我想对自己的求学之路做一个简单介绍，这不但有利于读者了解我的研究特长，还能更好地理解我的这些小作品。

我大学时读的是教育管理学，之前则一直在中小学当数学老师，硕士读的是教育、心理测量与统计学，博士又转向了语言学——主要是语言测试方向。虽然我的求学经历表面上看有点令人眼花缭乱，但实际上一脉相承。教育学、心理学和语言学为我从事语言测试工作打下了理论基础，长期的教学经历能让我对考试与教学的关系有一个深刻的理解，而数学——尤其是统计学功底和编程计算能力，则让我具有较强的模型处理能力。语言测试是一个典型的交叉学科，主要涉及语言学、心理测量学和统计学，其中语言学关于语言能力的观点（即构念）是它的核心理论部分，而心理测量学和统计学解决的主要是构念的测量问题。这就像人的两条腿，走路时缺一不可。但遗憾的是，我国大部分语言测试工作者都是学语言出身，心理测量和统计学的基础很薄弱，这就给他们的研究工作带来了很大的不便。我经常能听到这样的问题和抱怨："如何控制作文评分信度？""如何保证分数的'含金量'不变？""是信度重要还是效度重要？""如何建立分数常模？""IRT 理论怎么这么难！"如此等等。

其实，这些问题也是我一直在苦苦思索的问题。我认为有的问题我完全有能力解决，有的问题只能暂时解决，有的问题则至今无解。在求索的过程中，我不揣浅陋，坚持把自己的一些研究成果写成论文发表出来，以便求教于同行。2019 年初，上海交通大学外国语学院和上海交通大学出版社刚好有一个资助学术论文集出版的项目，部分同事和学生就提醒了我这件事，问我能否把自己语言测试的相关论文结集出版出来。我想了想，就欣然同意了。

根据出版项目的要求，第一，入选论文必须围绕论文集的主题展开，不能包含无关论文；第二，所有论文要分出章节，自成体系；第三，论文需要适当导读，彼此之间要有衔接。

鉴于我的研究主要集中在语言能力测量问题上，因此把书名定为《语言测试的心理测量与统计模型》。本书基于 23 篇论文，分为四个专题：语言测试的心理测量模型及相关问题、分数等值模型、信度效度模型和语言能力量表模型及相关研究。

由于我一直在全国大学英语四、六级考试（CET）委员会负责心理测量和统计方面的工作——屈指一算快 30 年了，因此其中很多研究都是基于我在 CET 委员会的工作实践。我非常感激 CET 委员会的大力支持和同事们的精诚合作！自 2016 年起，我同时还参加了中国英语能力等级量表（CSE）的编制工作。因此，又有部分论文是基于这方面的工作，我非常感谢 CSE 项目的支持！CET 和 CSE 是中国英语界无数专家们的心血结晶，是具有中国特色和世界影响力的英语教学科研成果，我能参与其中，并用自己的微薄之力为其添砖加瓦，实乃荣幸之至。现在，我能有机会把我在工作中总结出来的经验教训与同行和后辈们分享、讨论，真是一件非常高兴的事情。

再次对我的论文合作者们表示感谢！

再次对上海交通大学外国语学院和上海交通大学出版社表示感谢！

朱正才

2022 年 7 月 15 日

CONTENTS 目录

第一章
语言测试的心理测量模型及相关问题

本章导读：语言能力测试的构念主要包含两类问题：一类是关于语言能力的结构和语言处理过程的认知模型，解决的是语言能力是什么的问题；另一类是这样的一个语言能力应该如何去测量的心理测量模型，也可以说是"一个如何描述它的理论框架"。人的语言能力是认知能力的一种，本身看不见，摸不着，但其外部语言行为表现却是可观察的。设计语言测试的人就是要通过观察人的某些特别典型的语言行为（即语言行为样本）来推断看不见的语言能力水平。本章的四篇论文都围绕这一主题展开，被试对象局限于大学生，每篇论文都是把语言教学与测试问题放在一起讨论，这是完全符合中国国情的一种典型且非常实用的研究范式。

第一节
语言听力理解能力的认知结构与测试

导读

本节试图建立一个简洁而实用的听力理解认知模型,并且使用图式理论来对模型进行解释,接着在这个听力理解认知模型的基础上建立了一个心理测量模型。本节用汉语水平考试(HSK)命题来作实例,详细解释了两类模型在语言考试命题中的作用。笔者认为,掌握这两个最基本的理论模型分类方法和模型的建立方法对一个语言测试命题人员来说是最重要的理论素养。因为语言能力模型的局限性以及语言行为样本的有限性恰恰就是造成语言测试效度问题的两个根本原因,懂得了这两类模型的工作原理和工作机制就有可能找到改善语言测试效度的路径。

当代语言测试的重心正在从狭隘的语言处理能力(language processing ability)转向广阔的语言交际运用能力(language communicative ability)。语言学家们也不仅仅满足于研究语言系统本身,还要探索这个系统在交际中是如何被使用的。不但语音语调、词汇和句法结构的掌握运用,而且人们对过去事物的知识经验、人类的高级认知技能,还有周围环境的影响因素都被包括在交际语言能力测试必须考虑的问题之中。听力理解能力是交际语言能力的首要方面,因此交际听能(communicative listening ability)的训练和测试也就成了人们关注的热点。众所周知,认知心理学是以信息处理理论为基础的。从认知的观点看,语言的听力理解过程是一个信息的输入、处理和综合运用的过程,其中的现代图式理论(Modern Schema Theory)对这一过程具有很强的概括和解释能力。本文就是试图从认知心理学的角度来透视一下听力理解的内部机制,再从交际听能测试的视角提出关于一个听力理解语言能力的认知结构模式。

一、听力理解的信息处理过程

听力理解是一个不断聆听音响信息、理解所听声音材料意思的过程。Lado(1961)曾说:"听力理解就是对交际状态中的语言信号成分的认知控制。"Carroll(1972)提出把听力理解区分出两个阶段,即理解语言信息的语言学阶段和理解更广阔的非语言学信息的第二阶段。Gordonwells(1976)也认为,听力理解的发生不但要利用材料中的特别言语间信息,还需要利用相应的世界知识。西方许多从事语言听力理解研究的专家学者也都认识到听力理解并不仅仅是对语音语调、词汇、语法的听辨和理解,而且还有对材料所包含的各种非语言学信息的探究和理解。在真实的语言交际情景中,二者融合于统一的听话过程,而且后者是在前者的基础上发生的。从心理活动水平上说,后者处于更高的认知水平上。另外,听力理解还牵涉听力的目的或动机、发话者与听话者的社会关系、听话情境中可利用的各种非语言信息(如表情、体态等)。某些与听话内容有关的过去生活的知识和体验更是有着举足轻重的作用。正如 Kasper(1986)所说:"当输入信息与原有知识相匹配时,理解就发生了。"

为了建立听力理解测验的心理学基础,许多语言教学专家和测试专家运用现代信息论对听力过程进行了长期不懈的研究(Richards 1983;Anderson 1983,1985 等)。虽然大家在具体划分听力理解过程时仍有不少分歧,但大多数人主张听力理解过程包括两个基本阶段:第一阶段基本上是语言处理过程,第二阶段则是对第一阶段结果的运用。笔者也持这一观点,觉得对听力理解过程的分析不宜太细,并且尝试用图 1-1 对听力理解过程作一个简要的描述。

首先,外部语言信息进入"短时记忆系统",对信息的处理主要由"中心执行者"完成,中心执行者位于短时记忆系统之中。信息的处理分"自动处

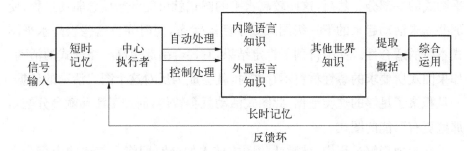

图 1-1　听力理解过程的信息处理模型

理"和"控制处理",分别形成"内隐语言知识"和"外显语言知识",并进入"长时记忆系统"之中。同时这些输入信息与长时记忆中的过去知识经验发生连接作用,经过提取和概括形成一个对输入信息的综合理解。整个过程是一个闭环系统,处理中的成功或错误的信息反馈到控制中心,如有必要,由控制中心进行再处理。

二、用现代图式理论解释听力理解过程

现代图式理论的典型代表人物 Rumelhart(1980)认为,图式理论基本上是一种关于人的知识的理论。它是关于知识是怎样被表征出来的,以及这种知识的表征如何以其特有的方式有利于知识的应用理论。按照图式理论,所有的知识都组成一定的单元,这种单元就是图式。包括在这种单元之中的东西除了知识本身以外,还有关于这些知识如何被运用的信息。

在以图式为基础的信息加工过程中,图式的活动可以来源于两个方向:一个是从上到下的驱动,也称概念驱动(concept driven);一个是从下到上的驱动,也称材料驱动(data driven)。在前者中,一个图式可以使属于它的下一级图式活动起来,下一级图式的活动好像来源于一种预期,也称预期驱动;在后者中,下一级图式活动引起上一级图式活动。

结合前文的听力理解信息模型,可以用图式活动来描述听力理解过程。首先,人在感知系统中(譬如说听知觉)接受了某些信息,这就自动地引起了一定的低级水平的图式活动(即特征觉察器的活动)。这些低级水平的图式又可能激发一定的较高水平图式活动,因为这些较低水平的图式是较高水

平图式的一部分。然后,这些较高水平的图式就可能开始概念驱动过程,使那些尚未活动起来的下一级图式处于活动状态,同时评价这些较高水平图式本身的适合性。如果得到了肯定结果,它还会引起更高一级图式的活动。如果图式所要求的感性材料不存在时,就会成为反对这个图式活动的证据。一旦积聚了足够的这类证据,此图式活动就会暂停,而加工活动就会分配给那些更有可能的图式。

在听力理解过程中,被激活的图式使人们会对即将要叙述的内容产生一种预想。当预想同材料所叙述的内容一致时,图式将促进对材料的迅速理解;相反,当图式的预想同实际的叙述不一致时,图式将阻碍对材料的理解。在有些情况下,适合的图式还能使材料中并未出现的内容或听者漏听的内容得到补充,并建立一个完整的意义表征。某一图式一旦被有关的线索激活,还会为信息的加工储存提供一种框架,能被图式组织进来的信息将获得巩固的记忆,而与图式无关、难以组织进来的信息则很容易被遗忘甚至很快丧失。因此,图式活动能引起信息的选择性加工。

根据图式理论,听者对一篇听力文章理解不好可以有以下三种原因:①听者可能不具备适合该文的图式;②听者具备适合该文的图式,但没有被提供一定的线索,无法使这些图式活动起来;③听者可能发现某种对文章的一致解释,但这种解释并非文章的正确意义。根据皮亚杰的观点,图式并不是天生固有的,而是在生活经历中通过同化(assimilation)和调节(accommodation)两种方式发展起来的。同化过程是将感知的事件与现存的图式结合起来,调节过程是在找不到现存适合的图式解释新的情况时,创造新图式或者修改旧图式,使之能与新的情况相符合。

三、听力理解能力的测量

把听力理解作为一种技能来进行系统研究在20世纪70年代之前尚未得到充分重视,然而语言教师越来越相信听力理解是一种能够教授的普遍技能。

如果我们承认语言能力中间能够分离出一个听力理解能力因子,那么听力理解能力是否能再进一步划分呢? 只有在对听音理解过程有了一定程度认识后我们才有可能来回答这个问题。目前听力理解能力常常被视为一种综合性能力，即若干支属能力的总和。这些支属能力的划分不能是无序的，应该有一个统一的维度，在统一的理论框架下共同形成一个互相联系、相互补充的系统。譬如，我们是从语言的组成成分出发还是从语言运用过程出发来研究这个问题就会产生两种完全不同的分类体系。

对综合听力理解能力的认识来源于对听音者理解问题的过程进行观察和探索。如果我们基于这些观察和探索找出了听音者进行听力理解时所需的具体技能的细节，就有可能设计出重点发展这些支属技能的活动方式与练习。随着听音者在这些支属能力上的逐步提高，最终达成综合性听力理解能力。

前文已提出将听力理解过程分为两个阶段。据此我们可以区分出与之相对应的两种不同认知水平的听力理解技能：低级听力技能和高级认知技能。

从图式理论的观点来看，语音处理阶段主要是一些低级水平的声音反应图式在以一种刺激-反应的方式活动，活动的结果是激活了处于较高水平的图式，从而使听力理解过程进入第二阶段。在第二阶段，活跃着的是一些较高水平的知识图式（包括陈述性知识图式和程序性知识图式），只有当输入的信息与这些图式相匹配时，对材料的理解才会发生。

将听力理解过程划分为两个阶段，并据此区分出两级水平的听力技能有着重要意义，因为它将听力测试的目标引入了听力理解过程之中。对具体两个阶段听力理解过程中所含技能的探究是与被试的认知活动研究紧密相连的，这与 Lado(1961)仅从听、说、读、写四个维度上对语言作出语音、词汇、句法及文化背景的划分有着本质的区别。因为该理论不仅关注被试个人的行为结果，而且更加关注有关被试的知识结构、思维特点、听力策略、元认知过程等诸多方面的信息。这类研究不仅为听力测验编制提供理论依据，同时也为达成综合听力理解能力的教学寻找一条如何进行单项训练的途径，也是认知心理学为语言研究打开的一扇新的大门。

就目前的研究现状来说，一般认为在低级听力技能中主要包括辨音能力、辨明语调能力、认识语法成分能力等，在高级认知技能中则主要包括信息选择能力、预想与猜测能力、推理能力、综合归纳能力、元认知能力等。

在听力理解研究过程中,人们还发现了许多对听力理解有着重大意义的变量,如听者已有的相关背景知识(指一般世界知识)就对听力理解具有非常大的影响和作用。另外,还有心理焦虑水平、听力目的或动机水平、阅读速度、反应的敏捷程度等诸多因素也对听力理解产生影响。这诸多影响因素组成了一个听力理解影响因素系统。我们都知道学习语言的意义在于将它作为交际的工具。在真实生活情景中,这诸多的影响因素都是无法选择或排除的。从这个意义上说,它构成了社会交际听能的一个重要组成部分,虽然从理论分析角度,它们并不是听力理解能力本身。既然如此,语言听力理解测验无疑也应将这一影响因素系统考虑在内。

由于人类对自身认识的局限性,人们对听力理解过程作出正确的推测实在是一件非常困难的事。目前我们还不能了解这一过程中所包括的众多因素的详情,也就不能罗列出一个与具体听力理解过程相适合的支属能力体系。这正是我们未来研究中有待深化的重要领域。本节提出的"交际听能"的心理结构最突出的特点是:①分析了语言听力理解的心理过程,并以现代图式理论为基础建立模型;②将听力理解影响因素系统独立出来,并使用变量分析方法加以条理化;③框架简明扼要,可操作性强。

图1-2　听力理解能力的认知结构模型

基于这一心理模型的听力理解测验主要包括两类题:一类题测试低级听力技能(声音反应图式的速度和准确性),另一类题测试高级认知技能(相关知识图式的数量与质量）。还允许有一些题介于两者之间。影响因素则是测试要努力加以控制和操作的变量，以使测试更接近于真实的交际情境。下面试举 HSK 命题实践中的两例进行说明。

例1（男的和女的刚在公司加完班，准备回家）

男：你坐什么车回家？地铁吗？

女：都十一点一刻了，哪儿还有地铁？末班车十点半就开走了。

男：你还不知道啊，从昨天开始，地铁的运行时间延长了。末班车的时间改为十二点半了。

女：是吗？太好了。那头班车的时间是不是也提早了，不是六点了？

男：对，提早半个小时。

问：现在地铁运行时间是几点到几点？（答案：A）

A. 5:30～12:30　　　　　　B. 4:30～11:15

C. 4:30～10:30　　　　　　D. 6:00～10:30

这种题目在测试中经常可以看到，语言材料很有生活气息，学生似乎应该听得懂，答得出。可是仔细分析一下，在日常谈话中有很多信息是已知的，如地铁首班车是 6:00，末班车是 10:30，这经常构成谈话的背景知识。因此，在实际谈话中双方都会很自然地把注意力集中在新信息，即新的运行时间上。但作为一个听力测试题，测试目标就显得不集中。首先，听话人可能没有相关背景知识，题目中出现的时间因素都是新信息，一段小对话中出现 5 个时间，这就大大地增加了"记忆"的难度；其次，新的运行时间中，首班车的时间还要从"六点"和"提早半个小时"中推出来，增加了一种数学运算的难度。因此，作为测试题目，其难度不仅要比日常谈话大得多，而且增加的是"记忆"和"数学运算"的难度，与语言交际能力并没有很直接的关系。这类题目距离鉴定和提高学生的语言交际能力的目的就太远了。根据前文分析，笔者认为可将题目作如下修改：

男：你坐什么车回家？地铁吗？

女：都十一点一刻了，哪儿还有地铁？末班车十点半就开走了。

男：你还不知道啊，从昨天开始，地铁的运行时间延长了。末班车的时
　　间改为十二点半了。

女：是吗？太好了。

问：现在地铁末班车是几点？（答案：D）

A. 11：30　　　　B. 11：15　　　　C. 10：30　　　　D. 12：30

这样一改，题眼就集中在地铁末班车的时间上，是一道测试低级听力技
能的题目。

例 2（在出租车上）

女：师傅，你为什么不走东方路？

男：您看，东方路上堵车堵得很厉害，连自行车都排起了长队，所以我
　　走向阳路。

女：可这样不是在走远路吗？

男：表面上看是这回事儿，不过您瞧，向阳路是机动车单行道，没有自
　　行车，汽车可以开得很快。您放心，这样走，不但不耽误时间，而且
　　车费也和走东方路差不多。

女：好吧。

男：国际贸易大厦到了。

女：这么快！多少钱？

男：26 元。收您 50，找您 24。

女：你估计得真准。平时到这里的车费也是 25 元左右。

问：司机为什么不走东方路？（答案：D）

A. 司机故意走远路　　　　　　B. 东方路上骑自行车的人太多

C. 东方路是非机动车道　　　　D. 东方路交通堵塞

例 2 也是一个很有生活气息的题目，情境在出租汽车上，乘客和司机以
行车路线为谈话的主题是很自然的。司机要向乘客解释为什么不走东方路
和走向阳路要不要多付车费这两个问题。而题目要求学生回答的也正是这
两个方面的内容之一。这类测试完全符合我们在教学中进行听力理解训练

时的要求,锻炼学生迅速抓住要点,选择和获得主要信息。这道题目中还要求学生对司机的话作一些分析,理解其主旨,是一道偏向测试高级认知技能的题。

——原文发表于《语言教学与研究》,2001(3);作者:朱正才,范开泰。

参 考 文 献

[1] Anderson,R. C. & Pearson,P. D. A Schema—Theoretic View of Basic Processes in Reading Comprehension[M]. In P. Pearson (Ed.),Handbook of Reading Research. New York & London:Language,1984.

[2] Ausubel,D. P. The Psychology of Meaningful Verbal Learning[M]. New York:Grune & Stratton,1963.

[3] Carroll,J. B. Defining Language Comprehension:Some Speculations and the Acquisition of Knowledge[M]. New York:John Wiley,1972.

[4] Lado,R. Language Testing[M]. Longmans. First Published,1961.

[5] Gordonwells,W. Schema Theory and ESL Reading Pedagogy. TESOL Quarterly,1976.

[6] Richards,J. C. Listening Comprehension:Approach,Design,Procedure [J]. TESOL Quarterly V.17,1983.

[7] Rumelhart,D. E. Schemata:The Building Blocks of Cognition[M]. In Spiro,R.,Bruce,B. and Brewer,W. Editors. Theoretical Issues in Reading Comprehension. Hillsdaie BJ:Laurence Erlbaum Associates Publishers,1980.

[8] 陈开顺.听话过程中的心理活动方式与听力的构成[J].外语教学与研究,1998(2).

[9] 戴曼纯.语言学研究中"语言能力"的界定问题[J].语言教学与研究,1997(2).

[10] 桂诗春.认知和语言[J].外语教学与研究,1991(3).

[11] 皮亚杰.发生认识论原理[M].王宪钿等,译.北京:商务印书馆,1985.

[12] 王初明.信息处理与外语学习.现代外语,1990(1).

朗读与外语能力测量

导读

　　本节从认知的视角透视了外语朗读过程,论证了朗读行为的语言学价值和朗读作为语言能力的一种指标的科学性。作者为此构建起了一个对朗读进行语言学评价的指标体系——这也是本文最大的亮点,并对125名大学生的朗读语料进行了转写、标注和分析,初步揭示了朗读与语言能力,尤其是与人的"语篇"理解能力之间的关系。本研究不但为将朗读作为一种语言测试题型提供了理论依据,而且在研究方法上也有很大的参考价值。

一、引言

　　朗读作为一项传统的教学手段一直在语言教学中占有一席之地。在语言测试领域里,朗读也得到了广泛的应用。在英语母语教学中,朗读测试常被用来测量学习者阅读流利程度和总的阅读能力(Fuchs et al. 2001；Fuchs, Fuchs & Maxwell 1988；Gough, Hoover & Peterson 1996；Howe & Shinn 2001；Kuhn & Stahl 2000；Marston 1989；NRP Report 2000；Pinnell et al. 1995；Rasinski 2003；Wiederholt & Bryant 2001)。在外语教学中,朗读任务常用来测量学习者的口语能力,在我国各类外语测试中也得到越来越广泛的应用。但是也有一些学者认为,朗读缺乏交互性,不能全面反映考生的口语能力(Heaton 1990；Hughes 1989；Lado 1961；Underhill

1987),故作为口语测试题型具有一定的局限性。这一点笔者很是赞同。那么作为外语测试任务,朗读究竟测了什么？是外语学习者的口语能力？阅读能力？还是整体外语能力？朗读任务是否可以区分外语学习者的不同语言水平？笔者研读了与朗读相关的大量文献,探究了朗读的神经传递和心理过程,分析了朗读能力结构,并设计实施了一系列相关实验,以期进一步了解朗读这一古老而又新鲜的测试手段及其在外语能力测试中的作用和使用上的局限性。

二、本研究的理论背景

(一) 朗读的定义

徐世荣认为:"朗读是把书面上写的语言变成口头上说的语言,把无声语言(文字、文章、文学作品)变为有声语言,更能表情达意的口头活语言。"(引自张颂 1992)有声语言有的是由内部语言外化而成,有的是由文字转化而成,朗读属于后者。朗读以文字为依据进行再创作,把文字转变为有目的、有思想、有感情、有对象的有声语言。看文章、听说话是外部输入在先的言语行为;写东西、谈事情是内部交际意愿在前的交际行为。朗读篇章是先看文本,再把它读出来,外部输入在前,内部交际意愿产生在后。有理解的篇章朗读是一种有意识、有目的的有声语言表达活动。它绝不是望文读音的直觉过程,而是一个有着复杂心理和生理变化的人类驾驭语言的认知心理过程。

(二) 朗读的神经传递过程和心理过程

语言学除研究语言体系之外,还要研究言语机制和言语活动。相对于言语交际中的言语活动而言,人脑中的言语机制实际上是人脑内部的言语活动。这种活动表现为复杂的神经传递过程,也可以说是大脑中的一种信息处理过程。朗读时书面文字符号转换为时空结构的脉冲,由视神经纤维经视网膜传入大脑皮层的视觉区(Vision region)和视觉联合区(Vision association region)。脑枕叶(Cerebral occipital lobe)有对几何图形作特异反应的神经元,视觉形象得到初步表征。接下来,信息从视觉联合区传入角回(Angular gyrus),并转换为文字形象,得到初步解释。再由角回传入韦尼克区(Wernicke's area,此区主司接收性言语功能),进一步理解为有意义的词句。然后通过弓状束(Arcuate fasciculus)传至布洛卡区(Broca's area,此区主司产出性言语功能),形成相应的言语活动指令。最后信号传到大脑皮层运动区(Motion region),引起与言语有关的口咽肌协调性收缩,完成朗读活动(王德春等 1997:29-30)。利用 Geschwind 的语言处理模型对朗读过程进行分析,也可以得到同样的诠释(Carroll 1999:341)。由此可见,朗读是一个复杂的过程,涉及三个言语中枢——布洛卡区(言语表达中枢)、韦尼克区(言语感受中枢)和角回(阅读中枢)。朗读不是一个简单的望文出声的过程,而是眼、口、脑、耳并用,听、说、读都涉及其中的认知过程。

对比分析阅读(silent reading)和朗读(oral reading)的神经传递过程,可知阅读过程只是朗读的一部分,即言语理解部分。朗读还涉及布洛卡区的言语产出。分析 Fromkin(1971)和 Levelt(1989)的言语产出模型就会发现,朗读和言语产出的主要区别在于言语计划的来源不同,即言语产出中言语计划的来源是说话人的交际意愿或目的,由内部语言外化而成;而朗读中言语计划的来源是文本,由文字语言转化而成。朗读时读者对篇章的理解和言语计划的制订是同时进行的,即朗读中概念生成机制(conceptualizer)和形式合成机制(organizer)合二为一,信息处理在各个部分平行进行,交叉起作用。

朗读篇章时,读者是在理解篇章的基础上制订言语计划,并将其转化为有声言语的。文本输入激活心理词库中的词目,这些意义单位聚集在短时记忆里,直至形成一个命题,并与长时记忆中的图式相互作用,得出篇章的意义,同时文本的视觉形象激活心理词库中相应词的语音,用于制订言语计划。文本输入不同,三条路径——视觉词汇路径、语义路径和语音路径被激活的程度不同,所得到的注意力的权重也不同。三条路径共同作用的结果是言语计划,而对篇章意义的理解又影响言语计划中语音、语调及断句的处理。最后,发声机制(articulator)将内在的言语计划转化为有声语言,而监控机制(monitor)则对言语计划和外化的有声言语进行实时监控,如发现错误则进行分析,进而自我修正。

三、朗读实验

上文从理论上对朗读的剖析表明朗读是一个复杂的过程,涉及语言能力的各个层面——语音语调、词汇、句法处理能力、句子及篇章的理解能力等。对朗读心理过程的验证属于心理学范畴的基础研究,需进行一系列心理和神经方面的实验,但由于条件的限制,笔者未能在这方面作进一步探索。本节仅从外语能力测量的角度出发设计了朗读测试实验,对朗读所涉及的各个语言能力层面进行验证。

(一) 实验材料

我们于 2004 年 11 月至 2005 年 3 月分析了目前中国大学英语教学通用的四套教材——《21 世纪大学英语》《大学核心英语》《新视野大学英语》和《新编大学英语》,对文章的题材、体裁、行文风格和难易度有了初步的了解。然后,对上海一所大学的四名大学英语教师和十名大学生进行了访谈,进一步了解教学中学生通常采用的英语朗读文字材料。在此基础上,我们选择了 8 篇文章,并在学生中做了小规模的预测,就文章难易度、长度、题型、是否有时间准备、朗读时间的长短等作了一系列对比实验,然后初步选定 3 篇文章,并针对这些文章拟定了问题,以便进行朗读能力与阅读理解能力的相关性研究。

(二) 实验对象

2005 年 6 月,笔者于上海的一所大学随机抽取了 5 个自然班的 142 名学生,在语音室内进行了朗读实验。这 5 个班的学生的专业分别为计算机科学与技术、工程管理(两个班)、会计和保险。学生的英语水平跨度很大,包括大学英语四级成绩从 21 分至 90 分的各个层次。剔除有质量问题的录音之后,共收集到 125 名学生的有效录音。

(三) 数据分析

首先,从 125 名学生的录音中随机抽取 20 个样本,进行文本转写和错误标注,初步了解学生朗读中的错误种类,拟定初步的错误标注方案。接着随机抽取 20 名学生的录音进行转写、标注,将新发现的错误加入标注方案。这样多次反复修订,直至形成一个多层次的、可扩充的、一错一码的标注系统。

其次,根据对朗读能力成分的剖析对错误进行归类,即哪些错误反映了哪些能力成分的不足。如将加音、减音、错误读音和重音错误视为语音能力的反向指标;将重复、修补、填补和拖音视为流利性的反向指标;不当停顿、缺乏停顿和任意添加或缺省功能词及词缀表明学生句法处理不当,对文本的理解有误,故被视为句法能力的反向指标;词错和缺省实义词则被视为词汇能力的反向指标。参照国外朗读测试(如 Reading miscue inventory (Goodman & Burke 1972)和 Informal reading inventories(Burns & Roe 2002))对朗读错误权重的设定方法及专家的意见,我们根据错误的严重性对不同类型的错误赋予不同的权重。凡引起意义变化或句法冲突的错误被赋予权重 1,而不影响意义和句法正确性的错误则被赋予权重 0.5。

最后,统计了每 100 个词中各类错误的比例和学生朗读的语速。朗读的语速被作为正向评分指标,错误的比例被作为反向评分指标,并据此给各项能力评分。朗读总分等于各个单项分之和。根据错误标注方案转写、标注了 125 名学生的录音,并依照朗读评分方案进行了评分。然后,计算这 125 名学生的朗读成绩以及大学英语四级考试总成绩和各单项得分之间的相关系数,并进行了因子分析,以探索朗读能力的内部心理结构。

四、结果和讨论

(一) 定量分析

在本实验中,我们主要讨论效标关联效度(criterion-related validity),采用的效标是大学英语四级考试成绩。因为大学英语四级考试是学术界公认的一项信度和效度较高的大规模标准化考试,可以对学生的英语能力进行客观、科学的评价,而朗读应该是学生整体英语能力的表现之一,所以朗读成绩与大学英语四级考试成绩应当存在显著相关性。

表1-1计算了学生朗读成绩与大学英语四级考试总成绩和各单项得分之间的相关系数。由表1-1最后一行的各项系数可知朗读总分与四级考试各单项得分及总成绩的相关均呈显著水平。作为学生整体英语水平的表征之一,朗读总分与四级考试总分的相关系数最高(r=.798,p<0.01),而朗读总分与四级考试中复合式听写的得分相关系数也很高(r=.750,p<0.01)。这很可能是因为复合式听写涉及篇章的听力理解和一定的言语产出,和朗读一样属于综合性技能的考察,二者均为考生总的语言水平的表现,故相关度较高。朗读总分与四级考试写作部分的得分相关系数最低(r=.337,p<0.01),这可能是因两者涉及的言语技能不同所致。

表 1-1 朗读成绩与大学英语四级考试总成绩和各单项分之间的相关系数

	听力理解	阅读理解	词汇	完形填空	写作	复合式听写	CET 总分
句法	.368**	.498**	.432**	.334**	.384**	.574**	.612**
发音	.395**	.373**	.446**	.361**	.390**	.629**	.559**
词汇	.426**	.563**	.544**	.505**	.220*	.650**	.679**
流畅	.415**	.484**	.349**	.395**	.234*	.558**	.574**
理解	.403**	.401**	.323**	.359**	.025	.252**	.416**
朗读总分	.549**	.658**	.578**	.543**	.337**	.750**	.798**

注: * 表示 p<0.05, ** 表示 p<0.01。

定量的相关性分析虽然可以让我们了解两个变量之间的变化方向及密切程度,但并不能揭示两者之间的内在本质联系。而因子分析则可以从为数众多的可观测的变量中概括和推导出少数因子,用最少的因子来概括和解释最大量的观测事实,从而建立起最简洁、最基本的概念系统,揭示事物之间最本质的联系。因此,我们用SPSS10.0软件对上述数据进一步作了因子分析。KMO 和 Bartlett 球形检验的结果(KMO 值为 0.865,卡方 = 565.954,p=.000)表明样本数据适合作因子分析。运用主成分分析法和正交旋转后得到了两个因子解(特征根值均大于 1)。分析两个因子的变量载荷矩阵(见表1-2)可知,因子 1 共有 8 项观测变量的载荷大于 0.5,主要涉及理解能力及词汇能力,而词汇是言语理解的基础,故可命名为"理解能力因子";因子2共有5项观测变量的载荷大于0.5,主要涉及言语产出能力,故可命名为"言语产出能力因子"。这两个因子累计解释的方差达到了59.429%。朗读变量中理解和流利性变量在因子1上负载较高,而发音和句法变量在因子2上负载较高,词汇则在两个因子上都有中等的负载。这表明朗读既涉及言语理解,又涉及言语产出,是一项综合技能。

表 1-2　旋转后的因子载荷矩阵

	因子 1	因子 2
句　　法	.328	.689
发　　音	.299	.728
词　　汇	.543	.579
流　　利	.508	.453
理　　解	.772	−.185
四级听力理解	.705	.209
四级阅读理解	.728	.323
四级词汇	.621	.391
四级完形填空	.629	.357
四级写作	−.139	.758
四级复合式听写	.520	.675

（二）朗读错误定性分析

数据的定量分析表明,学生的朗读与其英语水平存在某种密切关系。对学生朗读错误的定性分析则可以让我们进一步了解学生英语学习中的缺陷所在。经统计,125名学生的朗读中共有8 470处错误,具体分布见表1-3。

从表 1-3 可以看出,语音错误占了很大的比重(43.4%),其中错音发生的频数最高,重音位移频数最低。语音错误可从语内因素(Intralingual factor)和语际干扰(Interference)两方面来解释。语内因素主要是指学习者对英语的发音规则掌握不够准确或对英语词汇的掌握不够全面,对一些基本词汇只知其义而不知其音。如 world, taxi, raise, doubt, sweat, river 等基本词汇都是学生朗读时犯错频率较高的。语际干扰主要来自英汉两种语言在音系和音位系统上的差异。如在 17 类重要错音里有 11 类是元音,主要原因可能是英汉元音音色的差异由口腔的形状和大小不同所决定,学生很难掌握。词汇层面的错误(词错和减词)为 20.5%,表明词汇量太小或词汇掌握不牢,在朗读这一在线信息处理过程中也造成了很大障碍。在句子和语篇层面上,由理解错误或理解困难造成的不当停顿和缺乏停顿有 1 409 处(16.6%),错误语调有 266 处(3.2%)。其他影响朗读流利性的错误,如重复、填补、拖音、非即时修补和不成功的修补,一方面表明学生在朗读过程中积极运用各种策略,另一方面也说明他们在处理信息的过程中有一定困难。由此可见,朗读不是说话器官的机械活动,而是一个复杂过程,涉及语言能力的各个层面——语音语调、词汇、句法处理能力、句子及篇章的理解能力等。

表 1-3 朗读错误统计

错 误 类 别		数 量	百分比	累计百分比
不当停顿		1 298	15.3%	15.3%
缺乏停顿		111	1.3%	16.6%
流利性	重 复	761	9.0%	25.6%
	非即时修补和不成功的修补	219	2.6%	28.2%
	填 补	165	1.9%	30.1%
	拖 音	65	0.8%	30.9%

错　误　类　别		数　量	百分比	累计百分比
语音错误	错　　音	1 735	20.5%	51.4%
	加　　音	525	6.2%	57.6%
	减　　音	1 340	15.8%	73.4%
	重音错误	79	0.9%	74.3%
词　　错		1 559	18.4%	92.7%
减　　词		178	2.1%	94.8%
加　　词		161	1.9%	96.7%
语调错误		266	3.2%	99.9%
其　　他		8	0.1%	100%
总　　计		8 470	100%	100%

　　下页是一个学生(candidate 003)朗读错误的标注汇总表,通过分析我们可能会对朗读有更深刻的理解。该生的朗读非常缓慢且不流利,并且存在多处不当停顿、重复、犹豫和缺省,使其朗读支离破碎,很难理解。多处不当停顿和错误的语调表明他理解篇章有一定困难。发音方面最严重的问题是吞音,受母语的干扰较大,常在词尾辅音后添加音节,如/er/和/s/。对英语的发音规则虽有一定了解,但应用不够熟练,遇到生词拼读时常发生错误。词汇量很小,大学英语教学大纲内要求的很多基本词汇(如 fare,travel,journey 等)都没有掌握。朗读时随意缺省或添加功能词和词缀,表明其句法分析能力有待提高。语言知识(语音、词汇、句法知识)掌握不足,更谈不上对这些知识的综合运用。因此,整个朗读不流利、不准确、缺乏表现力,表明该生英语水平较低。从评语一栏的分析可以看出,对学生朗读错误进行深入的分析不仅可以发现学生语言知识有哪些不足,还可发现其语言运用有哪些问题。外语学习者的朗读反映了他所掌握的语言知识(语音、词汇、句法知识)、背景知识、理解技能和策略、言语计划制订和言语产出情况,是其语言能力的表征。因此,可以认为朗读任务作为英语水平测试的一种题型是可行的。

发　音

朗　读　错　误		评　语
[Ml] world [Mx] taxi raise [WPai-ai] pay [Pp-r] Rome [Mme] automobiles [S3] wider [WPi-i] costs [M1s] Tubman [WPtubman-taebinhman] Railroad [WP2r-1] shelter [Wshelter-sheltel] slaves [WPa-e][Pe-er]	president [WPi-ai][S2] Lenin [WPlenin-lin] simplifiers [WPsimplifiers-simplaifers] Churchill [Pll-s] itself [Pf-s] slaves [Pe-er] point [Pt-s] At [Pt-s] 1940 [W19-90] 1933 [W19-90] 1917 [W1917-90.70]	该生朗读时习惯性吞音,且常在结尾的辅音后添加/er/或/s/这两个音节,这很有可能是源于因汉语的干扰所造成的错误发音习惯。朗读数字时常混淆teen 和 ty。对英语发音规则虽有一定的了解,但不能熟练应用。遇到生词拼读时常常读错。对一些基本词汇,如 world, taxi, pay, raise 等,发音不熟悉。
President [WPi-ai][S2]	Leadership [Mder]	

词　汇

朗　读　错　误		评　语
hail [WPai-ai] crowded [Wcrowded-covered] disturb [Wdisturb-distrab] [Mlanes] turns [Wturns-chance] [WPfare-feil] journey [Mney] traveled [Mveled] [Wnetwork-netweek]	tricks [Wtricks-tracks] reward [Wreward-??] doubt [Wdoubt-double] crisis [Wcrisis-saisis] doubt [Wdoubt-dabt] British [Wbritish-britain] toil [Wtoil-tool] scene [Wscene-skins]	词汇量很小,即使是最基本的词汇,如 fare, travel, journey 等,对该生也是生词。

句　法

朗　读　错　误		评　语
[IP2]　15 [LP]　3 [IN1]　1 [IN2]　2	[Moffer] warned [Med] or [Wor-and] led [Wled-lead]	15 处不当停顿和 3 处缺乏停顿表明该生未能理解文本,至少是不能理解文本的某些部分。3 处语调错误表明他对这些句子的理解有

续　表

朗　读　错　误		评　　语
[Mon] [Mof] parking [Ming][Pk-s] [Mand] groups [Ms] basements [M2s] forests [M2s] [Mmaster] [Mhave] elected [Med] differences [Ms] [Ma] [Mto]	￥40,000 [W40-50] her [Wher-the] Her [Wher-he] anything [Wanything-anyone] at [Wat-and] [Pa] [Pfamous] [Pare] [Pand] [Pit] [Pof]	误,且对英语语音语调的使用不是很熟练。多处缺省和添加词缀表明他对英语这一屈折语的词缀变化规则不熟悉,特别是对表示名词复数的词缀 s 和表示过去时的词缀 ed 使用不熟练。几乎所有缺省的词汇(一个除外)均为功能词,表明该生朗读时注意力集中于理解意义,故很少注意功能词,同时也表明他的句法能力欠缺。因为功能词频繁缺省破坏了很多句子的结构,使其支离破碎。该生有时把一些功能词误读成其他的功能词,造成意义的改变和句法结构的不一致,这再次表明他的句法分析能力有问题。从句法意义上而言,所有添加的词汇(一个除外)在上下文都是可以接受的。这表明该生具有基本的语言能力,朗读时大脑中常用词块的习惯性搭配让他忽略了原文本,仅根据大脑的预测朗读。

流　利　性

朗　读　错　误		评　　语
[Rin to-in tokyo] [Rpre] prefer [Rstreets] sites [Rsi] city [Rci-city] But [Rbu] returned [Rre] slaves [Rslave-slaves] network [Rnet] households [Rhouse] [Rshel-sheltel] Harriet [Rha] nightfall [Rnight][Mt] [Rit is]	examining [Rex][Mlin] elect [Re-e-elect] especially [Re-e-especia-especially] Roosevelt [Rroo-roosevelt] [Rwho cut] debate [Rde][WPbate-bait] [SCget-go-get] [SCstreets-cities-streets] [USCshe became a-she became a-she become a] [SCa leader-leaders-a leader] [SCbetween the two-between two-between the two]	整个朗读磕磕跘跘,非常不流利。其中重复有 20 处,主要是因为词汇量小,很多词汇的处理需要时间。或是朗读时理解超前,后面的文本结构复杂或含有生词,理解需要时间。重复可以为下一步的信息处理赢得时间。5 处自我修正表明该生朗读时运用了监控机制。其中 1 处自我修正失败,说明他对动词过去式的不规则变化不熟悉。犹豫在口头交际中常被视为一种自然

续　表

朗 读 错 误		评　　语
Hesitation mn mn er er er erm erm	Protraction an...d [IP1]　　3	现象,然而在有准备的朗读中11处犹豫则过多,破坏了朗读的流利性。朗读某些词时拖长某些音节,为下面的处理争取时间,同时也显示该生对文本理解或言语产出有一定的困难。处理生词或不熟悉的词汇造成3处不当停顿。

在转写和分析学生朗读录音时,笔者发现,朗读如果作为外语水平测试的任务,其使用也有一定的局限性。水平低的学生朗读错误比比皆是,且多处缺省、跳过文本内容,或支支吾吾,不知所云。水平高的学生朗读则准确、流利,有表现力,偶尔所犯错误均可视为口误,且大多能通过监控自我修正。对这两类学生很难通过分析其朗读表现来给出诊断性信息。可以说,水平高的学生已掌握了基本的语言技能,需通过其他测试任务(如面试、小组讨论、对话等)来测量其语言能力的其他方面,如交际策略的使用、话轮展开等。水平低的学生则需提高语言能力的各个层面。本研究的这些发现表明朗读任务可能对中等水平的学生最为有效。在教学方面则提示教师应根据学生的朗读表现所提供的丰富的诊断性信息提出针对性意见,改进学生的学习效果。

五、结束语

本节分析了朗读的神经传递过程和心理过程,设计实施了以中国英语学习者为对象的朗读实验,收集了125名外语学习者的朗读录音,并进行了初步的分析。研究结果表明,朗读是一个复杂的、多层次的过程,涉及语言能力的各个层面。根据学生的朗读作出诊断性分析报告是对其语言能力的多角度透视。诊断信息因人而异,具体易懂,有助于学生了解自己的英语水平,并制定针对性的学习方案,以促进学习。从这个意义上来说,朗读测试所提供的诊断性信息对教和学都有着十分重要的作用。

然而,不可否认的是,本实验所采用的朗读测试也有一定局限性。虽然实验表明朗读测试可以提供丰富的关于考生英语能力的诊断性信息,朗读作为英语水平测试的一种题型有很大的潜力,但转写、标注学生的朗读录音特别费时费力,而且要求转写者具有很高的听觉灵敏度和很强的语言功底。如果不对朗读测试结果进行详尽的分析,仅凭印象打分,就不可能提供丰富的信息。要克服这些困难,对朗读测试结果进行计算机自动标注和评分不失为一条有效途径。而目前高效语音识别系统的开发,如 IBM via voice、台湾成功大学的 CAPT system,the Carnegie Mellon Sphinx 4,Dragon Naturally Speaking 8 等,则为此提供了技术可能性。开发此类基于语音识别技术的系统是一项需要语音学家、计算机专家和语言测试专家多方协作、共同完成的工作,这也是本课题组今后的研究方向。

——原载于《现代外语》,2006(4);作者:高霞,杨惠中,朱正才。

参 考 文 献

[1] Burns, P. & B. D. Roe. Informal Reading Inventory: Preprimer to Twelfth Grade (6th edn.) [M]. Boston: Houghton Mifflin Company, 2002.

[2] Carroll, D.W. Psychology of Language[M]. Brooks/Cole Publishing Company, 1999.

[3] Fromkin, V. A. The Non-anomalous nature of anomalous utterances[J]. Language, 1971(47): 27-52.

[4] Fuchs, L. S., D. Fuchs, M. K. Hosp & J. R. Jenkins. Oral reading fluency as an indicator of reading competence: A theoretical, empirical, and historical analysis[J]. Scientific Studies of Reading, 2001(5): 239-256.

[5] Fuchs, L. S. D. Fuchs & L. Maxwell. The validity of informal measures of reading comprehension[J]. Remedial and Special Education, 1988(9): 20-28.

[6] Goodman, Y. M. & C. L. Burke. Reading Miscue Inventory: Manual and Procedures for Diagnosis and Evaluation[M]. New York: MacMillan, 1972.

[7] Gough, P. B. W. A. Hoover & C. L. Peterson. Some observations on a simple view of reading[A]. In C. Cornoldi & J. Oakhill (eds.). Reading Comprehension Difficulties[C]. Mahwah, NJ: Lawrence Erlbaum Associates,

1996：1-13.

[8] Heaton, J. B. Classroom Testing[M]. Longman, 1990.

[9] Howe, K. B. & M. M. Shinn. Standard Reading Assessment Passages (RAPS) for Use in General Outcome Measurements: A Manual Describing Development and Technical Features[M]. Eden Prairie, MN: Edformations, 2001.

[10] Hughes, A. Testing for Language Teachers [M]. Cambridge: Cambridge University Press, 1989.

[11] Kuhn, M. R. & S. A. Stahl. Fluency: A Review of Developmental and Remedial Practices[M]. Ann Arbor, MI: Center for the Improvement of Early Reading Achievement, 2000.

[12] Lado, R. Language Testing: The Construction and Use of Language Tests[M]. Longman, 1961.

[13] Levelt, W. Speaking: From Intention to Articulation[M]. Cambridge, MA: MIT Press, 1989.

[14] Marston, D. A. curriculum-based measurement approach to assessing academic performance: What it is and why do it[A]. In M. R. Shinn(ed.). Curriculum-based Measurement: Assessing Special Children[C]. New York: Guilford, 1989: 18-78.

[15] National Reading Panel Report[R]. www. nationalreadingpanel. org. 2000.

[16] Pinnell, G. S., J. J. Pikulski, K. K. Wixson, J. R. Campbell, P. B. Gough & A. S. Beatty. Listening to Children Read Aloud[M]. Washington, DC: Office of Educational Research and Improvement, U. S. Department of Education, 1995.

[17] Rasinski, T. V. The Fluent Reader: Oral Reading Strategies for Building Word Recognition, Fluency, and Comprehension [M]. NY: Scholastic Professional Books, 2003.

[18] Underhill, N. Testing Spoken Language[M]. Cambridge: Cambridge University Press, 1987.

[19] Wiederholt, J. L. & B. R. Bryant. Gray Oral Reading Tests: Examiner's Manual[M]. Austin: Pro-ed, 2001.

[20] 王德春,吴本虎,王德林.神经语言学 [M].上海：上海外语教育出版社,1997.

[21] 张颂.朗读学 [M].北京：北京广播学院出版社,1992.

第三节
朗读在外语教学和测试中的作用

导读

　　本节与上一节是姊妹篇,但重点放在了论证朗读作为一种英语教学活动的重大价值上。作者用很大的篇幅分析了学生朗读语料中的各种错误及其对英语教学启示和意义,显然这一朗读错误标注体系具有重大学术价值。

　　朗读作为一项传统的教学方法一直在语言教学中占有一席之地。然而,朗读也是英语教学法中唯一一项与任何现代的教学法无关的教学方法,这一点大家可以参照 Howatt(1984)关于英语教学法的讨论。目前对于朗读在外语教学中的作用还缺乏系统的研究,很多学者和教材编写者(如 Hosenfeld 1984;Peck 1988;Lewis & Hill 1992;Nuttal 1982)都认识到了这一点,呼吁大家对此展开研究,剖析朗读在教学中的作用,给予它正确的评价。然而,从国内外语类核心期刊所发表的论文来看,目前我们对朗读的研究甚少,对其在教学中作用的讨论多囿于经验之谈,缺乏理论研究和实验求证。那么,朗读究竟是一个望文出声的机械过程(Mann 1891),还是一个牵涉言语理解、言语计划、言语产出等的复杂心理过程呢?

　　有鉴于此,笔者认为有必要及时对国内外在朗读方面的研究与进展作一回顾。本文拟从朗读的定义、朗读在外语教学中的作用、朗读在测试中的应用、对外语学习者朗读录音的实际分析等四个方面对朗读的作用进行全面的论述,以正确评价朗读这一传统教学方法的现实意义。

一、朗读的定义

笔者认为，朗读是在视觉器官感知文字材料的基础上理解文本、制订言语计划，由言语器官将言语计划转化成有声语言的认知心理活动。在这一过程中，由听觉器官和言语理解系统对话语进行实时监控，如发现错误则进行分析，进而自我修正。这是一种眼、口、手、脑协同动作的过程。有理解的朗读是一种有意识、有目的的有声语言表达活动。它不是望文读音的直觉过程，而是个有着复杂心理、生理变化的驾驭语言的认知语言过程。表演类的朗读，如文学作品的朗诵和播音员的朗读是经过专业训练的技能，不属于本节所关注的范围。本节所讨论的仅限于外语学习者的朗读以及朗读在外语教学和测试中的作用。

二、朗读在语言教学中的作用

作为教学和学习方法，朗读具有悠久的传统。笔者囿于知识，仅讨论朗读在英语和汉语教学中的作用。

1. 朗读在母语教学中的作用

在美国，英语的朗读自殖民地时期就是英语母语教学中很重要的一部分。朗读被广泛地用于阅读教学中，其目的在于帮助以英语为母语的儿童建立起书面文字和语音的对应关系（Eysenck 1990；Eysenck & Keane 1990；Rayner & Pollatsek 1989）。有很多研究表明，课堂朗读教学及课后家长与孩子的朗读活动对学生阅读水平的提高很有帮助（Stallings 1980；Wilkinson et al. 1988），朗读有助于阅读流利性的提高。

在我国，自古以来朗读就在汉语教学中扮演着重要的角色。春秋战国时期，史官记事、诸子讲学、弟子从读、百家争鸣以及诗书经史的师传后人，这一切活动都离不开朗读。古来诵书很重视句读、断句，认为这是学习文章作品的要着，不但成为"明其义"的第一步，也成为读书者语言水平深浅的标志之一。

2. 朗读在外语教学中的作用

英国广播公司（BBC）曾在它的外语教学论坛（EFL Teaching Forum）

上就朗读在外语教学中的作用进行过调查。来自世界各地的 314 名英语教师参加了此调查,其中有 304 名教师认为朗读在外语教学中有重要的作用。他们在教学中使用朗读的频率如下(这里"从不""很少""有时"和"经常"指的是教学中使用朗读的频率)。

表 1-4   BBC teaching English vote (Total votes so far: 314)

1:从不使用	10%
2:很少使用	15%
3:有时使用	37%
4:经常使用	38%

由此可见,朗读在外语教学中也被视为非常有效的学习方法。王宗炎先生(2002)指出,朗读时我们所学到的不只是个别的语言点,而且是英语的整个体系。Julia Dobson 指出,朗读是训练语音语调、提高听说能力的途径。不大声朗读就体会不到各个音素的差异及语流中语音的变化。错误的语音语调得不到及时纠正,就会在头脑中扎根,无疑会影响听说。翻译家沈苏儒先生认为,每天进行朗读训练,反复朗读文章,口头复述甚至背诵,许多语言现象就会在脑海中留下更深刻的印象,就能够在口头上逐渐习惯文章的用词用语,自然地吸收书面语言,获得语感。

从训练的角度看,朗读不仅训练了口头能力,也训练了听觉。朗读能培养默读的基本技巧,如训练眼球在默读中有节奏地活动,有意识地扩大读者在默读中眼的视距,促进词的形、音、义紧密结合(李庭芳 1983)。多次重复朗读可养成以意群为单位的阅读习惯,使学生的视觉和识别力变得敏锐,提高阅读速度。学者们强调了朗读在外语教学中的不同作用,从各个侧面说明朗读可以促进学习者听、说、读能力的发展,培养语感,全面促进学习者语言能力的提高。

三、朗读在测试中的应用

在教学中,朗读的作用一直不容忽视。在测试领域里,朗读也得到了广泛的应用。在失语病研究中,朗读测试被用来诊断失语病人脑部损失的部位。

在母语教学中,朗读多被视为默读能力——特别是流利性——的表现。如在美国,朗读测试广泛用于中小学生的考试和阅读教学。研究者和教师根据学生在朗读任务中的表现预测和发现有阅读障碍的学生,因人施教(NRP Report 2000;Wiederholt & Bryant 2001;Kuhn & Stahl 2000;Fuchs et al. 1988,2000,2001;Marston 1989;Pinnell et al. 1995)。Pinnell 等(1995)从表现力、断句和准确性三个维度对千余名美国四年级学生的朗读进行了定性研究,并将他们的朗读成绩与阅读理解成绩作了相关性研究(correlation study),发现朗读流利、准确、有表现力的学生阅读理解成绩也较高,两者相关很高。Fuchs 等(1988)研究学生朗读和阅读理解的结论也证实了这一点。National Assessment of Educational Process(NAEP)2002 年关于朗读流利性的研究也得到了相似的结论。

这些对以英语为母语的儿童的研究有一共同发现,即朗读可以用来测试默读能力,是默读能力的一个重要指标。而这些研究也有一个共同的缺陷:仅根据相关系数即断定朗读是默读能力的表征。而相关系数只能描述两个变量之间的变化方向及密切程度,并不能揭示两者之间的内在本质联系。朗读与默读能力是何关系,是默读能力的一个表现,还是涵盖了范围更广泛的语言能力的表现,需进一步考证。

需要注意的是,以英语为母语的儿童进校学习阅读和写作时已初步掌握了英语语言体系,听、说没有任何障碍。对于他们而言,朗读几乎等同于阅读,困难主要在于英语文字体系、背景知识不足和理解力较差,如图 1-3 所示(阴影面积代表困难的大小)。

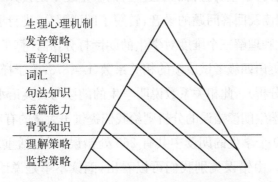

生理心理机制
发音策略
语音知识
词汇
句法知识
语篇能力
背景知识
理解策略
监控策略

图 1-3 以英语为母语的儿童朗读时的困难

　　而对于二语和外语学习者而言,需要学习的是整个英语体系。朗读行为受学习者英语水平、背景知识、理解力、言语计划、产出的策略等各个因素的制约,因此朗读不仅是阅读能力的体现,更是总的英语语言能力的表现,如图 1-4 所示(阴影面积代表困难的大小)。

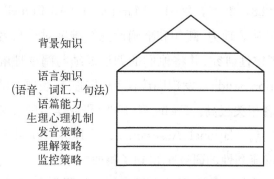

背景知识

语言知识
(语音、词汇、句法)
语篇能力
生理心理机制
发音策略
理解策略
监控策略

图 1-4　外语学习者朗读时的困难

　　Madsen(1983：153)指出,朗读可以测试学习者的语音语调、对英语发音规则的掌握、流利性和语法能力。Griffin(1995)认为,朗读"为外语教师提供了一个评估学生的机会,判断学生对声音符号关系的知识及句法结构知识的整体理解能力,了解学生阅读书面材料时的认识加工过程等"。外语学习者朗读的好坏是其语言能力的体现。

　　为了验证这一说法的正确性,笔者于 2003 年 5 月在上海一所大学进行了小规模的实验,尝试对外语学习者的朗读行为进行分析。该实验的对象是10 名大二学生,朗读材料是《大学英语读写教程 4》第一单元课文 B 中的第一、第二段。课间告诉学生实验目的及过程,请学生逐个朗读并回答问题。收集了 10 个学生朗读及回答问题的录音,转写了朗读部分,进行了错误标注。从准确性、流利性和理解三个维度对学生的朗读打分,并计算了 10 个学生的朗读成绩与大学英语四级考试成绩的相关系数(r=.873,鉴于样本太小,未能作进一步的统计分析)。此相关系数说明学生的朗读与其英语水平存在某种密切的关系。对学生朗读错误的分析则给我们提供了大量的有用信息。

　　经统计,10 个学生的朗读中共有 265 处错误(不包括重复、犹豫),具体分布见表 1-5。由错误类别我们可以看出,朗读不单是说话器官的机械活动,所反映的也不仅是语音语调。它是一个复杂的过程,涉及各个层面的语言能力——语音语调、词汇、句法处理能力、句子及篇章的理解。

表 1-5　10 个学生朗读错误分类统计

错误类别	出现频率	累	计	例　子
音素层面	72	72	27.2%	Examining［Ming］,Doubt［Pou-b］
词汇层面	98	170	64.1%	［SUBsweat-sweet］,［SUBtoil-toy］,［SUBexpect-except］
句子层面	75	245	92.5%	见下例
语音语调	20	265	100%	见下例

　　下面是一个学生朗读的转写文本和错误标注，文本中除朗读原文外，还标注①了朗读中的错误。如 differences［Ms］表明该生在朗读 differences 这个词时缺省了表示复数的词缀 s。通过分析其中的错误，我们对朗读可能会有更深刻的理解。

At a moment when we are waiting to see whether we have elected a President or a leader, it is worth examining　　　the differences　　　between the two. For not every President is a leader, but every time we
examing［Ming］　　　difference［Ms］
elect a president we hope for one, especially in times of doubt　　　　　　　and crisis　　　　　　. In easy
　　　　　　　　　　　　　　　　　　　double［Wdoubt-double］　　krisis［WP1i-i］
times we　　　are　　　ambivalent　　　— the leader, after all, makes demands,
　　［PAUSE］　　［PAUSE］ ambi'velent［WP2a-e］［S3］
challenges　　the　　status　　quo,　　　shakes things up.
cha-challenges［Rcha］to［Wthe-tuː］　　［PAUSE］ kjuː［Wquo-kjuː］
Leadership is as much a question of timing as anything else. The leader must appear on the scene
　　　　　　　　　　　　　　　　　　　　　　　　　　　scenes［P2e-s］
at a moment　　　when people are looking for leadership, as Churchill　　　　　　　did
　　［PAUSE］　　　　　　　　　　　　　Chur'chill-Chur'chill［Rchurchill］［S2］
in 1940,　　　as Roosevelt　　　did in 1933, as Lenín did in 1917. And when he comes,
1950［W40～50］　Roo-roo-Roosevelt［Rroo-roo］
he　must　offer　a　simple,　eloquent　　　　　message. Great　leaders
　　　　　　　　　　iloukerwent［WPeloquent-iloukerwent］

---

① 标注代码：［W］词错；［WP］发音错；［R］重复；［M］整个词没读，缺省某个音节，或缺省词缀；［P］加了一个词，加了一个音节，或加了词缀；［S］重音错误；［LP］lack of pause；［IP］improper pause；［IP1］improper pause due to unknown or unfamiliar words；［IP2］improper pause due to wrong comprehension；［IN］wrong intonation；［IN1］rising tone；［IN2］falling tone；［SC］self-correction；［USC］unsuccessful self-correction。

```
are almost                    always great simplifiers, who cut through argument, debate and doubt to
are almo-are almost[ Rare almo]

            offer   a   solution   everybody   can   understand   and   remember.   Churchill
[ PAUSE ]                                                                      Chur'chill [ S2 ]

warned                        the British to expect " blood, toil,          tears and
war-warndid to [ Rwar ][ Wed-id ][ Pd-tu∶][ Rwarned ]                    toy [ Wtoil-toy ]

sweat ";     FDR told Americans that        " the only thing we have to fear is fear itself"; Lenin
sweet [ WPea-i∶ ]              [ PAUSE ]

            promised        the war-     weary      Russians peace, land and bread.
[ PAUSE ]   pro-promised [ Rpro ]   we[ WPar-e ]   we-weary[ Rwea ]

Straightforward              but potent            messages.
strangefor'ward[ Wstraight-streindg][ S3 ]   Per'tent [ WPo-er][ S2 ]

It also helps for a leader to be able to do something most of us      can't   :   FDR overcame
                                                      [ PAUSE ] [ Rcan't ] [ LP ]

polio;     Mao       swam        the Yangtze        River      at the age of
polio [ WPl o-o ]  man [ Wmao-man ]  swom [ WPa-o ]    [ SCyangtze-yangti-yangtze ] rever [ WPi-e ]

72. We don't want our leaders to be " just like us". We want them to be like us but better, special, more so.
```

该生朗读的语速很慢（每分钟 88.6 词），磕磕绊绊（9 处不当停顿，9 处重复），不流利、不准确（19 处读错，1 处添加文本中没有的内容），没有表现力。

(1) 多处不当停顿：断句错误有 7 处，遇到生词停顿有 2 处。

a. In easy times we [PAUSE] are [PAUSE] ambivalent [W2a-e] [S3]中两处的停顿显然是由 ambivalent 这个生词引起的，证明朗读是以理解为基础的，不是见词出声（word to sound）的直觉过程。朗读时，解码、理解和发声同时进行。这里由于 ambivalent 是个生词，解码和理解遇到了困难，故整句朗读磕磕绊绊。在理解文本的过程中，眼动具有超前性，即朗读 we 时眼睛已经看到了 ambivalent。由于该词是个生词，理解产生障碍，影响了正常的朗读，出现停顿。停顿是为解码和理解赢得时间，但并未成功，故读到 ambivalent 时再次停顿，此时试图用英语语音规则拼读。但由于规则应用不熟练，读音错误。

b. The leader must appear on the scene [P2e-s] at a moment [PAUSE] when people are looking for leadership 中的不当停顿是一个断句错误，表明该生未能理解该句。这里的从句是对 at a moment 的修饰限定，不是对全句进行修饰限定的时间状语从句。

c. FDR told Americans that [PAUSE] "the only thing we have to fear is fear itself"断句错误,这里 that 是从句的引导词,不是指示代词。

d. It also helps for a leader to be able to do something most of us [PAUSE] can't [Rcan't]：[LP] FDR 表明该生不理解该句。

从上述的几处断句错误可以看出该生对句子的句法分析不熟练,造成一定的理解障碍。3 处任意添减词缀,造成语法错误,如 examining [Ming],differences [Ms],scene [P2e-z],表明该生对名词单复数的变化掌握不够熟练。

(2) 大学英语教学大纲要求的很多基本词汇没能掌握。对某些词汇,如 war, swam, river, crisis 等,只知其义不知其音;对另一些词汇,如 doubt, toil, sweat, straightforward, potent 等,则完全感到陌生。

(3) 不能熟练使用英语发音规则,遇到生词不能根据英语发音规则正确拼读,如 eloquent, straightforward, potent。对规则动词变位后的发音规则不熟悉,如 warned [Wwamed-woːnid]。

(4) 朗读时改变了原有文本的内容 makes demands, challenges [Reha] the [Wthe-tuː] status [PAUSE] quo [Wquo-kjuː]。the [Wthe-tuː]读为 to 既是解码错误,也是语法错误,因为二者在词性、功能上完全不同,表明该生没有理解该句。同时表明该生对 challenges 的固定搭配有一定的了解,即 challenges 为名词时常和 to 起使用。

(5) 一处添加文本中没有的内容 Churchill [S2] warned [Rwar] [Wed-id][Pd-tuː][Rwarned] the British to expect,造成句法错误,表明该生未理解该句。

从以上分析可以看出,该生勉强可以把文章朗读下来,对文章只有有限的理解,只具备一定的英语能力,仅仅掌握了最基本的语言技能。该生在理解过程中可以运用已有知识对文章进行预测,但不少地方不能理解原文,改变、添加文本中没有的内容。虽然语音语调基本正确,但语速很慢,且对英语发音规则,特别是规则动词变位后的发音规则掌握得不好。该生的基本功不够扎实,一些最基本的词汇,如 river, doubt, sweat, swam 发音错误,而且未能掌握大学英语教学大纲要求的一些基本词汇,如 toil, potent, eloquent, crisis 等。对复杂句的分析和理解有一定困难,且对名词单复数的变化不很熟练,表明她的句法能力也有问题。从该生的朗读分析可以看出，她的英语语言能力非常有限，勉强及格。这一点和任课教师的判断是一致的。由以上分析可见，朗读涉及各个层面的语言能力，如使用恰当，可以用来测试外语学习者的语言能力。

外语学习者的朗读表现了他所掌握的语言知识（语音、词汇、语法知识）、背景知识、理解技能和策略、言语计划制订和言语产出，是其语言能力的表现。可见朗读任务作为水平测试的一种题型是可行的。但是用朗读任务来测试口语交际则有一定的局限性，主要是因为口语交际的重要特征是交互性，而朗读缺乏交互性。Lado（1961：83）也认为："朗读不同于口头交际。在朗读中，学习者的注意力主要集中于文本的处理——词形、词义、词序、篇章的意义和故事情节的发展。而在口头交际中，学习者的注意力更集中于思想感情的表达、遣词造句。"显然朗读任务没有交际的成分，朗读的内容仅限于文本，测试中不可能有不可预测的新内容——这一点是自然会话中必不可少的。自然口头交际中，说话人需把自己的交际意图和目的表达出来，而朗读者仅需理解文本，把文本内容表达出来，准确产出语码的最终目的是为了准确再现语篇。自然对话中，说话人需理解对方的话语，并及时作出反应。而朗读者则完全沉浸在自己的世界里，没有和外界的交互。尽管众多学者（Underhill 1987；Lado 1961；Hughes 1989）都指出了朗读作为口语题型的不足，但目前在不少外语测试中朗读任务仍被用作口语考试的一种题型。这表明我们对朗读的研究还不够深入。

在转写分析学生朗读录音时，笔者发现朗读作为外语水平测试的任务也有一定的局限性。水平低的学生朗读处处皆错误，且多处缺省、跳过文本内容，或支支吾吾，不知所云。水平高的学生朗读则准确、流利，有表现力，偶尔所犯错误均可视为口误，且大多通过监控自我修正。对这两类学生很难通过分析他们的朗读表现给出诊断性信息。可以说，水平高的学生已掌握了基本的语言技能，需通过其他测试任务（如面试、小组讨论、对话等）测量其语言能力的其他方面，如交际策略的使用、话轮展开等。水平低的学生则需提高语言能力的各个层面。研究表明，朗读任务对中等水平的学生最为有效，教师可根据学生的朗读表现所提供的丰富的诊断性信息提出针对性意见，促进学生的学习。当然这一论断的合理性需进一步验证。

综上所述，在语言教学中（包括母语和外语教学），一些教师根据经验和直觉认为朗读是有效的学习方法,但还有待深入探讨。在语言测试研究中,众多学者(Underhill 1987；Hughes 1989；Madsen 1983；Heaton 1988,1990；Lado 1961)已经发现了朗读任务中考生的阅读能力与口语能力交叉起作用,但仅根据经验和直觉判定朗读可以作为语音测试或口语测试的一部分。迄今为止,有关的实证研究(主要是相关性研究)主要集中于以英语为母语的儿童的朗读表现,用朗读衡量其阅读能力。外语学习者的朗读行为究竟反映了什么? 是口语能力? 是阅读能力? 还是总的外语语言能力?朗读在外语教学和学习中究竟有什么样的作用? 作为外语测试任务,朗读究竟测了什么? 是否可以区分不同水平的语言学习者? 这些问题都值得探讨。

四、小结

　　本节讨论了朗读在语言教学和测试中的作用,分析了其不足,并在此基础上收集了一些外语学习者的朗读录音,进行了初步的验证性分析。研究结果表明,朗读是一个复杂、多层次的认知心理过程,涉及语言能力的各个层面。鉴于本文所涉数据量较小,未作深层次的探讨,仅就朗读错误进行了最直观的分析。朗读能力究竟包括哪些成分,学生朗读的心理过程是怎样的,如果使用朗读作为测试任务,究竟该选择什么样的篇章,应如何设计考试等都需要进一步的研究。

　　作为一项古老且经久不衰的教学和测试任务,朗读一直被广泛使用。但迄今为止,未曾有研究探索朗读在母语和二语、外语习得中所起的作用是否一致,是否有差异;朗读究竟在教学中有什么作用;学生的朗读表现反映了什么能力;应该如何恰当地使用该任务。本节对朗读进行尝试性研究,抛砖引玉,期待引起人们对该项语言学习任务的重新关注。

　　　　　　　　——原载于《外语界》,2006(2)；作者:高霞,朱正才,杨惠中。

-------------------------------------- **参 考 文 献** --------------------------------------

[1] Eysenck, M. W. The Blackwell Dictionary of Cognitive Psychology[M].

New Jersey: Blackwell, 1990.

[2] Eysenck, M. W., Keane M. T. Cognitive Psychology [M]. Lawrence Erlbaum Associates, 1990.

[3] Fuchs, L. S., Fuchs D., Eaton S. B., Hamlett C., Karns K. Supplementing Teacher Judgments about Test Accommodations with Objective Data Sources [J]. School Psychology Review, 2000, 29(1): 65-85.

[4] Fuchs, L. S., Fuchs, D., Hosp, M. K., Jenkins J. R. Oral Reading Fluency as an Indicator of Reading Competence: A Theoretical, Empirical, and Historical Analysis [J]. Scientific Studies of Reading, 2001, 5(3): 239-256.

[5] Fuchs, L. S, Fuchs D, Maxwell L. The Validity of Informal Measures of Reading Comprehension [J]. Remedial and Special Education, 1988, 9(2): 20-28.

[6] Heaton, J. B. Writing English Language Tests [M]. Longman, 1988.

[7] Heaton, J. B. Classroom Testing [M]. Longman, 1990.

[8] Hosenfeld C. Case Studies of Ninth Grade Readers [A]. In Alderson, J. C. & Urquhart, A. U. Reading in a Foreign language [C]. Longman, 1984.

[9] Howatt, A. P. R. A History of English Language Teaching [M]. Oxford: Oxford University Press, 1984.

[10] Howe K B, Shinn M M. Standard Reading Assessment Passages (RAPS) for Use in General Outcome Measurements: A Manual Describing Development and Technical Features [M]. Eden Prairie, MN: Edformations, 2001.

[11] Hughes, A. Testing for Language Teachers [M]. Cambridge: Cambridge University Press, 1989.

[12] Hyatt, A. V. The Place of Oral Reading in the School Program: Its History and Development from 1880-1941 [M]. NY: Teachers college, Columbia University, 1943.

[13] Kuhn, M. R, Stahl S A. Fluency: A Review of Developmental and Remedial Practices [M]. Ann Arbor, MI: Center for the Improvement of Early Reading Achievement, 2000.

[14] Lado, R. Language Test: The Construction and Use of Language Tests [M]. Longman, 1961.

[15] Lewis, M., Hill, J. Practical Techniques for Language Teaching[M]. Language Teaching Publications, 1992.

[16] Li, Wei. Chinese and English Reading Miscues of Six Chinese Graduates [D]. The unpublished doctoral dissertation, University of Missouri, 1991.

[17] Mann, H. Second Annual Report of the Secretary of the Board of Education-1838[A]. Life and Works of Horace Mann, Ⅱ[C]. Boston: Lee and Shephard, 1891: 531-532.

[18] Marston, D. A Curriculum-based Measurement Approach to Assessing Academic Performance: What It Is and Why Do It[A]. In M. R. Shinn (eds.). Curriculum-based Measurement: Assessing Special Children[C]. New York: Guilford, 1989: 18-78.

[19] McNamara, T. E. Measuring Second Language Performance[M]. Longman, 1996.

[20] Madsen, H. S. Techniques in Testing[M]. Oxford: OUP, 1983.

[21] National Assessment Governing Board. Reading Framework for the 2003 National Assessment of Educational Progress[DB/OL]. Retrieved July 9, 2004, from http: www.nagb.org/pubs/reading-framework/toe.Html. 2000.

[22] National Reading Panel Report[DB/OL]. www. National reading panel. org. 2000.

[23] Nuttall, C. Teaching Reading Skills in a Foreign Language[M]. Heinemann, 1982.

[24] Paulson, E. J, Freeman A E. Insights from Eyes: The Science of Effective Reading Instruction[M]. Heinemann, 2003.

[25] Peck, A. Language Teachers at Work[M]. Prentice Hall, 1988.

[26] Pinnell, G. S., Pikulski, J. J., Wixson, K. K., Campbell, J. R., Gough, P. B. & Beatty, A. S. Listening to Children Read Aloud [M]. Washington, DC: Office of Educational Research and Improvement, U. S. Department of Education, 1995.

[27] Rayner, K., Pollatsek, A. The Psychology of Reading [M]. Prentice

Hall，1989.

[28] Stallings，J. A. Allocated Academic Reading Time Revisited，or Beyond Time on Task[J]. Educational Researcher，1980，9(11)：11-16.

[29] Underhill，N. Testing Spoken Language［M］. Cambridge：Cambridge University Press，1987.

[30] Wiederholt，J. L.，Bryant，B. R. Gray Oral Reading Tests：Examiner's Manual［M］. Austin：Pro-ed，2001.

[31] Wilkinson，I.，Wardrop，J.，Anderson，R. C. Silent reading reconsidered：Reinterpreting Reading Instruction and Its Effects［J］. American Educational Research Journal. 1988，25：127-144.

[32] Yeh，Ching-Yun. The Use of Passage Reading Measures to Assess Reading Proficiency of Chinese Elementary School Students［D］. The unpublished doctoral dissertation，University of Minnesota，1992.

[33] 李庭芳.英语教学法[M].北京：高等教育出版社,1983.

[34] 王宗炎.朗读与英语学习[J].外语与外语教学,2002,161(8)：51-52.

[35] 朱绍禹.语文教育学[M].北京：中央广播电视大学出版社,1987.

[36] Griffin Suzanne M.论朗读[J].国外外语教学,1995,57(2)：31-34.

大学英语分级教学模式的改革新探

导读

　　本节详细介绍了如何使用语言测试成绩和相关数据来对大学生英语教学进行分级——完全的定量方法。作者提出的解决大学英语教学分级的方案是构建一个按技能分级学习的教学模式，即依据听、读两项技能的测验分数，将学生分为"听说"初、中、高和"读写"初、中、高各三个级别来组织教学。这些方法和建议对大学英语教学改革具有一定的参考价值。我们知道，英语教学和测试这两个环节经常出现脱节和矛盾的情况。显然，如果英语考试的目标语言能力"构念"与英语教学理念相互冲突，就会出现所谓"高分低能""应试教学""哑巴英语"等各种怪现象。经常是要么考试无效，要么教学无效，彼此攻讦，两败俱伤。所以，我们最好基于同样的理念和目标行动，把这两件事放在一起进行统一的系统研究和规划，而教学方法则可以"百花齐放"。

一、引言

　　大学英语教学的效率和质量一直是教学改革的争议热点。国内综合性大学普遍面临着一大难题，即学生英语水平参差不齐，个体差异巨大。为贯彻《大学英语课程教学要求》的"分类指导，因材施教"原则（教育部高等教育司 2007：1），很多高校都实施了大学英语分级教学（Level-based English

Teaching)。国内外专家学者对分级教学作了许多研究。这些研究按主要研究对象和内容可以分为以下三类。

（1）理论研究。这类研究从两方面概述了分级教学的必要性。首先，人本主义教学观认为，教学是帮助学生从"新手水平发展到更高水平"的过程(Schunk 2003)，强调知识的产生源于先前获得的知识；其次，在语言习得领域，应用语言学家 Krashen（1982）提出了语言输入假说（i＋1）理论。Krashen 认为，人类只有获得可理解性的语言输入（comprehensible input）时才能习得语言，即只有得到充分的可理解性语言输入，才能从"i"层过渡到"i＋1"层。如果语言输入超出学习者现有水平，即"i＋2"，或接近、低于学习者现有水平，即"i＋0"或"i－1"，学习者就不可能获得可理解性输入。国内不少学者（陈晚姑 2004；彭明娥、王胜 2004；张九明 2004；蒋满英 2004；明安云 2007）分别引用了上述理论，赞同有必要实施分级教学。

（2）实证研究。这类研究从实证角度论证了分级教学在大学英语教学中的成效（刘桂兰、李沛武 2003；刘伟荣等 2003；曾祥玲、张湛 2006；朱黎勇、周建设 2006）。例如，朱黎勇和周建设（2006）通过对比所任教学校 2002、2003 级两个年级学生（实施分级教学）与 2001 级学生（未实施分级教学）的大学英语四级考试（CET4）成绩，认为分级教学对提高学习效果有明显作用。

（3）具体问题研究。这类研究主要探讨了英语分级教学所遇到的各种问题（冀文辉 2003；蒋满英 2004；李雁 2004；郭淑英 2007）。其中，郭淑英（2007）较为系统地介绍了分级教学中存在的问题，如落后生对分级教学的认可程度、分级教学对落后生英语学习的影响等，并提出了一些解决问题的建议。

上述研究集中探讨了英语分级教学的必要性、效果和实际问题。目前为止，针对分级标准、方法和模式所做的研究并不多。但是分级模式是整个大学英语分级教学的"第一步"，也是关键环节，有必要对其进行深入研究。

二、现行大学英语分级教学模式分类

根据明安云（2007）的归纳，现有的大学英语教学分级模式可分为四类：

（1）三分法模式，是指按照学生的英语成绩由高到低分成三个级别进行教学，这是目前多数高校所采用的分级模式；

（2）两分法之培优法模式，就是将基础好的学生分出来组成"提高班"，其他学生按自然班进行教学的分级模式；

（3）两分法之帮困法模式，即将基础差的学生分出来，另行组成"帮困班"，其他学生仍按自然班进行教学的分级模式；

（4）分级＋模块模式，指按学生总的成绩分成两个或三个级别，然后在每个级别内学生可根据自己的喜好选择听、说、读、写不同模块来学习。这种模式由于教学较为复杂，目前很少有高校采用。

综观上述四种分级模式，不难发现，所有模式的分级标准均是学生的英语成绩总分（第四种分级方法虽然考虑到了学生的技能学习需求有差异，但依据仍是总分）。目前国内相关研究均涉及上述四种分级模式，但都没有探讨其分级方法的科学性和合理性，这给我们留下了很大的思考和研究空间。在新的教育理念和教学要求指导下探索高效、科学、合理的分级教学模式是本研究的主旨。

三、"以总分为标准"的分级模式是否有效

1. 研究问题

目前众多高校采取的"以总分为标准"的分级模式是否科学、合理、有效，能否达到因材施教，提高教学效率的目的？这种分级方法存在哪些弊端？如果这种分级模式不够有效，应如何改进？如何分级才更科学、合理？按何种方法分级才能有效提高教学效率，更大程度上满足不同层次学生的学习需求？

2. 研究方法

我们采取了定量研究的方法，分析了一所全国综合性"211"大学2007级3 823名新生的入学考试成绩，采用以"以总分为标准"的"三分法模式"分级，检验该分级模式是否能有效反映学生各技能水平的差异从而达到分级教学的目的。

3. 研究结果和讨论

该大学 2007 级英语入学考试试卷共分为三个部分（共计 95 分）：听力（40 分）、阅读（40 分）和词汇（15 分）。

首先，按照总分从高到低的顺序，把 3 823 名学生等分为高、中、初三个级别：总分 61.5 至 89 分的 1 274 名学生组成高级班，总分 51.5 分至 61 分的 1 274 名学生组成中级班，总分 3 分至 51 分的其余 1 275 名学生组成初级班。

理论上讲，这种分级可以公正地区分学生的整体英语水平（包括听力和阅读水平），但有一个前提假设：学生的英语总分可以代表他们的听力水平和阅读水平，即每一位学生的听说水平和阅读水平是同步发展的。

为了验证实际情况，我们参照上述"以总分为标准"的"三分法模式"，按照学生听力和阅读分数从高到低的顺序，将全体学生等分为三大组，分别代表听力高、中、初和阅读高、中、初三个水平。理想情况下，总分的分布应该和听力分数、阅读分数的分布一致。例如，依照总分分在高级班的学生听力和阅读水平也应该是高级。但是学生的实际听力和阅读水平分布与总分分布之间是否存在差异？笔者分别从听力、阅读水平两个方面进行了数据分析，结果如下。

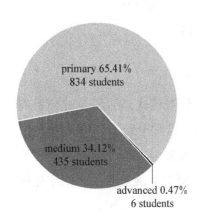

图1-5　总分初级班学生的听力水平分布

1)"以总分为标准"等分三级，研究各级别学生的听力水平分布

首先需要检验的是学生的听力水平分布是否和总分分布一致。

图 1-5 表明，1 275 名初级班学生中，834 名学生的听力水平和总分一致，也是初级。但是 435 名学生的听力水平其实已经达到中级，还有 6 名学生的听力水平甚至已经达到了高级。

从表 1-6 可以看出，1 274 名中级班学生中，共有 224 名学生的听力水平其实已经达到高级，79 名学生的听力水平仍处于初级，230 名学生的听力水平仍处于中级。

表 1-6　按总分分级各级别学生的听力水平分布

总分级别	听 力 水 平 分 布		
	总分初级班 学生人数(百分比)	总分中级班 学生人数(百分比)	总分高级班 学生人数(百分比)
初级	834(65.41%)	79(6.20%)	0(0%)
中级	435(34.12%)	971(76.22%)	230(18.05%)
高级	6(0.47%)	224(17.58%)	1 044(81.95%)

2) 以总分为标准等分三级,研究各级别学生的阅读水平分布

表 1-7 表明,以总分为标准分级,初级班 217 名学生的阅读水平已达到中级,23 名学生的阅读水平甚至达到了高级。中级班 272 名学生的阅读水平已达到高级,226 名学生的阅读水平仍停留在初级。高级班 281 名学生的阅读水平仍处于中级,14 名学生的阅读水平甚至处于初级。显然,学生的阅读水平分布和听力水平分布一样,与总分级别分布存在较大差异。

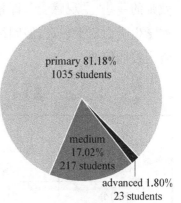

图 1-6　总分初级班学生的
阅读水平分布

表 1-7　按总分分级各级别学生的阅读水平分布

总分级别	阅 读 水 平 分 布		
	总分初级班 学生人数(百分比)	总分中级班 学生人数(百分比)	总分高级班 学生人数(百分比)
初级	1 035(81.18%)	226(17.74%)	14(1.10%)
中级	217(17.02%)	776(60.91%)	281(22.06%)
高级	23(1.80%)	272(21.35%)	979(76.84%)

3) 相当多的学生听力和阅读技能发展不同步

上述数据分析说明相当大比例学生的听力和阅读技能发展是不同步、

不均衡的。为什么学生的听力和阅读技能发展存在这么大的个体差异？究其原因，综合性大学的学生来自全国各地，既有来自发达城市的，也有来自边远农村的，各地区的教育理念和教育制度差异以及个体语言学习差异都可能导致学生的听力和阅读技能发展不同步、不均衡。

表1-8列出了学生入学考试各部分分数及总分的差异系数（按试卷原始分计算，标准差分别除以各自对应的均值并乘以100%）。很明显，学生的听力差异系数比阅读差异系数大，这说明听力分数比阅读分数的离散度大。总分差异系数最低，表明其离散度最低。这些数据验证了教学实践中教师的一些"主观感受"，即相当多的学生听力和阅读技能发展不同步。有些学生听力水平较高，但阅读技能较差，而另外一些学生阅读技能较强，但听力技能较弱。

表1-8　总分和听力、阅读分数的离散度

	听　力	阅　读	总　分
标准差	6.40	5.71	12.05
平均分	24.05	23.94	55.87
差异系数	0.27	0.24	0.22

4）"以总分为标准"的"三分法模式"教学的弊端

上述参差不齐的英语水平无疑给我们的分级教学带来了一个巨大难题。在现行教学模式下，大多数高校的大学英语教学仍是由一位教师负责组织各技能教学的。有些院校实行了教学改革，由两位教师分别负责组织听说和读写教学。但一般情况下，教师选择学习材料和决定教学难易度的依据仍是所教班级大多数学生的英语水平（即学生总分所代表的综合英语水平）。

假设我们采取上述"以总分为标准"的"三分法模式"进行分级教学，那么两类学生会在听说教学中遇到麻烦。一类学生会觉得"吃不饱，饿得慌"，听说内容或活动太容易，学起来没挑战性。他们共计765名，由三部分学生构成：①按总分被分到了初级班，但听力水平已达到中级的435名学生（见

图 1-5)；②按总分被分到了初级班，但听力水平已达到高级的 6 名学生(见图 1-5)；③按总分被分到了中级班，但听力水平已经为高级的 224 名学生(见表 1-6)。这类学生占全年级学生总数的 20.01%。另一类学生会觉得"吃不下，消化不了"，内容太难，学起来很吃力。他们共计 309 名，由两部分学生构成：① 按总分被分到了高级班，但听力水平仍为中级的 230 名学生(见表 1-6)；② 按总分被分到了中级班，但听力水平为初级的 79 名学生(见表 1-6)。这类学生占全年级学生总数的 8.08%。

同样，假设教师依据所教班级多数学生的总体水平组织读写教学，预期教学结果如下：共计 512 名学生(217+23+272，见表 1-7)会觉得"吃不饱，饿得慌"，读写内容太容易，学起来没挑战性。这类学生占全年级学生总数的 13.39%。521 名学生(226+14+281，见表 1-7)会觉得"吃不下，消化不了"，读写内容太难，学起来很吃力。这类学生占全年级学生总数的 13.63%。

也就是说，"以总分为标准"的分级教学模式将使 1 074 名学生(占总人数 28.09%)在听说教学中直接受到影响，1 033 名学生(占总人数 27.02%)在读写教学中直接受到影响。这样的分级模式会影响听说、读写教学效率，给课堂带来不和谐的因素，给教师教学造成诸多不便。

那么如何组织分级教学才更科学、更合理？按何种方法分级才能更有效地提高教学效率，更大程度上满足不同层次学生的需求？我们首先必须清楚地了解学生入学时的听力和阅读技能差异究竟有多大。

四、听力与阅读成绩的分布差异

笔者使用了两种方法来研究该综合性大学 2007 级入学新生的英语听力和阅读技能的差异。

1）第一种方法，简单粗略地检查学生听力和阅读成绩各分数段的人数分布差异

图 1-7 中横轴代表的是听力或阅读分数折算值，竖轴代表学生人数。折算方法是将学生的两项技能(听力和阅读)最高分设为 1，最低分设为 0。绘图时，笔者将分数折算值从低到高均分为 20 段，取每一段的分数均值绘制为点横坐标值，该分数段的学生人数则绘制为该点纵坐标值。将这样的

20个点连成线形成了两条曲线。实线代表的是听力成绩各分数段的学生人数,虚线代表的是阅读成绩各分数段的学生人数。两条曲线与横轴之间的面积代表的是学生总数(3 823人)。将两条曲线与横轴之间的差异部分的面积进行积分,代表听力和阅读水平有差异的学生人数,但是这样对学生人数多统计一次,所以再除以2,得到这两种技能有差异的学生人数为680人。由于该方法检查的是宏观上各分数段的学生人数差异,而不是细微的个体学生分数差异,所以得到的数据是一个粗略的最小值估计。也就是说,此方法虽然粗略,但仍然得到定性结果,即该校2007级入学新生中听力和阅读水平有差异的学生至少为680人,占全年级学生人数的17.79%。

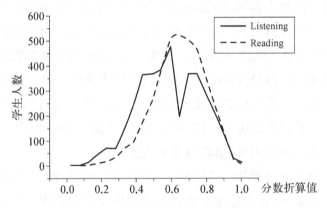

图1-7　学生听力与阅读分数折算值分布

图中两条曲线的左侧(横轴0~0.2)到横轴的面积分别代表的是听力和阅读分数较低的学生人数。图中两条曲线的右侧(横轴0.8~1.0)到横轴的面积分别代表的是听力和阅读分数较高的学生人数。两条曲线的这两部分走势接近,表明在听力和阅读分数很高和很低的极端情况下,学生的人数分布差异不大。但是曲线中间部分(横轴0.2~0.8)到横轴的面积代表的阅读和听力分数居中的学生人数分布有较大差异,表明相当多的分数居中的学生听力和阅读水平有明显差异。

2) 第二种方法,以"听力分数为标准"分三级,检查各听力级别学生的阅读水平分布

为了更精确地了解学生听力和阅读水平的差异,我们又采取了第二种方法。假定以听力分数为标准,按照分数从高到低的顺序,将3 823名学生

分为高、中、初三个级别,其中1 274名学生分到高级班,1 274名学生分到中级班,另外1 275名学生分到初级班。按阅读分数从高到低将学生分为三个大组,分别代表阅读高、中、初三个级别。

表1-9呈现了依据听力分数分级各级别学生的阅读水平的分布。可以看出听力初级班中288名学生(占22.59%)的阅读水平已达到中级,129名学生(占10.12%)的阅读水平已经达到高级。听力中级班中299名学生(占23.47%)的阅读水平为初级,358学生(占28.10%)的阅读水平为中级。听力高级班中118名学生(占9.26%)的阅读水平为初级,369名学生(占28.96%)的阅读水平为中级。

表1-9　依据听力分数分级各级学生的阅读水平分布

听力级别	阅读水平分布		
	听力初级班 学生人数(百分比)	听力中级班 学生人数(百分比)	听力高级班 学生人数(百分比)
初级	858(67.29%)	299(23.47%)	118(9.26%)
中级	288(22.59%)	617(48.43%)	369(28.96%)
高级	129(10.12%)	358(28.10%)	787(61.78%)

假设教师依据所教班级多数学生的听力水平组织所有教学,虽然学生会觉得听说教学难度适宜,但是两类学生将在阅读教学中遇到麻烦。第一类会觉得读写内容"吃不饱",太容易,学起来没挑战性。他们由三部分学生构成:①按听力分数被分到初级班,但阅读水平已达到中级的288名学生;②按听力分数被分到初级班,但阅读水平已达到高级的129名学生;③按听力分数被分到中级班,但阅读水平已达到高级的358名学生。这类学生共计775名,占年级总学生数的20.27%。而另一类学生会觉得读写内容"吃不下",太难,学起来很吃力。这类学生共计786名(299+118+369,见表1-9),占年级总学生数的20.56%。

可见单纯按照听力分数分为三个级别的教学模式也不合理,必将影响读写教学的效率,给读写教学带来诸多不便。反过来,可以预见单纯按照阅读分数分级也将给听说教学带来不便。值得注意的是,方法二与方法一相

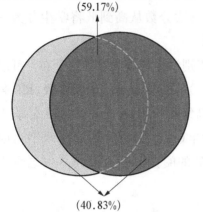

听力和阅读水平属于同一级别的学生比例
(59.17%)

(40.83%)
听力和阅读水平属于不同级别的学生比例

图1-8 学生听力和阅读水平差异

比,更为精准地从微观上考察了每一个学生的听力和阅读能力的差异。统计结果(见图1-8)表明,40.83%的学生入学考试中听力和阅读水平属于不同级别。这说明共计1561名学生的英语听、读技能发展不均衡。而以总分为标准的分级方法恰恰忽略了这些学生对不同技能学习需求的差异。

因此,为进一步提高大学英语的教学效率,有必要改革依据总分分级的教学模式,创建一种新的"按技能分级"的教学模式。考虑到口语和写作考试对人力、时间要求较高,假设入学考试受时间和其他条件限制,仅考察听、读两项技能(目前许多高校都是这样操作的,如笔者所在的学校),那么我们可以依据听、读两项技能分数将每个学生分别编入相应的"听说"和"读写"班级。按技能差异循序渐进,逐级提高其各项语言技能。

同时可将大学英语教师分为两个大教学组,分别负责"听说"和"读写"两个模块教学。再将两个大组细分为三个小组,分别负责模块内的初、中、高三个级别的教学。这样分工合作的结果是每位教师可以集中精力进行某一模块某一级别的教学工作。每位学生入学时将被分到与自己的英语技能相匹配的"听说"和"读写"两个教学班,同时接受两位教师适合其实际技能水平的指导。

这种"按技能分级学习"的分级教学模式有效突破了依据总分分级教学的局限性,符合学生实际,并充分考虑了听力和阅读技能发展不均衡的学生的不同学习需求。可以预见,该模式将更有助于实现按技能分级学习、按模块分层上台阶的英语分级教学的目标。

五、结语

本节通过多种统计方法分析了一所综合性重点大学的3823名学生的

英语入学分级考试的成绩,指出了"以总分为标准"的分级教学模式的弊端,论证了学生的听力和阅读技能存在较大差异,最后指出了创建新的"按技能分级"的教学模式的必要性和合理性。

分级教学是提高教学效率、改善教学质量的有效措施之一。如何在新的教育理念和教学要求指导下改革原有的分级模式,是值得教育者思考和研究的一个问题。

——原载于《外语界》,2009(4);作者:刘雅敏,朱正才,常辉。

参 考 文 献

[1] Krashen, S. D. Principles and Practice in Second Language Acquisition [M]. Oxford: Pergamon Press, 1982.

[2] Schunk D H. 韦小满等译.学习理论:教育的视角[M].南京:江苏教育出版社,2003.

[3] 陈晚姑.论语言输入与大学英语分级教学[J].邵阳学院学报,2004(4):144-146.

[4] 郭淑英.高职高专英语分级教学问题探析[J].疯狂英语(教师版),2007(5):36-39.

[5] 冀文辉.高师专科院校大学英语分级教学的实践与思考[J].安康师专学报,2003(6):88-90.

[6] 蒋满英.大学英语分级教学之改革与探索[J].井冈山师范学院学报,2004(4):110-114.

[7] 教育部高等教育司.大学英语课程教学要求[Z].北京:外语教学与研究出版社,2007.

[8] 李雁.高职高专英语分级教学模式的构想与实施[J].陕西省经济管理干部学院学报,2004(14):131-133.

[9] 刘桂兰,李沛武.英语分级教学的成效分析[J].南昌水专学报,2003(3):1-3.

[10] 刘伟荣,李连波,王晓丽.英语分级教学对教学效果的影响[J].牡丹江医学院学报,2003(3):73-74.

[11] 明安云.大学英语教学改革的可行措施——英语分级教学模式探析[J].疯狂英语(教师版),2007(2):18-21.

[12] 彭明娥,王胜.从个体素质结构论谈大学英语分级教学[J].浙江海洋学院学报,2004(2):87-90.

[13] 曾祥玲,张湛.英语教学模式之改革——分级教学实验调查[J].现代情报,2006(9):191-192.

[14] 张九明.高职高专公共英语分级教学实践与理论探讨[J].开封大学学报,2004(3):44-47.

[15] 朱黎勇,周建设.分级教学在大学英语教学实践中的应用[J].玉溪师范学院学报,2006(10):62-64.

第二章
语言测试中的分数等值模型

本章导读： 本章包含 4 篇与分数等值模型相关的论文。对于语言水平考试而言，等值技术是保证考试分数具有"跨考次"可比性的重要一环。因为无论命题成员如何认真负责，如何专业熟练，都难以保证每一次的试卷难度保持恒定不变。实际情况往往是命题队伍难以稳定，试卷的难度波动很大。为了滤除题目难度不同所造成的报道分数波动，必须使用可靠的等值方法来保证考试分数的"跨考次"可比。经典测量理论和现代项目反应理论都有比较完善的考试分数等值模型，包括如何进行等值设计以及如何收集等值数据？如何进行等值模型拟合检验以及如何整理和筛选所收集的等值数据？如何进行等值计算？如何检验等值结果的可靠性？等。对这些分数等值中的关键问题，本章内的 4 篇论文都给出了详细的描述和讨论。笔者长期从事英语水平考试的等值工作，还有几点心得在此与大家分享。

(1) 等值技术主要适合于难度波动不大的平行试卷(如同一个考试的某两次考试试卷)之间得分微调,要求命题人员凭经验和专业水准来控制试卷难度的基本稳定,是命题工作的重中之重。当两次考试试卷难度相差太大时,不能指望等值环节能百分之百地滤除试卷难度上的误差,最后还是要依靠专家的主观判断来作决策。因为考试的分数等值工作牵扯到的环节太多,影响因素太复杂,等值结果经常不能让人满意。

(2) 无论是经典测量理论还是项目反应理论,其等值方法本身都没有多大问题。等值结果是否可靠的关键是等值数据的可靠性和数据量的多少。可靠的、有代表性的大样本等值数据的等值结果一般比较可靠,这时等值的多种数学方法之间差异其实很小。

(3) 等值模型不要追求过于复杂。复杂的模型需要的强假设多,对等值数据要求也苛刻。而实际上我们很难满足这些严苛的条件,等值结果往往会适得其反。比如,项目反应理论的多参数、多维度模型实际使用时结果就非常不稳定,让人无所适从。而多级评分的 Rasch 模型等值结果就一直很稳定。还有百分位等值,只要等值样本数据足够大,其等值结果总是最让人放心的一种。

(4) 等值设计方法中锚题设计和共同被试设计各有优点,但锚题设计存在的问题相对更多(如模型拟合、锚题稳定性检验、锚题得分的公平处理方法等)。如果能控制好考生的动机水平,单一组的共同被试设计仍是最简洁、最可靠的等值设计方法。

第一节
Rasch 模型在大学英语四、六级考试分数等值中的应用

导读

　　Rasch 模型假设语言测试卷里的题目只有一个共同的语言能力目标，题目只有一个难度参数——题目的区分度都相等。这一最简单的题目反应模型在应用时也是利弊参半。一方面，它使得模型非常简洁易懂，有利于模型的推广和解释；另一方面，对那些题目能力目标差别大且区分度又高低不一的试卷来说，模型的拟合性会很差，常常导致模型无法使用。因此，大学英语四、六级考试在应用 Rasch 模型做分数等值时，首先要把试卷划分为几个部分（听力、阅读等），然后分开来等值，每个部分内部的题目能力目标很单一，题目区分度差异很小（区分度特别小的题目应予以剔除），其次要使用大样本来收集等值数据。这样，Rasch 模型在估计题目参数时才会稳定且估计误差小。根据我们多年的经验，只有做到了这两条才能获得比较可靠的等值结果。这也是大学英语四、六级考试在用 Rasch 模型作分数等值时总结出来的最重要的两点经验。

一、关于 Rasch 模型

　　Rasch(1960)提出他富有传奇色彩的描述智力和成就测验的概率模型已有 40 多年了。虽然今天人们普遍将 Rasch 模型作为伯恩鲍姆逻辑斯蒂

模型(Logistic models)的一个特例(Birnbaum 1968),但 Rasch 模型却是这位丹麦数学家沿着自己独特的思路发展起来的,在项目反应理论中占有自己的一席之地。1969 年,Wright 和 Panchapakesan(1969)为 Rasch 模型的分数统计编写了第一个题目反应理论的专用程序 BICAL,推动了 Rasch 模型的实际应用。Wright 是 Rasch 的学生,是 Rasch 模型研究在美国的主要实践者和倡导者。

　　Wright 和 Stone(1979)曾非常通俗地介绍过 Rasch 模型的推导过程。首先,将考生能力 θ_i 和题目难度 b_j 联系起来,考生 i 答对题目 j 的概率 P_i 与 $(\theta_i - b_j)$ 的大小应该是一种正方向的变化关系(单调递增函数)。也就是说,这种差距越大,考生答对题目的概率也越大。并且当 $(\theta_i - b_j) = 0$ 时,$P_i = 0$;当 $(\theta_i - b_j) > 0$ 时,P_i 应该大于 0.5;当 $(\theta_i - b_j) < 0$,P_i 应小于 0.5。为了达到这一要求,进行如下变化:

　　第一步,将 $(\theta_i - b_j)$ 先变为 $e(e = 2.718\ 28\ldots)$ 为底的指数形式:$\exp(\theta_i - b_j)$,其变化范围从为 0 到 $+\infty$;

　　第二步,将 $\exp(\theta_i - b_j)$ 变为一个分数形式(见 1.1),其变化范围在 0→1 之间。这样就可以将它作为概率 P_i 了,也就是 Rasch 模型的一般形式:

$$P_i = \frac{\exp(\theta_i - b_j)}{1 + \exp(\theta_i - b_j)} \tag{1.1}$$

　　其中,b_j 表示第 j 道题目的难度,θ_i 表示被试的能力,P_i 则表示被试答对题目 i 的概率。

　　Rasch 模型的特点是它完全是根据被试能力与题目难度关系而导出的概率公式,并未借助于任何数学推导。虽然它类似于逻辑斯蒂函数(Birnbaum 1968),但只能说是殊途同归,这是 Rasch 模型的推崇者最引以为豪的。Rasch 模型中只有一个题目难度参数,而没有题目区分度参数,因为 Rasch 认为,用一批题目去测量被试的能力就是要在一个线性系统上去确定被试的特质水平,除了题目难度以外,应该维持所有题目有相同的特性。

　　如果有 N 个考生对 n 道 0/1 记分的题目作出反应,则可以得到一个 N 行 n 列的反应数据矩阵 $\tilde{0}$,其中的某一个元素记为 $x_{ij}(x_{ij} = 0/1)$,这样,我们就得到:

$$P_i = (\mathrm{x} = x_{ij} \mid \theta_i, b_j) = \frac{\exp[x_{ij}(\theta_i - b_j)]}{1 + \exp(\theta_i - b_j)} \qquad (1.2)$$

如果进一步增加考生和题目的局部独立性假设（Loca lindependence assumptions），也就是说，考生之间答题时互不影响，而且各个题目之间也没有相互影响。这样，反应数据矩阵 $\tilde{0}$ 的联合概率为：

$$P_i (\mathrm{x} = x \mid \theta, b) = \prod_{i=1}^{N} \prod_{j=1}^{n} \frac{\exp[x_{ij}(\theta_i - b_j)]}{1 + \exp(\theta_i - b_j)} \qquad (1.3)$$

以上两个公式构成了 Rasch 模型的数学基础。可以证明 Rasch 模型与其他题目反应理论模型相比有一个突出的优点，当要对题目参数进行估计时，考生的未加权原始总分 R_i 是其能力参数的充分统计量，即这个统计量已经给出了未知参数的全部信息。

$$R_i = \sum_{j=1}^{n} x_{ij} \qquad (1.4)$$

由于充分统计量 R_i 已经包含了未知题目参数的全部信息这一突出的优点，在记录考生的反应资料时可以非常简便地记录每道题目的答对人数以及每个考生的答对题数。从数学上还可以证明用条件极大似然估计法（conditional maximum likelihood estimation，CMLE）就可以独立地估计出题目的难度参数，并且其估计量具有无偏性和一致性，从而实现了具体、客观的测量（specific objectivity）。在概率统计理论中，估计量的一致性也是一个非常重要的概念，即随着样本容量的增大，估计值将逼近于待估计参数的真值。

同理，对被试能力参数的估计也具有这一特征，只是由于能力参数属于伴随性参数（incidental parameters），即要估计的能力参数数目随样本量的增加而增加的原因，在计算实践中不常被使用。人们更喜欢在题目参数作为结构性参数（stuctural parameters）被得出后，直接使用极大似然估计法（maximum likelihood estimation，MLE）估计能力参数。

相比而言，正整卵形曲线模型（Normal-OgiveModel，Lord 1952）和三参数的逻辑斯蒂模型下能力参数 θ 估计的充分统计量一直未找到。可能引起的问题是，能力参数的估计并不是有关未知参数全部信息的体现，因而对估计的可靠性产生疑问。

二、分数等值模式

这里使用"模式"一词是为区别于 Rasch 模型,分数等值模式中包括了题目反应模型的选择。

全国大学英语四、六级考试(CET)作为一个"标准关联的常模参照测验"(杨惠中、Weir 1998),其通过标准是稳定的,因此,分数等值是考试中的一个核心环节。自 1987 年第一次考试以来,Rasch 模型已在全国大学英语四、六级考试的分数等值中应用了十多年,并且取得了令人满意的效果。

(一) 为什么选择 Rasch 模型?

(1) Rasch 模型数学形式简单,而且属标准指数族函数,数学基础更坚实。在参数估计过程中,由于有充分统计量的存在,结果稳定可靠,成功的把握性大。

(2) Rasch 模型关注的焦点是考生能力与题目难度之间的关系,而这一点正好也是分数等值的实质所在。至于 Rasch 模型的等区分度假设也是有一定道理的。从 CET 的题目分析实践来看,质量优良的考题其区分度(二列相关系数)大多集中在 0.3～0.6 之间(见表 2-1),区分度极大或极小的题目很少见,而且细究下来,往往是题目内容或问题设置上有缺陷,有些甚至要追溯到课堂教学中去找原因。对这些考题,一般来说,CET 专家都会在预测后进行修改或干脆放弃掉。

表 2-1　大学英语四级范型试卷题目区分度分布(杨惠中、Weir 1998)

题目-总分二列相关系数：rb	题目数(共 90 题)	百分比
0.0＜rb＜0.3	13	14.4%
0.3≤rb≤0.6	74	82.3%
0.6＜rb＜1.0	3	3.3%

（3）在 Rasch 模型的真分数等值中，很多人会提出"答对难度不同的 k 道题，为什么能力水平估计值却一样"的问题。乍一看，这有些不合理，其实分析后没什么大问题。因为 CET 的考试对象都是在校大学生，学习英语有统一的大纲，处于类似的教学环境，用心理学的术语来说，是一批"同质性"很高的被试。他们对测验的反应一般都是先做简单题目，后做难的题目，简单题目大家都容易做对，难的题目大家都容易做错。因此，同样答对 k 道题目的两个人答对的题目系列也大致相同。那种同样答对 k 道题，但一个人答对的都是难题，而另一个人答对的都是容易题目的情况是极其罕见的，也是让人难以理解的。从另一个角度看，CET 考试包括了难易不一的题目，都要求考生作答。如果综合地考虑到被试答对和答错的信息，答对难的题目应该得分高（即能力高），但是答错了容易的题目应该得分低，甚至扣分。对一个有 100 道题目的考试来说，一个考生答对了 50 个难的题目和答错了 50 个容易的题目，而另一个考生答错了 50 个难的题目和答对了 50 个容易的题目，其能力应该是一样的。因此，对于一个考生同质性很高的测验来说，建立答对题目数相同，则其能力估计值也相等的命题，风险其实是很小的，况且传统的考试一直都是这样给考生打分。

（4）20 世纪 80 年代末期，题目反应理论在中国的应用才刚刚起步，实践经验很少，因此，选择一个简单的、可行的等值模型是一种明智的策略。

（二）等值方法

为了能使读者对 CET 分数等值有一个清晰的了解，本节将详细介绍 CET 等值方案的细节。因为分数等值是一个非常精细的调节过程，任何一个环节的改变都将对等值结果产生影响。

1. 建立题目难度参数库的基准

1987 年，CET 第一次开考，共有 10 万左右考生，从中随机抽取 865 名重点大学的本科考生数据作为样本，并将考卷分为三个部分，即听力理解（20 题）、阅读理解（20 题）和综合测试（50 题，含词汇语法 30 题和综合填空 20 题）。分别进行题目参数的"标定"（calibration）工作，即估计题目参数值并令其均值为 0，也称零化处理。

在题目分数的估计中先后采用了边际极大似然估计和联合极大似然估

计(joint maximum likelihood estimation，JMLE)。在零化处理以后，两种估计方法所估计的参数值非常接近，最终保留了联合极大似然估计的结果。标刻好的这些题目存入一个 CET 专用等值题库之中(题目入库)。

2. 等值考试设计

在每一次新的 CET 考试报名后，在全国范围内选择 9 所高校参与实施等值考试，每校只随机挑选 60～120 名已报名的本科生参加，共计约 600～1 100 人。等值考试用的试题都是以前未公开的并已标刻到等值题库基准上的已考试题，等值试卷格式和正式考试试卷完全一样。为了让考生在等值考试中能像对待正式考试一样认真，全国大学英语四、六级考试委员会规定这批考生可以选择两次考试中较好的一次成绩作为考试成绩。等值考试在正式考试前 1～2 周内举行。这样一个等值考试设计可以称为"单一组的共同被试设计"。

3. 分数等值的算法

不计缺考和零分，等值考试获得了同一批考生先后考了两个要进行等值的试卷答题数据。删去两次考试全卷原始总分相差 20 分以上的考生数据，理由是两份试卷难度差异很小，不足以造成如此大的分数差异，因此只能认为这些考生反应不正常。原因可能是这个考生对两次考试不一样认真或另有隐情(杨惠中、Weir 1998)。再经÷2 检验(Wright，1977)删去少数考生反应模式异常，与 Rasch 模型不适合的考生数据。根据 CET 实践，以上两项删去考生比例一般不超过 7%。然后进行如下计算：

第一步，估计参加等值考试的考生能力参数。由于等值考试试题的难度参数是已知的，在这些考生考等值试卷数据的基础上，可以用极大似然估计法估出这批考生的能力参数值。

第二步，估计新的正式考试试题参数。由于参加等值考试的考生能力参数已在第一步估出，在这些考生考正式试卷数据的基础上仍可以用极大似然估计法估计新的正式考试试题参数(入库)。

第三步，进行真分数等值。设 θ_x 为某个被试者测验 X 上的能力参数，T_x 为该被试者在测验 X 上的真分数，即有：

$$T_x = \sum_{i=1}^{n} P_i(\theta_x) \quad (0 < T_x < n，n \text{ 为测验 } X \text{ 的长度})$$

类似地,设该被试在测验 Y 上的能力为 θ_Y,真分数为 T_y,则:

$$T_y = \sum_{i=1}^{n} P_i(\theta_y) \quad (0 < T_y < n, n \text{ 为测验 Y 的长度})$$

根据题目反应理论的原理,θ_x 与 θ_y 之间具有线性转换关系,但 T_x 与 T_y 之间的对应关系是非线性的。由于在本等值方案中 θ_x 与 θ_y 已表达在了同一量表上,可以统一表示为 θ,而且可以很方便地求出任一能力值 θ 在两个测验上的一对真分数。

在 Rasch 模型的框架下,由于答对题目数相同,则能力值相等,计算过程得以简化,这样的成对真分数只有 $n-1$ 对。根据题目反应理论真分数等值原理,认为具有相同能力 θ 的被试在两个不同测验形式 X 和 Y 上的真分数是等值的。

显然真分数只是一个理论上的量,其本身是一个估计值,因而存在抽样误差。观察分数就是 R_i,并且有:

$$E(R_i) = T(T \text{ 为真分数})$$

在测验实践中,常常用真分数等值关系来替代观察分数等值关系。

由于新的正式考试试题难度参数已在第二步估出,因此可以从真分数函数中解出要答对新的试卷 $1 \sim n-1$（n 为题目总数）题相对应的能力值。这里暗含将卷面答对题数看作真分数,而且要用牛顿迭代法解一个非线性方程。

然后,计算这每一能力值在 1987 年试卷上相应的真分数。这里暗含将真分数看作答对题数（计算结果最小计分单位为 0.5 题）。这样就实现了从新的正式考试到 1987 年试卷的分数等值（见表 2-2）。

表 2-2　大学英语四级 4GSH1 试卷等值结果

新的考试答对题数 A	听力理解（N=634）B	阅读理解（N=672）C
1	1	1.5
2	2	3
3	3	4

新的考试答对题数 A	听力理解(N=634)B	阅读理解(N=672)C
4	4	5.5
5	5	6.5
6	6	7.5
7	7	9
8	8	10
9	9	11
10	10	12
11	11	13
12	12	14
13	13	15
14	14	15.5
15	15	16.5
16	16	17.5
17	17	18
18	18	19
19	19	19.5
20	20	20

(续)大学英语四级 4GSH1 试卷等值结果

新的考试答对题数 A	综合测试(N=678)D	新的考试答对题数 A	综合测试(N=678)D
1	1	26	27
2	2	27	28

续 表

新的考试答对题数 A	综合测试(N=678)D	新的考试答对题数 A	综合测试(N=678)D
3	3	28	29
4	4	29	30
5	5	30	31
6	6	31	32
7	7	32	33
8	8	33	34
9	9	34	35
10	10.5	35	36
11	11.5	36	37
12	12.5	37	38
13	13.5	38	39
14	14.5	39	40
15	15.5	40	41
16	16.5	41	41.5
17	17.5	42	42.5
18	18.5	43	43.5
19	19.5	44	44.5
20	20.5	45	45.5
21	21.5	46	46.5
22	23	47	47.5
23	24	48	48
24	25	49	49
25	26	50	50

表中 AB、AC 和 AD 三对数据就是从新的正式考试到 1987 年试卷的分数等值转换表，并应用于全部考生。听力理解部分 4GSH1 试卷难度与 1987 年试卷相当，分数免于调整；阅读理解部分 4GSH1 试卷偏难，则要加 0.5 到 2 分（题数）；综合测试部分 4GSH1 试卷稍难，仅加 0.5 到 1.0 分。

根据 CET 的分数等值实践来看，真分数等值与传统的等百分位等值具有非常类似的结果。只是要注意，当样本不是足够大时，在真分数的两个极端区域要进行适当的平滑和插值计算（杨惠中、Weir 1998）。

三、讨论

归纳一下，可以发现 CET 分数等值方法具有如下几大特征。

（1）被试者有很高的同质性，而且试卷难度变化也很小，因此等值过程就变得很精细。

（2）采用的是大样本量的共同被试设计，而且对等值考试数据进行了严密的控制（包括控制答题动机水平、控制两次考试总分的最大差异量和考生反应模式与 Rasch 模型的适合检验等）。等值过程实现的核心是共同考生，对要等值的两份试题不作任何删节。从 CET 分数等值的实践来看，这一设计是切实可行的，而且等值结果也令人满意。但近年来由于考生数增长很快，等值试卷的保密工作难度越来越大。为此考委会已在逐步地将等值试题改为从未施考过的专用等值试题，并已开始建设一个新的等值专用题库。

（3）分数等值的处理过程同时也是一个新的试题进入题库的过程。这一工作在等值计算的第二步完成，每一次新的试题经由等值被试的能力参数连接到题库的 1987 年基准之上。但这里有一个问题，就是所谓的误差的累积。误差既可以来自"舍入误差"，也可以来自"随机误差"等。从问题本身的逻辑来分析，题目的保密和误差累积是相互矛盾的。假设能做到 1987 年的题目严格保密，那么我们可以每次都使用它作为等值试题，累积误差最小。但如果做不到这一点，要换已入库的其他试题作为等值试题，则必然带来误差的累积，而且等值试题调换越频繁，后果越严重。所以，等值试题的保密工作是极其重要的，要尽可能地减少等值试题的使用人数，严格控制等值考试现场。

（4）这一分数等值系统仍属于真分数等值的范畴。所幸的是，在Rasch模型的背景下，真分数等值结果与观察分数等值结果几乎没有差别。

（5）这一分数等值模式是Rasch模型、"共同被试设计"以及相应"固定能力参数等值算法"三者的有机结合，它们连接的纽带是等值被试组的能力，即通过固定能力参数来度量题目难度上的差异。CET的长期等值实践证明，整个等值过程对题目的其他统计特征并不敏感，因此，即使有少数题目与Rasch模型拟合得不好，等值结果仍十分稳健（Woods 1994）。

（6）这一分数等值模式存在两大隐患：第一，假如等值试题泄密，等值考生会在这份试卷取得虚假的高分，最终使等值结果虚假下调；如果为了减少题目泄密的可能性而频繁更换等值试题，则又会引来所谓的误差累积问题；第二，假如等值考生对待等值考试不认真，会使等值考生在这个考试上取得虚假的低分，使等值结果虚假上调。

以上两个因素可以单独发生，产生严重后果，也可以同时发生，相互有些抵消，使等值结果难以把握。但毋庸置疑的是，Rasch模型十多年来为CET提供了稳定而可靠的分数等值结果。在今天的国际心理和教育测量舞台上，Rasch模型仍在扮演着极其重要角色，并获得了广泛而深入的研究。Rasch模型自身也因此有了很多新的发展，出现了不少新的程序（BILOG，LPCMWIN，MULTILOG，PARSCALE，RASCAL，RUMMFOLDssandRUMMFOLDpp，T-Rasch，WINMIRA32，见http：//www. gamma. rug. nl），在互联网上还有一些很活跃的新闻组（newsgroup）（Richard Perline，University of Chicago；Benjamin D. Wright，University of Chicago；Howard Wainer，Bureau of Social Science Research 等，见http：//www.rasch.org）。总之，我们的建议是，如果要在精确和稳健之间寻找一种平衡的话，Rasch模型仍然不失为一个明智的选择。

——原载于《现代外语》，2003（1）；作者：朱正才，杨惠中，杨浩然。

-------------------- 参 考 文 献 --------------------

［1］Birbaum, A. Some Latent Trait Models and Their Use in Inferring an

Examinee's Ability [A]. In F. M. Lord and M. R. Novick (eds.). Statistical Theories of Mental Test [C]. Reading, MA: Addison-Wesley, 1968: 397-472.

[2] Bock, R. C, M. Aitkin. Marginal Maximum Likelihood Estimation of Item Parameters: An Application of an EM Algorithm [J]. Psychometrika, 1981 (46): 443-459.

[3] Bock, R. D., M. Lieberman. Fitting a Response Model for n Dichotomously Scored Items [J]. Psychometrika, 1970(35): 179-197.

[4] Frank, B. Baker. Item Response Theory: Parameter Estimation Techniques [M]. Marcel Dekker, Inc., 1992.

[5] Haebara, T. Equating Logistic Ability Scales by a Weighted Least Square Method [J]. Japanese Psychological Research, 1980(22): 144-149.

[6] Hambleton, R. K., Swaminathan, H., H. J. Rogers. Fundamentals of Item Response Theory [A]. Newbury Park [C]. CA: Sage, 1991.

[7] Lord, F. M. A Theory of Test Scores [J]. Psychometric Monograph, 1952(7).

[8] Lord, F. M., M. R. Novick. Statistical Theories of Mental Test Scores [A]. Reading [C]. MA: Addison-Wesley, 1968.

[9] Lord, B. H., H. D. Hoover. Vertical Equating Using the Rasch Model [J]. Journal of Educational Measurement, 1980(18): 1-11.

[10] Marco, G. L. Item Characteristic Curve Solutions to Three Intractable Testing Problems [J]. Journal of Educational Measurement, 1977 (14): 139-160.

[11] Mislevy, R. J., R. D. Bock. BILOG: Maximum Likelihood Item Analysis and Test Scoring with Logistic Models for Binary Items [M]. Chicago: International Educational Services, 1992.

[12] Rasch, G. Probabilistic Models for Some Intelligence and Attainment Tests [M]. Copenhagen: Danish Institute for Educational Research, 1960.

[13] Stocking, M. L., F. M. Lord. Developing a Common Metric in Item Response Theory [J]. Applied Psychological Measurement, 1983 (7): 201-210.

［14］Wright，B. D. Solving Measurement Problems with the Rasch Model［J］. Journal of Educational Measurement，1977(14)：97-226.

［15］Wright，B. D.，G. A. Douglas. 1977. Conditional versus Unconditional Procedures for Sample-free Analysis［J］. Educational Psychological Measurement，1977(37)：573-586.

［16］Wright，B. D.，R. J. Mead. BICAL：Calibrating Items and Scales with the Rasch Model［M］. Chicago：University of Chicago，Statistical Laboratory，1978.

［17］Wright，B. D.，N. Panchapakesan. A Procedure for Sample-free Item Analysis［J］. Educational and Psychological Measurement，1969.

［18］Wright，B. D.，M. H. Stone. Best Design［M］. Chicago：MESA，1979.

［19］Woods，A. J. Report on a Consultancy Visit to China under the ELT Project［R］. 1994.

［20］杨惠中，C. Weir.大学英语四、六级考试效度研究［M］.上海：上海外语教育出版社，1998.

［21］漆书青，戴海崎.项目反应理论及其应用研究［M］.南昌：江西高校出版社，1992.

第二节
大学英语四、六级考试分数等值研究

导读

　　本节提出了一个基于铆题设计和两参数 IRT 模型的大学英语四、六级分数等值方案。主要包括：①用两参数逻辑斯蒂模型替代原来的 Rasch 模型，以改进题目模型的适合性；②用共同题目的等值设计取代原来的共同被试等值设计，解决共同被试等值设计中考生的动机水平难以控制的难题；③建立专用的等值用题库解决等值铆题缺乏的问题，并且能一次性完成铆题预测和参数标定工作，减少误差累积。两参数 IRT 模型的一个最突出的特征就是答对不同的题目，能力得分是不一样的。这一点至今都很难为公众理解和接受，造成这一模型的应用其实非常困难，至今未有大的进展。还有就是铆题设计问题，在铆题的质量、数量、稳定性控制等诸多方面都存在一些尚未解决的问题。铆题得分到底参不参加总分计分，无论是学术上或者是考试政策层面都还有争议，而且真正使用时等值效果也经常不是很理想。

一、问题的提出

　　大学英语四、六级考试的现有分数等值计算，选择的心理测量模型是项目反应理论(Item Response Theory models)中的 Rasch 模型(漆书青、戴海崎、丁树良 2002)，并采用了"共同被试设计"的等值设计法，即让同一批考生在一周时间内先后参加两个要等值的考试,从而获得等值数据。等值计算使用的是"固定能力参数"的等值算法,其主要思想是:两份试卷连接的纽带是"等值考生"的能力参数,通过固定这些能力参数来度量两份试卷题目难度上的差异,从而实现所谓的真分数的等值(朱正才、杨惠中、杨浩然2003;杨惠中、Weir 1998;朱正才、杨惠中2004)。这一等值模式虽然已安全地运行了十多年,但也逐渐暴露了一些问题。当然有些问题一开始并不突出,时间一长才显得有些麻烦。在十多年的分数等值经验和资料积累的基础上,笔者对这些问题有了一个切身的体验和深刻的理解,从而找到了解决这些问题的关键所在。下面,笔者将分析原分数等值模式中存在的主要不足。

（1）Rasch 模型假设所有的题目都是等区分度的,但考试实践中发现题目对考生的区分能力确实有差异,个别题目表现还很突出。如果不将这些题目从等值过程中剔除,模型的适合度就会受到损伤。CET 原分数等值模型忽略了这一点,有可能对等值的信度造成威胁。

（2）等值试题的泄密可能造成等值考生在等值试卷上获得虚假的高分,从而造成等值分数虚假上调,直接威胁到通过标准的稳定性。而且由于等值试题采用的是往年的正式考卷,这也给试题的保密工作带来很大困难。

（3）当更换等值试题时,存在"误差累积"的问题。由于每一年的试卷都要经过等值试题才能与 1987 年基准实行连接(称为入库),因此每更换一份等值试卷,就要多一次等值误差的累积。累积的误差主要包括两类:舍入误差和随机误差。这使得试题泄密风险和误差累积风险处于两者必得其一的窘地。

（4）等值被试在两次考试中的水平发挥仍难以保证一致,因为除了考生主观动机外,还有许多难以控制的客观因素(如天气、考场环境、考生身心状况因素等)会对考生的临场发挥产生正面或负面的影响。

（5）Rasch 模型下的真分数等值使得考生只要答对的题目数量相同,则能力分数就相等。这似乎也有些让人感到还不够精确。

（6）由于考试管理机构要多组织一项等值考试,造成了很大的人力和物力开销。

二、解决问题的新方案

（一）淘汰 Rasch 模型，改用项目反应理论的两参数逻辑斯蒂模型

项目反应理论的两参数的逻辑斯蒂模型（Logistic models）是伯恩鲍姆（Birbaum 1968）提出来的，表达式为（见式 2.1）：

$$P_i = \frac{1}{1+\exp[-a_j(\theta_i-b_j)]} \tag{2.1}$$

其中 θ_i 为能力参数，a_j 称为题目区分度参数，b_j 仍为题目难度系数。当 $a_j=1$ 时，两参数逻辑斯蒂模型就是 Rasch 模型。因此，人们通常称 Rasch 模型为两参数逻辑斯蒂模型的特例。

国外的研究（Mislevy & Bock 1986）和 CET 实考的数据检验都已表明（朱正才 2002），两参数逻辑斯蒂模型比 Rasch 模型具有更好的题目与模型适合性。这一点在将要使用的共同题目等值设计模式中非常重要，因为整个分数等值的核心从"共同被试"转向了"公共的铆题"。如果这些铆题中有过多的题目与模型适合不良，则等值结果就会变得不可靠。

从国外的研究资料看（Lord 1980；Bock 1970），三参数逻辑斯蒂模型的题目与模型适合得更好，其中的参数 C 对题目经验特征曲线 ICC 中的下端渐近线进行了拟合（式 2.2）。

$$P_i = c_j + \frac{1+c_j}{1+\exp[-a_j(\theta_i-b_j)]} \tag{2.2}$$

那么为什么不干脆选择三参数的逻辑斯蒂模型呢？主要是基于以下考虑：

（1）三参数逻辑斯蒂模型中的参数 C 的心理测量学含义有些含糊不清，而且数学上难以估计。虽然三参数 ICC 模型中的参数 C 有明确的统计意义，即考生对测验题目一无所知时，也有答对可能的概率，即所谓随机猜测。但在实际的考试当中几乎没有人对题目进行完全随机猜测（即根本不看题目或者根本对题目一无所知时答题），总要加入一些自己的认知判断（或称认知猜测）进去的。这种猜测是一种理性思维和感性经验的结合，

具有重要的认识论价值。因此,所谓 C 的统计意义根本不可能单独存在,它总是和认知判断混合在一起,共同左右着考生的答题行为,进而蕴含到了被试对题目的反应数据当中。这样,在二参数逻辑斯蒂模型中也已经有了这种认知猜测因素的存在,并不需要在模型上另外增加一个参数来处理它。

（2）在能力参数估计时,二参数逻辑斯蒂模型存在充分统计量 γ_i（见式 2.3）。

$$\gamma_i = \sum_{j=1}^{n} a_j u_{ij} \ (u_{ij}=0/1, n \text{ 为题目总数}) \tag{2.3}$$

其中 γ_i 是考生在一个测试上的题目加权总分,其权重是每个题目的区分度参 a_j。可以证明能力的极大似然估计量就是根据 γ_i 估计的。但三参数逻辑斯蒂模型至今未能找到能力参数估计的充分统计量,使得能力参数的估计可靠性受到怀疑。

（3）三参数逻辑斯蒂模型计算过于复杂,参数估计结果难以把握。二参数的逻辑斯蒂模型则要简单得多,而且 Rasch 模型只是它的一个特例,这为在原有基础上理解新的分数等值结果提供了极大方便。

因此,选择二参数的逻辑斯蒂模型来替代原来的 Rasch 模型,是在"模型数据适合性""模型可靠性"以及"计算复杂性"之间某种"妥协"的结果。

（二）采用共同题目设计即铆题设计来收集等值数据

新的分数等值模式将采用共同题目设计来组织等值考试,将两次考试连接起来的纽带是一组题目,可称之为铆题。基本思路是:首先建立一个用于等值的铆题题库,题库的容量可大可小,根据实际需要来定。题库的基点要标刻到 1987 年大学英语四、六级考试的基准上,然后在每次正式考试时挑选一组考生（最好不少于 600 人）作为等值考生。试卷中除正式考题外,还安插有一组铆题。要注意考虑以下几个问题:

（1）挑选的等值考生要好、中、差搭配,测量技术上叫"宽能力全距",而且人数不得少于 600 人（这是为了精确估计题目参数）;

（2）整个考试也要分成三块来实施,即听力、阅读和词汇语法综合测试

三部分,以免给这些挑选的等值考生增加过大的题目量。这些含有铆题的试卷仍称为等值试卷;

(3) 铆题占整个试卷的比例要考虑掌握在 30%以内,并相应增加测试时间。铆题是随机地拼入试卷中的,对考生来说无任何识别标记,并且在给这些学生计分时要剔除铆题的得分;

(4) 对铆题要严防泄密,不准任何人将铆题带出考场。

具体的试卷组成和考生组的安排可参见表 2-3。

表 2-3　新的分数等值考试的铆题设计和施考的参考方案

等值被试组	听力理解	阅读理解	综合(词汇、语法等)	合计
组 1	30(含 10 道铆题)	20	50	100
组 2	20	30(含 10 道铆题)	50	100
组 3	20	20	70(含 20 道铆题)	110

这个参考方案将整个铆测验分散在三个等值被试组里面(组 1、组 2 和组 3),分别只包括 10 道、10 道和 20 道铆题,铆题占整个试卷的比例都很小,不至于对被试增加过多的任务和压力。如果一次就要"标定"很多套等值题目,可以通过重复使用多个等值被试组来完成这项工作。

(三) 建立等值用的铆题库

首先要将原有的题库升级到两参数逻辑斯蒂模型上,包括重新估计 1987 年题目参数(难度参数和区分度参数);然后编写铆题,铆题质量无论是在语言上或者在统计性能上都有很高要求,经专家审核后再进行预测。预测同时也是一个将铆题连接到现有题库 1987 年基准的过程,因此,在编制预测试卷时,还要从原题库中挑选一批未正式向社会公开的、性能优良的题目作为铆题。题目参数的估计和等值过程见下文第(四)部分第一步和第二步所述。当然并不是所有参加预测的铆题都能入库,如果预测数据异常,或者题目的考试数据与模型不适合,就不能入库。

虽然通过一次预测考试就将全部铆题连接到原有题库是一项艰难的工作,但这样做却一次性地解决了老的等值模式中的误差累积问题,是非常值得的。

(四) 分数等值的算法设计

首先要对铆题作题目与模型适合 χ^2 检验,删去个别模型数据拟合不良的铆题,然后开始等值计算。

第一步,使用等值考生在新试卷(含铆题)上的反应数据,用联合极大似然估计法来估计所有题目的难度和区分度参数(朱正才 2002)。

第二步,利用铆题将所有新试卷的题目参数等值到 1987 年的基准上去(入库)。

由于铆题本来在等值题库中已有了一套参数,并且以 1987 年的题目参数为基准,记为 a_x,b_x,现在又估计出了一套题目参数值,记为 a_y,b_y。根据项目反应理论参数不变性原理,在使用两参数逻辑斯蒂模型的情况下,两组参数之间存在下列线性关系:

$$a_y = \frac{a_x}{A} \tag{2.4}$$

$$b_y = A * b_x + B \tag{2.5}$$

马可(Kolen & Brenan 1995)提出可以用铆题的两套难度参数的均值 μ_y,μ_x 和标准差 σ_y,σ_x 数据直接求取等值常数 A 和 B 的值。这种方法称为平均数/标准差法。

$$A = \frac{\sigma_y}{\sigma_x} \tag{2.6}$$

$$B = \mu_y - A * \mu_x \tag{2.7}$$

这一方法有几个特点:一是具有对称性,即线性转换与方向无关,既可从 x 到 y,也可以反过来;二是忽略每道铆题题目参数估计精度上的差异,在等值中的权重都相等;三是求取 A 和 B 只使用了两套难度参数的估计值。由于在两参数逻辑斯蒂模型下题目难度参数的估计一向很稳定,因此只要把握好题目适合性检验关,这一方法是可靠的。

有了等值常数就可以按公式(2.4)和(2.5)将所有新试卷的题目参数等值到 1987 年的基准上去(入库)。

第三步,进行真分数等值。

由于新试卷所有题目已估出了题目参数,并且等值到了 1987 年基准,因此可以用"极大似然估计法"在考生答题得分数据基础上逐个估计其能力值 θ,并进一步计算这一能力值在 1987 年试卷上的真分数。这个真分数就可以看作该生的等值分数。

三、实验结果及讨论

新的分数等值模式与原有模式相比最根本的差别有三条: ① 所使用的 IRT 模型不同;② 分数等值的纽带不同,原模式是一组共同的被试,新的模式是通过一组共同的题目;③ 原模式忽略答对 k 道不同难度的题目被试能力上的差异,只将全体被试分为 $1 \sim (n-1)$ 类(n 为题目总数)。但新模式则考虑这种情况下被试能力的差异,只要所答对的题目不是完全相同则能力水平就不同。

由于上述第③条原因,两种分数等值的最后结果无法直接比较。原有模式得到的是一个有 $n-1$ 行的等值对照表,而新模式若要列这种表的话,则要长得多了,因为同样答对 k 道题目,如果题目不完全相同,能力就不同,在 1987 年试卷上的真分数得分也就不同。

如果真要比较的话,那只能将新模式中所有答对 k 道题目的被试真分数求平均。从理论上说,这种比较也是很有意义的,它显示的是新的分数等值模式是否引起等值结果出现了系统的上升或者下降。

为此,笔者使用 CET4 的 4GSH1 试卷对比数据对两种分数等值模式在阅读理解部分做了等值计算实验。这次实验共有 700 名考生参加。在使用原来的分数等值模式时剔除了不合适的考生,因此共有 672 名考生的反应资料参加了等值计算,用老的 Rasch 模型真分数等值结果(阅读理解部分)列于表 2-4 第 2 列(朱正才、杨惠中、杨浩然 2003)。

表 2-4　两种分数等值模式下阅读理解部分等值结果(最小分数单位 0.5 题)

答对题数	原 Rasch 模型下分数等值结果	新的二参数模型下分数等值结果均值	答对题数	原 Rasch 模型下分数等值结果	新的二参数模型下分数等值结果均值
1	1.5	1.5	11	13	13
2	3	2.5	12	14	14
3	4	3.5	13	15	15
4	5.5	5.0	14	15.5	15.5
5	6.5	6.5	15	16.5	16.5
6	7.5	7.5	16	17.5	17.5
7	9	8.5	17	18	18.5
8	10	10	18	19	19
9	11	11	19	19.5	19.5
10	12	12	20	20	20

在使用新的分数等值模式做等值计算实验时,仍然使用这 672 名考生的反应资料,只是将等值试卷中的阅读理解部分全部试题都作为铆题处理,并且对原来题库中的已有参数进行了升级,经过题目模型适合检验,最后保留了其中的 8 道题目进入等值计算。由于新方法采用的是逐个考生等值,所以先要保存一个等值分数文件,然后再按答对题目数分类求平均,其结果列于表 2-4 第 3 列。可以发现表 2-4 的 2、3 两列数据基本相同,只在答对题数为 2、3、4、7、17 时有 0.5 分上下的差异(仔细分析后会发现,新的等值结果均值所形成的等值曲线比老的等值曲线更为平滑)。这说明新的分数等值模式并未带来等值结果的系统变化,但是却更精细地区分了答题数相同,但答对的题目难度不完全相同的被试在能力得分上的差异。

笔者对新的分数等值模式及其原理作了细致的说明,并且做了一个等值计算实验。新的模式解决了原有模式存在的诸多问题,归纳起来主要有:

(1) 参数逻辑斯蒂模型替代 Rasch 模型,改进了题目模型的适合性;

（2）使用共同题目等值设计代替共同被试等值设计，这样就将等值考试与正式考试合二为一，被试动机水平控制问题不再存在，而且大大减少了考试组织管理方面的难度；

（3）使用等值专用铆题库后，由于铆题中的题目是通过一次考试同时入库的，并且以后可以反复组合使用，从而解决了等值中的误差累积问题；

（4）由于能接触到铆题的考生比较少，泄密的可能性得以大大降低，而且对于个别可能已泄密的铆题，可以将其从题库中删除或者禁用，从而保证了铆题的可靠性；

（5）原有分数等值模式忽略答对 k 道不同题目的被试能力上的差异，而新的模式则要计算这种差异，实行的是逐个考生真分数等值，并且就作为考生的观察分数等值结果。

——原载于《心理学报》，2005(2)；作者：朱正才。

参 考 文 献

［1］漆书青，戴海崎，丁树良.现代教育与心理测量学原理［M］.高等教育出版社，2002.

［2］朱正才，杨惠中，杨浩然.Rasch 模型在 CET 考试分数等值中的应用.现代外语，2003(1)：69-75.

［3］杨惠中，C. Weir.大学英语四、六级考试效度研究［M］.上海：上海外语教育出版社，1998.

［4］朱正才，杨惠中.大学英语四、六级考试分数的机助百分位等值研究.现代外语，2004(1)：70-76.

［5］Birbaum A. Some Latent Trait Models and Their Use in Inferring an Examine's Ability［M］. In F. M. Lord and M. R. Novick(eds.). Statistical Theories of Mental Test. Reading, MA：Adison-Wesley, 1968：397-472.

［6］Mislevy R. J., Bock R. D. Item Analysis and Tests Coring with Binary Logistic Models［M］. Moresv ile, In Scientific Software Inc., 1986.

［7］朱正才.大学英语考试电脑自适应测验［M］.上海：上海交通大学出版社，2002：111-114.

［8］Lord, F. M. Aplication of Item Response Theory to Practical Testing

Problems. Hilsdale, NJ: Erlbaum, 1980.

[9] Bock, R. D., Lieberman M. Fiting a Response Model for n Dichotomously Scored Items[J]. Psychometrika, 1970(35): 17-197.

[10] Frank, B. Baker. Item Response Theory: Parameter Estimation Techniques, Marcel Deker, Inc., 1992.

[11] Kolen, M. J., Brenan R. L. Test Equating Methods and Practices[M]. New York: Springer-Verlag, 1995: 66-103.

第三节
大学英语四、六级考试分数的
机助百分位等值研究

导读

　　百分位等值的数学原理非常简单,使用效果也非常稳健可靠,但实际操作起来还是存在很多技术问题。首先,等值数据样本大小的确定非常关键,它要求样本对总体有较好的代表性,且数据量比较大。比如,总人数1 000人以上,高、中、低段的被试人数都要达到某个最低数量标准。这都是为了让百分位曲线尽可能连续且平滑。对等值数据中可能存在的不合适数据是否需要剔除,如何剔除,仍然存在很大争议。笔者的建议是可以借用 Rasch 模型来进行模型数据拟合,以剔除不拟合的数据,但建议剔除的原始数据不能超过10%。其次,还有两个等值技术问题:一个是曲线的平滑处理,一个是在平滑过的曲线上如何进行必要的插值计算。前者一般选取累积百分位曲线进行平滑处理,这里既要遵守数学模型的计算结果,同时也要重视专家的经验和直觉。后者基本上就是一个纯粹的数学计算问题,会编程计算就可以了。

一、前言

　　凡标准参照测验都要保证其通过标准的稳定性。因此,大学英语四、六级考试对各种分数等值方法进行了广泛的研究。目前在大学英语四、六级考试的选择题部分采用的就是项目反应理论的真分数等值方法(朱正才、杨惠中、杨浩然 2003)。但从 1997 年开始，全国大学英语四、六级考试委员会推出了一系列改革措施，核心是加强对学生英语语言交际能力的测量，尤其是对听、说、读、写等实际语言应用能力的测量。在试卷构成上增加了主观性很强的产出性题型，如听力测试中的复合式听写，要求学生具有一定的边听英语讲座边用英语记笔记的能力，翻译题则对阅读理解的深度和准确性提出了更高的要求，简答题同时对阅读和表达能力进行综合考查。这样，大学英语四、六级考试卷中主观性试题已占到 30％左右的比重，这给分数等值工作带来了新的研究课题。对于这些新题型与原来相对应的选择题之间的分数等值，经典的百分位等值是最可靠的等值方法。

（1）新题型采用多级评分，而项目反应理论的多细评分模型目前尚不成熟，因此也难以开发出基于项目反应理论(IRT)的可靠等值模型；

（2）新题型所测的考生语言能力结构比原来的选择题更复杂，两者的成绩分布存在差异，不适合用线性等值方法；

（3）百分位等值方法对要等值的成绩总体分布没有特别的要求，而且大学英语四、六级考试一直采用大样本的对比考试来收集等值数据，因此使用百分位等值时误差很小，应该是目前这种情况下最合适的等值方法。

经典的百分位等值理论认为，两个平行并且信度相等的测验分数如果在各自考生总体值中的百分位置相等，就可以认为是等值的。实际操作时一般随机抽样两个考生组 Group 1 和 Group 2，分别实施两个考试 Test 1 和 Test 2(称随机等组设计)。计算 Test 1 和 Test 2 在 Group 1 和 Group 2 上的相对累积频数(即百分位)，则两个组中同一个百分位所对应的 Test 1 和 Test 2 的两个原始分数(譬如说记为 SJ 和 S2)就是等值的。如果不作插值计算的话，SJ 和 S2 经常难以建立连续的对应关系。因此，传统的做法是将等值区域划分为大约 30 个小的区间，然后绘制出一个百分位转换曲线，并且据此建立两个考试分数间的等值关系。即使是使用概率纸作图，其精确度也是很有限的。

本节试图在计算机帮助下，运用数据平滑和插值(data smoothing and interpolation)计算方法，对考试分数作机助的百分位等值，以建立两次考试分数之间不间断的对应关系。基本思路是先用数学方法直接对两个考试分数的百分位曲线作平滑拟合处理(有些研究是对频数分布曲线作平滑处理

(Kolen & Jarjoura 1987；Kolen & Brennan 1995))[1]，对异常的点作特别的修正，并保留原来的曲线痕迹，修正之处要征询专家意见，并评价其合理性。评价的总原则是平滑后的曲线应更好地体现相应被试的真实能力分布的特征。第二步，建立分数等值转换表，在必要时作插值计算，使两个考试分数之间能建立起精确的转换关系。

本研究以大学英语四级考试听力理解部分的一次对比考数据为样本，在计算机上获得了一个比较满意的百分位等值转换结果。

二、研究设计

本研究选取了 785 名二年级本科考生为被试，他们都参加了 1997 年 6 月的大学英语四级考试（记为 T976），显然这是一个较大的样本[2]。为了实现分数的等值，在大学英语四级考试前一周，这批学生还参加了一个专门组织的等值测试（记为 T906）[3]，抽取这批考生在两次考试中的听力理解测试成绩进行机助百分位等值实验。这种等值设计方法通常称为单一组设计法。与上文提到的随机等组设计法相比，它的优点是测验的难度水平不会因使用了两组不同的被试考试数据来计算而被扭曲。

在本研究中，T1976 的听力理解测验使用了多项选择题和复合式听写题，总分 20 分，评分最小单位为 0.5 分。T906 的听力理解测验全部是多项选择题，总分 20 分，最小评分单位为 1 分。这一等值过程具有以下特征：

（1）使用共同考生的单组设计；

（2）两个测验使用不同的题型但所测的能力目标相同；

（3）测验总分相同但最小评分单位不同，并且测验不长；

（4）需要将 T976 精确地等值到 T906，以便于计算总分。

---

[1] 对分数频数分布进行平滑处理还是对分数百分位分布作平滑处理，应该说是各有利弊。由于分数等值最终发生在百分位分布曲线上，因此，从重视观察数据信息、防止引入系统误差的角度来说，笔者认为，直接在分数百分位分布曲线上作平滑处理更合适一些。

[2] 由于百分位等值并没有对观察分数的理论分布作什么假设，因此对等值样本的容量要求很大，样本分布要能体现总体分布的特征。根据国外相关研究(Kolen 1995)和笔者的经验，一般样本容量不得少于 500 人。

[3] 所用的等值试卷 T906 来自 CET 等值题库，并已与大学英语四级考试的基准试卷 T879 有了基于项目反应理论(IRT)Rasch 模型的真分数等值转换关系。

　　显然这一等值过程在考试实践中具有相当的代表性。本研究随后提出的机助百分位等值方法将对解决目前考试领域中普遍存在的主、客观题分数之间的等值问题具有重要参考价值。下表是两组对比考数据的描述统计结果。

考　试	均　值	标准差	人　数
T976	2.42	4.21	785
T906	13.66	3.67	785

　　从表中可以看出 T906 比 T976 均值多了 1.24 分，T976 题目与 T906 相比更难一些，并且差异显著（p＜0.01），进一步用计算机求出 T976 和 T906 的百分位分布（参见图 2-1 中 T976P 和 T906P）。图 2-1 显示，T976 和 T906 之间的百分位分布形态十分相似，两者的差别主要表现在分数的低端。由于采用了大样本，两个考试的百分位分布曲线在两端都延伸得很长。而在中间区域，T906 卷显得更为平直。

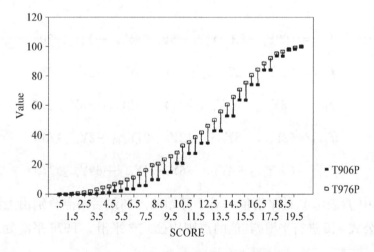

图 2-1　T976 和 T906 的百分位分布图

三、百分位曲线的平滑处理

　　从理论上说，假如样本容量足够大，测量误差可以忽略不计，并且测验分数是一个真正的连续变量,那么所得到的百分位曲线就能真实地反映出被试的能力分布特征,可以称为真实能力分布。但事实情况是我们用于等值的数据只是来自一个容量有限的样本,测量误差客观存在,测验分数也不是真正的连续变量。这样我们所能得到的只是与真实能力分布有差异的实验性百分位分布。数据平滑处理就是要用一条平滑的曲线去逼近真实能力分布。一方面要使平滑后的曲线与所有两边的点有着最小的离差平方和,同时对个别数据异常的点还要作特别校正,目的是力求使平滑的曲线能更好地体现被试的能力分布特征。这不但要遵循一定的数学原理,而且还要依据一些主观上的经验和判断[1]。

本节使用五点三次平滑方法在百分位等值之前先对 T976 和 T906 两个分布曲线作平滑处理[2]。设已知 n 个等距点 $X_0 < X_1 < \cdots\cdots < X_n - 1(n \geqslant 5)$ 上的观察数据为 $f_0, f_1 \cdots\cdots f_{n-1}$,则可以在每个数据点的前后各取两个相邻的点,用三次多项式 $f = A_0 + A_1 X + A_2 X^2 + A_3 X^3$ 进行逼近。根据最小二乘原理确定出系数 A_0, A_1, A_2, A_3,最后可得到五点三次平滑公式:

$$f_{i-2} = (69Y_i - 2 + 4Y_{i-1} - 6Y_i + 4Y_{i+1} - Y_{i+2})/70 \qquad (1)$$

$$f_{i-1} = (2Y_{i-2} + 27Y_{i-1} + 12Y_i - 8Y_{i+1} + 2Y_{i+2})/35 \qquad (2)$$

$$f_i = (-3Y_{i-2} + 12Y_{i-1} + 17Y_i + 12Y_{i+1} - 3Y_{i+2})/35 \qquad (3)$$

$$f_{i+1} = (2Y_{i-2} - 8Y_{i-1} + 12Y_i + 27Y_{i+1} + 2Y_{i+2})/35 \qquad (4)$$

$$f_{i+2} = (-Y_{i-2} + 4Y_{i-1} - 6Y_i + 4Y_{i+1} + 69Y_{i+2})/70 \qquad (5)$$

其中 f_i 表示 Y_i 的平滑值。对于开始两点和最后两点分别由上面公式1、2 和公式4、5 进行平滑,其他的点则用公式3 平滑。T976 平滑处理后的

---

[1] 平滑技术的使用主要是为了减少随机误差,但同时也可能引入一些系统误差。平滑的目的是使等值误差在总量上得以减少,专家的评判对控制系统误差有重要意义。

[2] 平滑百分位曲线的数学方法常用的有三次样条曲线法(Cubic spline method)、多项式对数线性法(Polynominallog-linear method)、强真分数法(Strong true score method)等(Kolen 1995),一般来说,平滑的效果差别不大。在分数等值之前对百分位分布曲线平滑(Presmoothing)着眼点在于观察数据的随机误差,还有一种在分数等值之后直接对分数转换关系曲线作平滑处理的方法(Postsmoothing),其着眼点在于等值结果的可接受性,并且也可以在平滑过的等值转换曲线上作必要的插值计算,以获得精确的等值结果。

数据结果参见表 2-5 第 2、3 两列,其中第 2 列是原始的百分位,第 3 列 D2 是残差,等于原始的百分位减去其平滑值(为了减少篇幅,T906 的平滑结果不予列出,这对读者理解本节没有任何影响)。

从平滑数据看,两条百分位分布曲线经平滑后变化都很小,T976 的调整幅度从 -0.39 到 +0.51(T906 从 -0.41 到 +0.55)。发现 T976 原始百分位曲线上出现了小波浪形的抖动现象。经过专家分析后认为,产生的原因很可能是由于 T976 中的复合式听写题的主观评分方法所致。在复合式听写题的评分标准中几个带有 0.5 的分数,阅卷员普遍感到难以掌握,结果这些考分都被分流到了邻近的分数上,造成了总分频数分布曲线的抖动。数据平滑过程对此现象作出了调整,经专家讨论认为,这些调整完全合理(参见图 2-2)。

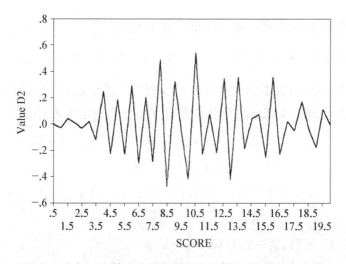

图 2-2　对 T976 的百分位分布平滑后产生的残差分布曲线

四、百分位曲线上的插值计算

假设考生的听力理解能力是一个连续体,并且可以忽略测量误差,那么 T976 和 T906 两个测试分数(考生能力的量度)之间应该可以建立起一一对应关系。本实验中 T976 和 T906 有着不同的最小评分单位,而且它们又都只是考试的一部分,等值处理后还将要与其他部分合成为测验的总分。

　　因此,等值结果最好是从 T976 到 T906 的高精度分数转换表,要尽量少地把等值误差(特别是舍入误差)带到总分合成中去,以免由于累积效应使总分的误差范围进一步扩大。

　　本研究使用了光滑不等距插值法,在 T906 的百分位曲线上进行插值计算。设给定 n 个不等距结点为 $X_0 < X_1 < \cdots\cdots < X_{n-1}$ 时,相应的函数值为 $Y_i(i=0,1\cdots\cdots n-2)$。若在子区间 $[X_k, X_{k+I}](k=0,1\cdots\cdots n-2)$ 上的两个端点处满足以下四个条件:

$$Y_k = F(X_k) \tag{1}$$

$$Y_{k+1} = F(X_{k+1}) \tag{2}$$

$$Y'_k = G_k \tag{3}$$

$$Y'_{k+1} = G_{k+1} \tag{4}$$

则在此区间可以唯一确定一个三次多项式:

$$S(X) = S_0 + S_1(X - X_k) + S_2(X - X_k)^2 + S_3(X - X_k)^3 \tag{5}$$

并且就用此三次多项式计算该子区间中的插值点 t 处的函数近似值。

根据阿克玛法(Akima)的几何条件,G_k 与 G_{k+1} 由下式计算:

$$G_k = (|U_{k+1} - U_k| \cdot U_{k-1} + |U_{k-1} - U_{k-2}| \cdot U_k) /$$
$$(|U_{k+1} - U_k| + |U_{k-1} - U_{k-2}|) \tag{6}$$

$$G_{k+1} = (|U_{k+2} - U_{k+1}| \cdot U_k + |U_k - U_{k-1}| \cdot U_{k+1}) /$$
$$(|U_{k+2} - U_{k+1}| + |U_k - U_{k-1}|) \tag{7}$$

其中:$U_k = (Y_{k+1} - Y_k)/(X_{k+1} - X_k)$

并且在端点有 $U_{-1} = 2U_0 - U_1, U_{-2} = 2U_{-1} - U_n, U_{n-1} = 2U_{n-2} - U_{n-3}, U_n = 2U_{n-1} - U_{n-2}$

当 $U_{k+1} = U_k$ 与 $U_{k-1} = U_{k-2}$ 时,$G_k = (U_{k-1} + U_k)/2$

当 $U_{k+2} = U_{k+1}$ 与 $U_k = U_{k+1}$ 时,$G_{k+1} = (U_k + U_{k+1})/2$

最后可以得到区间 $[X_k, X_{k+1}](k=0,1\cdots\cdots n-2)$ 上的三次多项式的系数为:

$$S_0 = Y_k, \ S_1 = G_k, \ S_2 = (3U_k - 2G_k - G_{k+1})/(X_{k+1} - X_k),$$
$$S_3 = (G_{k+1} + G_{k-2}U_k)/(X_{k+1} - X_k)^2$$

插值点 $t(t\in[X_k,X_{k+1}])$ 处的函数近似值为：

$$S(t)=S_0+S_1(t-X_k)+S_2(t-X_k)^2+S_3(t-X_k)^3 \qquad (8)$$

有了这个函数就可以计算任何一个百分位置 I 所对应的分值了。由于我们是要将 T976 等值到考试 T906，所以只要用平滑过的 T976 百分位值作自变量 t，在 T906 平滑过的百分位曲线上作插值计算，就能得到从 T976 到 T906 的分数等值转换表了（参见表 2-5 第 1、4 两列）[①]。附表中的第 1 列是 T976 原始得分，第 4 列 D3 就是 T976 原始得分等值到 T906 后所做的调整，D3 等于等值后的分数减去原始分数。

表 2-5　T976 的平滑和等值结果

T976 分数	百分位(%)	D2	D3
0.5	0	0	0.5
1	0	−0.029 12	0.274 93
1.5	0.382 17	−0.043 68	1.402 77
2	0.764 33	0.010 92	1.611 66
2.5	1.273 89	−0.032 76	1.713 65
3	2.165 61	0.021 84	1.937 75
3.5	3.312 1	−0.120 11	2.332 91
4	4.840 76	0.251 14	2.402 67
4.5	5.477 71	−0.229 3	2.335 23
5	6.878 98	0.185 62	2.136 8
5.5	8.025 48	−0.229 3	2.079 51
6	10.063 69	0.294 81	1.950 23

① 如果进一步将 T976 分数等值到基准试卷 T879 上，可以再次使用插值计算。因为已经有了 T906 到 T879 的非线性等值转换表（Rasch 模型的真分数等值结果），将 T976 转换到 T906 后的百分位等值分数做自变量在这条 IRT 非线性等值转换曲线上作插值计算，就能得到 T976 在基准试卷 T879 上的得分了。

续　表

T976 分数	百分位(%)	D2	D3
6.5	11.464 97	−0.294 81	1.856 52
7	14.140 13	0.207 46	1.777 05
7.5	16.560 51	−0.283 89	1.783 05
8	19.617 83	0.491 36	1.666 2
8.5	20.891 72	−0.480 44	1.527 35
9	23.694 27	0.327 57	1.336 92
9.5	25.732 48	−0.043 68	1.203 62

　　从等值结果看,分数调整幅度不是很大,从 0.18 到 2.40 分。总的调整方向是上调,幅度从低端到高端逐渐减小。在 4 分的地方有一个拐点,4 分之前分数越高,上调的幅度越大;4 分之后则分数越高,上调的幅度越小(参见图 2-3)。整个分数全距内平均上调了 1.11 分,与两个考试的平均数差异量相当,这说明平滑技术的使用并没有引入系统误差。这一调整结果经专家讨论认为是满意的。

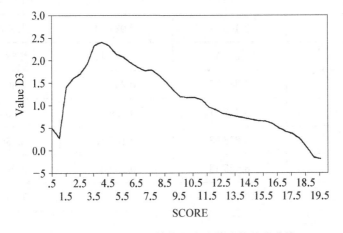

图 2-3　T976 百分位等值后产生的分数差异曲线

　　——原载于《现代外语》,2004(1);作者:朱正才,杨惠中。

参 考 文 献

［1］ Angoff, W. H. Summary and Derivation of Equating Methods Used at ETS［M］. TEST EQUATING, Academic Press, Inc., 1982.

［2］ Cureton, E. E. and J. W. Tukey. Smoothing Frequency Distributions, Equating tests, and Preparing Norms ［J］. American Psychologist, 1951(6)：404.

［3］ Keats, J. A. and F. M. Lord. A Theoretical Distribution for Mental Test Scores［J］. Psychometrika, 1962：27.

［4］ Kolen, M. J. and R. L. Brennan. Test Equating Methods and Practices ［M］. Springer-Verlag New York, Inc., 1995：66-103.

［5］ Kolen, M. J. & D. Jarjoura. Analytic smoothing for equipercentile equating under the common item nonequivalent populations design［J］. Psychometrika, 1987(52)：43-59.

［6］ Kolen, M. J. Smoothing Methods for Estimating Test Score Distributions ［J］. Journal of Education Measurement, 1991(28)：257-282.

［7］ Kolen, M. J. Effectiveness of Analytic Smoothing in Equipercentile Equating［J］. Journal of Educational Statistics, 1984(9)：25-44.

［8］ Hanson, B. A. A Comparison of Bivariate Smoothing Methodin Common-item Equipercentile Equating ［J］. Applied Psychological Measurement, 1991(15)：391-408.

［9］ 朱正才,杨惠中,杨浩然.Rasch 模型在 CET 考试分数等值中的应用［J］.现代外语,2003(1).

［10］ 漆书青,戴海崎,丁树良.现代教育与心理测量学原理［M］.南昌：江西教育出版社,1998：259-294.

一个基于综合印象评分法的
作文分事后调整模型

导读

　　本节的作文分事后调整方法最早是桂诗春教授从香港考试局引进到内地的,并首先在广东试点使用过。然后,大学英语四、六级考试也在 20 世纪 80 年代末将其用于作文分的事后调整。这一模型对大学英语四、六级考试作文报道分数的公平和稳定起到了重大作用。本节对其中的细节进行了详尽的介绍。模型的数学本质是一个回归模型,作文分与客观题分数存在较高线性相关是一个最关键的假设。根据大学英语四、六级考试近 30 年的数据显示,作文分与客观题分数之间存在 0.5 左右的积差相关(指总体相关系数,即实质上的相关,几乎不含随机误差)。这样的一个相关系数既不是太高也不算低,据此对作文分进行调整,现在看来理据还不够充分。应该寻找其他更好的方法来解决作文分的评分误差问题,尤其是评分员之间的误差。这个模型中还有一个关键参数,即总体评分的均值和标准差。如何得到? 如何防止全体评分员出现系统性偏差(集体偏松或者偏紧)? 为此,笔者提出了一种加权移动平均算法,也具有一定的学术价值。

一、前言

　　对作文评分信度影响最大的是评分过程。对于同一篇作文,不同的阅卷员可能给出不同的分数。提高作文阅卷的信度就是要保证评分过程当中评分的一致性,包括阅卷员本人的一致性、阅卷员之间的一致性和阅卷点之间的一致性,要采取一定的质量控制措施尽量减少和滤除阅卷员的主观性对分数的影响。

近年来对作文评分的研究发展很快。作文题的评分通常有两种方法:一种是综合法,一种是分析法。分析法是把一篇作文分解为若干要点,如内容、结构、文章连贯性、语法、词汇等,不同的要点也可作不同的加权处理,各要点得分的总和即为全篇得分。综合法是凭阅卷员通读一遍的总体印象打分。综合法的优点是能从总体上把握通篇印象,评卷速度比较快。考虑到大学英语四、六级考试规模太大,采用综合法和"一读"的评分方法,然后根据考生的客观题得分进行调整,滤除系统误差。

本节将在 2001 年 6 月 165 万余四级考生作文分及其调整数据的基础上详细地描述和分析大学英语四、六级考试中作文评分的过程、阅卷员评分误差的控制方法和原理以及存在的问题。本研究的结论可能对我国大规模考试中作文评分信度的评价和改进都具有一定的借鉴意义。

二、作文评分和评分信度保障

(一) 制定明确的评分标准,并要求阅卷员准确掌握是保证大学英语四、六级考试作文评分信度的核心

大学英语四、六级考试的作文评分标准主要考虑内容切题、文字正确和表达的连贯性三个方面。评分标准将作文分分为五个等距的档次,即 14、11、8、5、2 分,每个档次应达到的水平都有详细的文字描述。提高作文阅卷信度的关键是阅卷员的阅前培训,要求阅卷员能准确掌握评分标准。在考试的次日由考试委员会负责人和全国 6 个阅卷点负责人共同从考生实际作文卷中选择五张评分参照卷(Range-finders)(杨惠中、Weir 1998),准确地体现评分标准中的五个档次,作为培训阅卷员的统一标准。再选 20 篇作文,分布在分数段的全距,准确评好分数,将分数隐去,供阅卷员试阅,以观察阅卷员掌握评分标准的程度,并且通过试阅和讨论统一思想,使阅卷员准

确掌握评分标准。

（二）实际评分时要求阅卷员在一读而且只能是一读的基础上打印象分

评分的原则是奖励，而不是扣分。阅卷员只需要判定某篇作文卷相当于哪个档次的参照卷，然后相应判分，在一个档次内略高略低完全由阅卷员凭印象评分。

（三）要求每名阅卷员所阅作文卷的得分与这些考生客观题的得分相关系数大于 0.4

若相关系数太低，说明该阅卷员缺乏评分一致性，忽高忽低，超出系统误差允许的范围，则第二年不再聘为阅卷员。每位阅卷员都有代号，这样就逐步建立起一个稳定的阅卷员队伍。

（四）对阅卷员的要求首先是严格掌握评分标准，其次是评分要保持一致性

阅卷员阅卷不论偏宽或偏严，要求在整个阅卷过程中评分标准能保持一致（阅卷完成后，每名阅卷员所阅作文卷的得分与这些考生客观题的得分相关系数就是一个重要的统计指标）。做到了这一点，则差异呈规律性，属系统误差，可以通过考生总体主观题和客观题得分的相关性，以每个阅卷员为单位进行系统性的调整加以滤除。

（五）阅卷期间阅卷组长的任务是随机抽查，尽量保证按标准评分

相对稳定的阅卷员队伍、明确的评分标准、准确选择的参照卷、认真的阅卷员阅前培训、评卷过程中的质量抽查加上事后的计算机调整，这些措施保证了大学英语四、六级考试作文分评分的信度。

三、作文分事后调整

作文分事后调整的统计模型基于下列假设：

假设 1：对于大数量的考生总体来说，客观题与主观题的能力分布及相应的成绩分布呈正态分布。

假设 2：对于每个阅卷员来说，所评阅的作文卷是考生总体中的一个随机样本。

如果样本足够大，则样本应能反映总体的基本统计特征，即样本与总体之间的各项主要统计指标，如均值与标准差等，都应等同或者接近。为此采取了严格的措施，保证评卷过程中作文卷分配的随机性。

假设 3：就考生总体而言，考生在客观题上的能力表现和在主观题，即作文分上的能力表现有较高相关性。

也就是说，只要客观题和主观题都能正确地反映考生的能力，则能力强的学生（就总体而言）客观题和主观题都能答得好，能力差的学生两者都答不好。就个别考生而言，两者的相关可能不明显，但随着样本量的增大，两者之间的关系只能是显著正相关。

假设 4：阅卷员在整个阅卷过程中评分标准能保持一致性，首先要检验这四个假设在大学英语四、六级考试作文评分过程中能否得到满足。

根据心理学的研究，假设 1 显然是成立的，而且在大学英语四、六级真实的考试成绩数据中也得到了验证。

假设 2 要求对每位评分员能随机地分发考生作文卷。为此，大学英语四、六级考试委员会严格地制订了作文试卷的分发程序：

（1）将全国各省市的考生作文卷按经济、文化、教育发展水平在 6 个作文阅卷点上进行适当的调配，以达到 6 个作文阅卷点所分到的考生总体英语水平相当；

（2）在各作文阅卷点内部，同一所学校的作文卷要求按考场随机地分发给不同的阅卷员；

（3）同一考场的 30 名考生要求按 5 份一组随机地分发给不同的阅卷员。

以 2001 年 6 月的四级考试数据为例，总体考生达 165 万余人。从总体的考生成绩层面看，所有考生的客观题的总平均 37.69 分，标准差 12.26 分，差异系数 33%。总体作文平均分 6.67 分，标准差 2.35 分，差异系数 35%。二者离散程度差异并不大。

再从阅卷员层面看,作文阅卷员共799名,人均评阅作文2060份(最少的人也有1000多份)。所有阅卷员分发到的考生客观题分数均值非常接近,围绕总体客观题均值37.69分呈正态分布,标准误差1.87分,差异系数5%。客观题分数标准差样本统计量在抽样分布上也分布得相当集中,差异系数也只有5.5%(表2-6第2、3行)。由于客观题不存在评分误差,因此可以认为试卷分发程序基本上满足了随机化的要求。

表2-6　799名阅卷员分发到的考生原始分数据4种样本统计量的描述统计

统 计 量	n	Min	Max	M	SD	差异系数
客观题均值	799	33.84	45.24	37.69	1.87	5%
客观题标准差	799	10.86	15.31	12.12	0.67	5.5%
作文分均值	799	4.50	8.98	6.67	0.68	10%
作文分标准差	799	1.40	3.35	2.25	0.28	12%

然而,主观题即作文的均值和标准差在抽样分布上的离散程度比客观题高了一倍,差异系数分别为10%和12%(表2-6第4、5行)。由于两者是基于同一抽样过程,可以认为这种差异主要是个别阅卷员评分有系统性误差造成的。因此,对作文分进行适当的事后调整,以滤除阅卷员之间的评分误差是必要的。

不管是从语言测试理论角度或者是真实的数据检验结果,假设3都是成立的。考生的客观题成绩和作文成绩之间存在显著的线性正相关。2001年6月的四级考试数据显示,799名阅卷员所评考生作文分与客观题总分的Pearson's相关r分布在0.35到0.75之间,小于0.4的仅占2.3%,大于0.65的不到2.5%,简单算术平均值0.52。计算r时样本容量都非常大,因此,如果说客观题与作文分之间总体相关系数不小于0.5,是非常可信的($p < 0.01$)。考试委员会对阅卷员的客观题成绩和作文成绩之间Pearson's相关要求不得小于0.4,否则就是不合格的阅卷员。

假设4是考试委员会对阅卷员所提的一项特别要求,即保持评分标准的前后一致性,不要一会紧一会松,尤其是要避免打分时的居中倾向。为了检验这一假设,考试委员会曾做过一项专门的实验研究(杨惠中、Weir 1998:142-149),发现绝大部分阅卷员较好地掌握了评分标准,并保持了评分的一致性,但同时也发现有些阅卷员在最后几天评分有趋严和居中倾向。因此,建议各阅卷点要严格控制阅卷员的工作量,防止出现疲劳效应,影响到作文评分信度。四个假设中,假设 1 和假设 3 是理论上的,比较可靠;而假设 2 和假设 4 则是有关操作程序上的,其满足程度直接影响作文分调整效果的好坏。下面是作文调整的统计原理和计算方法:

第一步,求每个作文阅卷员的作文预测平均分(PM)和预测标准差(PSD)。

如果总体客观题均值用 μ_x 表示,标准差用 σ_x 表示;总体作文分的均值用 μ_y 表示,标准差用 σ_y 表示。某一阅卷员其所评作文卷份数用 N 表示,这些考生的客观题均值用 M_x 表示,标准差用 S_x 表示,作文原始分与客观题分数的 Pearson's 积差相关系数用 r 表示,则 PM 和 PSD 可以由下列的式(1)和式(2)求出。

$$PM = r * \frac{\sigma_y}{\sigma_x}(M_x - \mu_x) + \mu_y \tag{1}$$

$$PSD = r^2 * \frac{\sigma_y}{\sigma_x}(S_x - \sigma_x) + \sigma_y \tag{2}$$

第二步,求某个考生的作文调整分 Ma。

$$Ma = PSD * Z_r + PM \tag{3}$$

其中 $Z_r = (M_r - M_y)/S_y$,即某个考生的作文原始分 M_r 在其阅卷员内部的标准分形式(Z‑Score),M_y 是该阅卷员所评作文分的均值,S_y 是该阅卷员所评作文分的标准差。

可见式(3)只是将作文原始分 M_r 重新表达到一个新的正态分布上,是一种简单的线性变换,或者说线性等值。虽然这一变换并未改变考生作文分在其阅卷员内部的排序,但其分值却发生了变化。

四、作文分事后调整的实验及讨论

按上述统计模型,对 2001 年 6 月的大学英语四级考试全部 799 名阅卷员所评作文分进行调整。表 2-7 列出了全部阅卷员的 PM 和 PSD 的统计数据情况。

表 2-7　全部阅卷员 PM 和 PSD 的统计数据

统 计 量	n	Min	Max	M	SD	差异系数
PM	799	6.24	7.74	6.67	0.20	3%
PSD	799	2.28	2.68	2.35	0.04	2%

从表 2-7 可以看出,经过调整后的阅卷员所评作文分均值 PM 分布范围被收窄了,差异系数仅 3%(原来是 10%);调整后的标准差 PSD 分布区间被收窄得更厉害,差异系数只有 2%(原来是 12%)。

从具体的调整数据来看,PM 调幅在 ±1 以内的阅卷员占 90%,PSD 调幅在 ±0.4 以内的阅卷员占 80%,这说明作文评分出现了较大偏差的阅卷员只是很少的一部分。为了更好地说明模型调整的效果,笔者专门挑选了 5 名阅卷员的评分数据及调整结果来加以分析,数据见表 2-8。

表 2-8　5 名阅卷员评分数据调整实例

序号	代号	N	M_y	S_y	M_x	S_x	r	PM	PSD
1	172	2 187	8.94	1.86	36.86	13.14	0.44	6.59	2.38
2	188	2 379	6.75	1.62	38.99	12.92	0.53	6.79	2.38
3	341	2 241	8.94	2.48	39.80	12.54	0.44	6.84	2.36
4	520	2 007	5.39	2.23	38.09	11.58	0.59	6.70	2.30
5	912	1 494	6.67	2.34	37.85	12.12	0.50	6.67	2.34

从表 2-8 可以看出,172 号阅卷员共评了 2 187 份作文,其客观题均值 36.86,低于总体水平 37.69;但其作文分均值却高达 8.94 分,远高于总体作文平均分 6.67。另一方面其作文分的标准差 1.86 又显著地低于总体标准差 2.35。因此,可以认为此阅卷员评分有系统的误差,实际查阅其所评试卷

发现其作文分数大部分都在 9～11 分之间分布,经模型调整后,作文分均值下降到 6.59,标准差上升到 2.38。显然所作的调整是合理的。这只是一个极端个别的例子,但作文分调整模型在一定的程度上对已发生的偏差进行了纠正。从评分员管理的角度上,这个阅卷员将不再被聘用。

188 号阅卷员平均分掌握得较好,但分数没有能拉开档次,标准差要上调;341 和 520 号阅卷员则相反,分数是拉开了,但平均分没掌握好,给分一个偏高,一个偏低。对这些阅卷员层面上的系统偏差模型都作了合理的调整。从评分员管理的角度上,这些阅卷员将要受到警示。

912 号阅卷员是一名非常合格的阅卷员,其评分不需要作调整。

具体到每个考生,根据 2001 年 6 月大学英语四级考试中的 164 万作文非 0 分考生的调整数据得到了一个作文分调整幅度的频数分布表(见表 2-9)。

表 2-9　2001 年 6 月大学英语四级考试作文分调整幅度 |d| 的频数分布表

	$|d| \leqslant 1$	$1 < |d| \leqslant 2$	$2 < |d| \leqslant 3$	$3 < |d|$	合　计
频　数	1 404 014	22 450	16 505	423	1 645 443
百分比	85.3%	13.6%	1.0%	0.1%	100%

从表 2-9 可以看出,有 85.3% 的考生作文分只作了上下 1 分范围内的调整,这说明模型所作的调整仍然以微调为主。有 99.9% 的考生作文分只作了上下 3 分范围内的调整,相差一个档次 3 分以上的异常调整仅有 423 人,占 0.1%。

近年来各高校对英语写作课教学日益重视,但同时教学中的“猜题压宝”现象也有愈演愈烈之势。这给作文命题工作带来了前所未有的挑战,为了不被猜中,偏题、怪题就有可能出现。对考生而言,写作的难度就会发生显著的变化,从而对作文的评分产生不良后果。如果题目被大面积猜中的话,总体作文分均值会异常上升;如果是出了偏题或怪题,考生不能正常发挥,总体作文分均值有可能突然下跌。这对考试的信度以及对教学的反拨都是一种损害。因此,作为一个稳健的测量系统,必须密切关注每次全体阅卷员所评出的总体作文分均值 μ_y 和标准差 σ_y 的变化。由于每个阅卷员的预测平均分 PM 是以 σ_y 为中心显正态分布，PM 对 σ_y 的变化非常敏感。多年经验数据已显示总体作文成绩 μ_y 还在 6～7 之间，并在小步攀升（步长只有 0.1～0.3 分），这是一种常态，而总体作文分标准差 σ_y 则表现得非常稳定（2.35～2.4 分）。如果某次 μ_y 与往年相比出现异常变化（比如±1 分），我们可以推测由于数量庞大的考生总体作文水平是不大可能在一年的时间里有非常大的提高或者下降，μ_y 的异常变化更可能是由于作文题目的难度或者是作文评分过程中的偏差造成的。为了保持总体作文分均值的稳定，可以用往年的总体的作文分数据对 μ_y 作适当的加权修正，记作 μ_y^*，这相当于从这里对作文分进行跨考次的等值平衡。笔者曾实验过一种加权移动平均算法（并未在正式考试中使用）：

$$\mu_y^* = 0.5\mu_y + 0.3\mu_1 + 0.2\mu_2 \tag{4}$$

其中 μ_1 和 μ_2 分别表示前 1、2 次的全体作文分均值。加权的指导思想是"重视当次的阅卷数据，兼顾往次的分数信息，时间越近，权重越大"。这样，μ_y，μ_1，μ_2 的权重比为 0.5∶0.3∶0.2。计算结果是对 μ_y 只作了 -0.013 分的修正（修正的幅度小是因为总体作文分均值这几次都很平稳，并没出现大的波动）。

对于有些英语标准化考试来说（比如托福），不做这种等值平衡可能后果也不严重，因为作文成绩是单独报道的，即使作文分出现异常也不会祸及总分。但大学英语四、六级考试的作文分是要计入总分的，并且设了最低的通过线，这样保证作文分的跨考次平衡就显得特别重要了。

至此，本节对大学英语四、六级考试作文评分过程和作文分的事后调整都作了详细的描述。"评分标准的制定"用参照样卷来校准阅卷员对作文评分标准的掌握尺度以及"阅卷员的培训和考核制度"构成了作文信度的坚固基石。而作文评分中基于"随机分发作文卷""客观题分数与作文分相关控制"以及"评分一致性要求"的作文分调整则从统计上对出现系统性误差阅卷员的作文评分结果进行了事后的干预。

五、小结

对作文分作事后调整国内最早见于桂诗春教授在广东的研究（桂诗春

1986)。国际上未见有在大规模标准化考试对作文分事后调整的报告（Woods 1994）。1987 年后本文描述的作文分调整方法就一直被大学英语四、六级考试采用，笔者也一直在观察该模型在每次作文分调整中的总体工作情况，并分析了其中许多分数极端调整的案例。本文就是对这些年观察工作的一个总结，并初步得出以下结论，供大家参考。

（1）作文分调整的统计模型主要是一个基于标准分（Z‐Score）概念的经验模型，公式(1)和(2)来源于考试分数的线性等值理论，并且在统计上作一系列近似处理而得来（主要是极大似然估计统计量（Lord 1955））。由于本节中这一分数调整的模型是建立在随机的大样本基础上的，因此，批改考生作文数量太少（比如说 300 人）的阅卷员所评作文分不适合进行这种调整（注意：这里的 300 人也只是一个经验数据指标）。

（2）在大学英语四、六级考试框架下，作文分与客观题分数之间总体上存在 r＝0.5 的实质相关，作文评分应要求阅卷员将这一本质规律尽可能地评出来。

（3）目前的试卷分发程序基本上满足了随机化的要求，尤其是阅卷点内部的随机化做得很好，以后要加强对各阅卷点之间的随机化的监控。

（4）阅卷员评分的前后一致性非常重要，应要求阅卷员对自己所评的全部作文不要出现一个分数等级（3 分）以上的误差。这就是前言中所提到的阅卷员内部一致性问题。

（5）在阅卷员这个层面上，对其所评作文分均值作调整的重要依据是相应的客观题成绩，因此整体上客观题成绩的信度将对作文分信度产生影响，而且客观题应实现等值化。可喜的是，大学英语四、六级考试客观题分数具有很高的信度（KR20＞0.9），并且都作了 IRT 等值处理。要提醒注意的是，就每个考生而言，其客观题的分数并没有参与到其作文分的调整计算当中，所以也不对其作文分的调整起任何作用。

（6）对每个阅卷员所评作文分进行调整是为了保证阅卷员之间评分的一致性，参照的是总体主、客观题的参数值，即总体均值和标准差，并未在阅卷点之间作区分。因此，从逻辑上说，如果阅卷员之间评分的一致性解决了，则阅卷点之间的一致性也就解决了。

（7）对作文分进行调整是否使得作文分总体上更能反映"考生真实的

作文水平",这是一个非常重要的研究课题,但同时也非常困难,只能在以后的研究中一步步求证了。

全国大学英语四、六级考试委员会正在着力研究和实施计算机网上作文评分项目,在网络平台上考生作文完全可以随机分发到阅卷员,并且能对每个阅卷员的评分过程进行实时的监控,这样假设 2 和 4 会得到更好的满足。可以预见,网上作文评分项目的实施将更加有利于大学英语四、六级考试作文分信度的进一步提高。

——原载于《心理科学》,2005(6);作者:朱正才,杨惠中。

参 考 文 献

[1] 杨惠中,C. Weir.大学英语四、六级考试效度研究[M].上海:上海外语教育出版社,1998.

[2] 桂诗春.标准化考试——理论、原则与方法[M].广东高等教育出版社,1986:168-172.

[3] Woods, A. J. Report on Aconsultancy Visit to China under the ELT Project[R]. 1994.

[4] Lord, F. M. Equating Test Score-amaximum Likelihood Solution[J]. Psychometrika, 1995,(20): 193-200.

[5] 漆书青,戴海崎,丁树良.现代教育与心理测量学原理[M].北京:高等教育出版社,2002:209-214.

[6] Kolen, M. J., Brennan, R. L. Test Equating Methods and Practices[M]. New York:Springer-Verlag, 1995:105-136.

第三章
语言测试中的信度和效度模型

本章导读：效度研究对考试来说既是最重要的研究，也是使用最为广泛的一种研究。考试研究无非就是信度和效度两大类问题，现在，有人甚至把信度也纳入广义的效度研究范畴，这样效度研究就几乎涵盖了有关考试研究的全部内容了。本专题收入 9 篇论文，有微观层面的效度研究，也有宏观层面的效度研究，但到底还是无法给人一个效度研究的全貌。由于个人的精力和阅历所限，本专题的这些研究主要还是围绕大学英语考试这个较小的领域展开，研究的主题也有局限性，如公平效度、反拨效度均未能涉猎。好在其中有一节为语言测验效度建立了一个相对完整的研究框架，参照这一框架读者就能很好地理解其他几节的论题在这一研究框架中处于什么位置，以及本章的研究还存在一些什么缺憾。

大学英语四级考试通过标准的制定

导读

　　本节先是详细介绍了大学英语四级考试的通过标准是如何建立的,然后对这一通过标准的合理性和可接受性进行了专家主观评判验证。这是一次规模较大的社会调查工作,应该说是大学英语四、六级考试发展历程中一次非常重要的效度验证工作。大学英语四、六级考试委员会在全国范围内用分层随机抽样的方法抽取了 16 所院校中的 50 个教学班,共 1 567 名考生来进行效度验证工作。这样大规模的单科考试的效度验证调查在全世界并不多见。从心理测量和统计分析角度看,本节的研究方法也非常值得学习,其中包括如何建立分数常模,如何确定通过线,如何计算考试分数与专家评判结果之间的等级相关,如何合并若干个班级的等级相关系数(Fisher 的 r－Zr 转换),如何评价考试分数的"通过"与专家评判的"通过"二者之间的一致性程度。这些都是非常重要的语言测试研究专业基本功,值得大家认真学习。

　　1985 年,国家教委颁布了我国高等学校理工科本科和文理科本科用的两种《大学英语教学大纲》(以下简称《大纲》),并且在批准实施《大纲》的通知中指出:"《大纲》规定的教学目的和要求,反映了当前国家对高等专业人才外语方面的要求,是我委今后检查英语教学质量的依据……凡执行本大纲的学校,国家教委将对结束四、六级学习的学生进行统一的标准考试。"大学英语四级考试(CET4)正是根据这一文件精神而设计的。考试的目的在于全面考核已修完大学英语四级的学生是否达到了教学大纲所确定的各项目标,并对考试合格者发给合格证书。

CET4 的考试目的和内容在《大学英语四级考试大纲》中已有详述。CET4 于 1987 年在全国正式实施。从 CET4 产生的背景和设计的目的可以看出它是一种大规模的标准参照测验。

尽管标准参照测验和常模参照测验的实践历史很长,但它们作为两种科学概念正式提出来却只有几十年的历史。1963 年,美国匹兹堡大学心理学家 Robert Glaser 在《教学技术和学习结果测量的若干问题》一文中首次使用了这两个概念,他建议把测验分为参照常模和参照标准两种。

在常模参照测验中,一个人的分数是通过与其他人的分数(即常模,通常用所在团体或者团体的代表性样本的均值来表示)进行比较来解释的,并可以直接或间接地表示成在某个比较团体内的相对等级位置,即根据每个人的分数与平均分数距离的远近(通常以标准差为单位)来确定其在团体中的相对位置。而在标准参照测验中,一个人在测验上的成绩不是和其他人比较,而是和某种特定的标准比较,并得到解释。这种特定标准的选择或制定正是标准参照测验理论研究的重要内容之一,也是许多人对标准参照测验产生误解的肇端。总之,测验分数必须与某个参照系统作比较,才能显示它所代表的意义。由于参照系的不同,便有了上述的分类方法。

作为标准参照测验,CET4 的通过标准是《大纲》中所规定的四级要求。我们可以依据这些要求界定好具有及格水平的被试,然后拿这把尺子去度量其他被试。这种"绝对"标准的制定要求评判人员充分了解什么是最低的可接受的及格水平,同时需要编写一本十分明确的操作手册。显然这一标准缺乏可操作性,对大规模的考试来说是不合适的。

在实际测验中我们碰到的问题是如何确定一个区分点,将考生区分为达标者和未达标者。从掌握学习观点看,掌握知识的程度是个连续体,从极端生疏到完全熟练,一个人的学业水平就落在这个连续体的某一点上,并可显示在他完成某种测验的行为之中。因此,与学生的操作比较的标准就可以界定在连续体的某一点上。当然这种区分是否有效既取决于测验的内容是否有效,也取决于制定的标准是否有效。

Glaser 认为,可以依据某种可接受的通过率直接确定操作标准。依据通过率确定的分界分数意义明确,同时又可考虑到实际的需要。但是这种常模标准是相对的,如果学生水平确实普遍有所提高,常模也要相应提高。

常模标准的这种不稳定情况是可以消除的,方法是让通过标准既与固定的基准也与变化的常模相比较,使表面看来绝对的标准也隐含着常模性。如果绝对标准严重地违反常模期望,它们很可能就无效。依据通过率制定的标准比依据测验内容制定的标准相对来说还要可靠一些。

CET4 正是吸取了这一科学的测验思想,在 1987 年首次实施测试时精心地制定了自己的四级通过标准。首先,考试委员会汇集了约 50 位专家的意见,按《大纲》要求编制了一份大学英语四级考试的样卷,大家一致认为这一样卷准确地体现了大学英语的四级水平。专家组还认为,对于全国若干英语教学水平很高的重点大学来说,学生已基本上达到了《大纲》规定的教学目标。这里所谓基本上达到的含义是若这些学生去考四级样卷,通过率应近于 85%。

有了上述两个基本认识,考试委员会于 1987 年 9 月在六所重点大学(北京大学、清华大学、上海交通大学、复旦大学、中国科学技术大学、西安交通大学)85 级本科学生中用样卷组织了一次试测,统计数据如表 3-1。

表 3-1 试测情况统计表

参考人数	平均分	标准差	≥55.72 累积比率	≥79.88 累积比率
9 039	67.80	12.08	83%	16%

图 3-1 是这次试测成绩的频数分布图,数据略显负偏态分布,平均分为 67.80,标准差为 12.08。从平均分向左偏离一个标准差,即 55.72 分时,累积比率近似为 83%;从平均分向右偏离一个标准差,即 79.88 分时,累积比率近似为 16%(见表 3-1)。统计结果与先期假设基本相符。考试委员会决定以这两个分数作为判定 CET4 通过和优秀的临界值。

人们习惯将百分制中的 60 分作为及格。考虑到 CET4 报告分数要通俗易懂,委员会决定对原始分数 x 作一个转换:

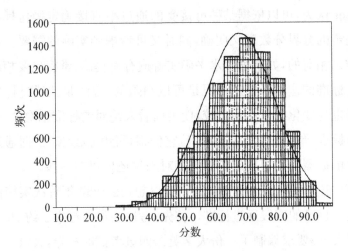

图 3-1　试测成绩频数分布图

$$SCORE = \frac{x - 67.80}{12.08} \times 12 + 72$$

这就是 CET4 的报道分的计算公式。经过这一转换后，常模均值变为72，标准差变为 12，原来的及格线也移到了报道分 60 分，优秀线移到了报道分 84 分（正式使用时优秀线为 85 分）。

以后每次 CET4 考试试卷必须与 1987 年 9 月的第一次试测卷作等值处理，以实现分数的可比性，也就是维持通过标准的一致性。CET4 一直使用项目反应理论的真分数等值方法，对客观题分数作等值处理，而对作文分则进行滤去评分误差的控制和处理。

根据以上所述可以得出结论，即 CET4 是一种标准常模参照考试。所谓标准，是指《大纲》规定的大学生应达到的教学要求。所谓常模，是指按这一标准寻找一批已达标的考生建立常模。

为了验证 CET4 的通过标准是否合理，CET4 分数是否对考生的英语语言能力具有较强的区分能力，考试委员会在全国范围内用分层随机抽样的方法抽取了 16 所院校中的 50 个教学班，共 1 567 名考生进行效度验证工作。在每一个被抽取的班级里让任课教师根据《大纲》中的四级要求判定班级中哪些学生已达到了大学英语四级水平，并对全班学生按英语水平从高到低排序。

　　笔者用 Spearman 等级相关法计算了 50 个样本组的 CET4 成绩与教师评定等级之间的相关系数 r_R，并作检验，见表 3-2 中 r_R 一列。

表 3-2　50 个样本组的 CET4 成绩与教师评定的相关

班级序号	人　数	CET4 通过人数	r_R	P_{CT}
1	33	33	0.53**	1.00
2	33	33	0.54**	1.00
3	36	35	0.68**	0.94
4	32	32	0.62**	1.00
5	39	30	0.73**	0.49
6	30	30	0.77**	1.00
7	29	29	0.42**	0.93
8	33	28	0.76**	0.88
9	35	19	0.66**	0.66
10	29	25	0.73**	0.62
11	35	24	0.68**	0.69
12	35	21	0.71**	0.80
13	26	26	0.50**	0.77
14	34	33	0.51**	0.94
15	35	35	0.64**	1.00
16	36	36	0.69**	0.97
17	29	27	0.70**	0.90
18	35	33	0.55**	0.86
19	39	36	0.70**	0.82
20	35	33	0.64**	0.80

班级序号	人　数	CET4 通过人数	r_R	P_{CT}
21	30	21	0.58**	0.80
22	26	22	0.77**	0.88
23	26	24	0.69**	0.69
24	43	39	0.72**	0.88
25	31	28	0.67**	0.90
26	24	19	0.57**	0.67
27	27	25	0.68**	0.89
28	37	37	0.75**	0.95
29	41	39	0.58**	0.95
30	38	34	0.62**	0.89
31	25	21	0.57**	0.64
32	34	28	0.56**	0.79
33	43	33	0.52**	0.81
34	41	36	0.83**	0.85
35	32	28	0.87**	0.88
36	37	34	0.79**	0.62
37	22	13	0.76**	0.68
38	26	12	0.55**	0.77
39	26	17	0.49**	0.77
40	22	16	0.53**	0.77
41	27	22	0.23**	0.70
42	33	29	0.82**	0.61

续　表

班级序号	人　数	CET4 通过人数	r_R	P_{CT}
43	26	21	0.80**	0.58
44	31	24	0.78**	0.77
45	27	27	0.85**	0.78
46	24	14	0.36**	0.63
47	23	23	0.60**	0.70
48	27	16	0.88**	0.74
49	25	19	0.85**	0.84
50	25	18	0.81**	0.72

注：* 表示在 0.05 水平上显著，** 表示在 0.01 水平上显著。

从表 3-2 中的 r_R 值可以看出，仅有 8% 的 r_R 值小于 0.5，整个考试成绩与教师评定等级之间表现为普遍的较高相关。再运用 Fisher 的 r－Zr 转换，求 50 个样本组的平均等级相关系数，经计算得 r_R＝0.7，这是比较高的相关。这说明 CET4 对不同能力水平的考生区分能力很强。

再计算决策效度(decision validity)，也即正确区分比率 P_{CT}，见表 3-2 中的 P_{CT} 一列。从表 3-2 中的 P_{CT} 值可以看出，仅有 4% 的 P_{CT} 值小于 0.6，整体上表现为较高的正确区分比率。进一步可以计算出 50 个样本组总的区分效度系数 P_{CT} 为 0.82，即有 82% 的学生在是否达到英语四级水平这一点上，任课教师与 CET4 成绩作出的决策是一致的。

——本节内容来自 1995 年海峡两岸心理与教育测量学术研讨会宣读论文，作者：朱正才。

参 考 文 献

[1] Glaser, R. Instructional Technology and the Measurement of Learning Outcomes: Some Questions[J]. American Psychologist, 1963(18)：519-521.

［2］ 大学英语教学大纲修订工作组.大学英语教学大纲（高等学校理工科本科用）
［M].北京：高等教育出版社,1985.

［3］ 大学文理科英语教学大纲修订组.大学英语教学大纲（高等学校文理科本科
用)［M].上海：上海外语教育出版社,1986.

［4］ 戴志恒.心理与教育测量［M].上海：华东师范大学出版社,1987.

［5］ 张厚粲.心理与教育统计学［M].北京：北京师范大学出版社,1988.

语言测试的能力结构与因子分析法

导读

　　语言能力可不可分是一个经典的哲学问题,至今仍有争议。但从语言测试学科角度看,当然要承认语言能力是可分的,否则这个学科就真的没有什么事情好做了,有点不可知论的味道。语言能力不可分就是单维假设,可分就是语言能力的多维假设。只有承认语言能力可分,我们才能进一步去探讨其内部结构,才有可能进一步去探讨各种不同的语言能力的分解教学路径。探索语言能力内部结构的方法主要有质性分析法和量化分析法两大类。其中,因子分析法就是最为经典的量化分析方法,这其实是一种很专业的数学分析方法。作为语言学家能弄懂最好,即使不能明白其内部数学原理,也并不妨碍你使用它来进行语言能力结构研究,因为你还可以请数学家来帮忙。本节探讨了三种不同的因子分析方法在分析一份语言测试试卷能力结构时的运用情况,是语言测试研究方面的一个非常好的因子分析学习范例。

一、引言

　　任何一个语言测试项目的开发都是以某种目标语言能力假设为前提的,现在大家都习惯了把这些假设统称为构念(construct)。构念的最后形成和语言学理论的新进展、语言教学现状以及社会需求驱动都有关系。考试效度研究就是要用考试的实测数据来验证这些构念有没有被测量到。这种复杂而漫长的效度验证工作光靠人的主观判断显然不行,因此大量的统计分析方法就被引入了语言测试的效度研究当中,其中因子分析法可谓是最重要的方法之一,至今它仍是分析一份试卷能力结构模型的最成功的手段。本节拟就这一问题作一番较为深入的探讨。

二、语言能力结构和三种因子分析法

(一) 语言能力可分不可分

前述已提及任何一个语言测试项目的开发都是以某种目标语言能力假设为前提的。何为语言能力呢? 它和人类智力是什么关系呢? 它是一个不可分割的综合体,还是一个可解析的心理结构呢?

20世纪初,心理学家们在使用因子分析法(Exploratory Factor Analysis,EFA)研究人类智力问题时,英国的 Spearman(1904:201-223)最先主张存在一种一般能力(即智力)。他认为,每一种人类活动的顺利完成都受到这种一般能力的影响。有很多人对此提出异议,认为所谓智力包含多种相互独立的能力因素。到1927年,Spearman 也承认了多因素的作用。有关智力的7因素说、9因素说以至于120因素说纷纷出笼。大量研究已证实每一种职业的人确实都有与其相应的多因素能力剖析图,多元智力观得以确立(Gardner 2006:1-25)。

语言能力一直被认为是多元智力的组成部分之一。脑科学家和心理学家也一直都在探索语言能力的心理和生理机制。与人类智力研究类似,语言测试界围绕有没有单一的语言能力、语言能力是否可以进一步细分下去早就展开过激烈的争论,而且这些争论与因子分析法有着密切联系。

最早提出单一的语言能力说的是 Oller(1983:3-28),他是在使用统计学的主成分分析法(Principal Component Analysis, PCA)分析语言测试中各个组成部分的结构时得到了一个主要因子,并称之为 g 因子。后来大家对此提出异议,说若使用可以旋转因子的因子分析法,对用主成分分析法处理过的数据重新分析,就会得出了好几个因子。Vollmer(1983:3-30)就指出，主成分分析法作为语言能力的分析方法特别不适合。因为它倾向于过高地估计第一个因子的作用。Oller 自己也作过重新分析，最后坦承"关于语言能力中有一个无所不包的普遍因子的想法是错误的"。由此语言能力的可分立说渐占上风。

笔者特别注意到对于这种争执，英国统计学家兼语言学家 Woods（1986：283-285）给出的解释是主成分分析法是一种描写性技术，它没有什么假设，而仅对数据提供另一种视角。而因子分析法却要对数据提出一个模型作为假设，即假设任何一个测量变量都是共性和个性的统一，人们因此可以对变量的总方差进行公共方差和独特方差的分解。Woods 还以 70 名香港考生的英国剑桥水平考试的数据为样本进行了实证研究，并且也把第一主成分解释为一般英语语言能力，并猜测它可能与一个人的语言学习潜能和智力因素有关。

当代著名的语言测试专家 Bachman（2005：281-282）在他的学术专著 *Statistical Analyses for Language Assessment* 中提到了一个类似的研究，他也保留语言测试能力结构中有一个一般语言能力因子的构想。在这一问题上，语言测试专家的分歧仍然存在，有一个一般语言能力的假设仍没有被完全抛弃。

（二）语言能力结构与因子分析法

如前所述，从智力和语言能力的研究历史看，一般智力和一般语言能力概念的提出都和一种叫主成分分析的统计方法有关，而多维智力与语言能力的可分立学说则和另一种统计方法——因子分析法相关。那么这两种统计方法到底有什么不同呢？竟然让基于同一批测试数据的研究得出完全不同的结论。

先来考察一下主成分分析法。统计学上的主成分分析是研究用少数几个线性组合来解释原有全部变量的绝大部分信息（即分数方差）的一种多元统计方法。主成分分析假设原始变量之间有适度相关性，而求解出的主成分之间则相互独立。

假设研究对象有 p 个测量指标，即有一组可测变量 $X = (X_1, X_2 \cdots\cdots X_p)$，然后对 X 进行线性组合：

$$Y_i = u_{i1}X_1 + u_{i2}X_2 + \cdots\cdots + u_{ip}X_p$$

$Y_i(i=1,2\cdots\cdots p)$ 就是所谓主成分。其中 Y_1 叫第一主成分,它最大化地保留了全部原始变量的信息。公式中每个变量前的系数 u 叫这个变量的权,权的大小反映了这个变量在组合中的重要性。人们一般把某一个主成分的方差占总方差的比例叫作这个主成分的方差贡献率。据观察,许多中国人编制的英语试卷第一主成分方差贡献率会在 30%～50% 之间(杨惠中 1998:55-62)。在笔者见过的诸多语言测试分析文章中,第一主成分所解释的分数方差也总是比其他主成分要大得多。因此,笔者认为,如果研究目的是要考查试卷中的题目变量是否向某个维度聚集或者收敛,第一主成分的方差贡献率就是一个很好的统计指标。第一主成分方差贡献率越大,说明它从全部题目变量中提取的信息量越大,或者说全部题目得分变量向这个第一主成分聚集的程度就越高。

正如 Oller 所碰到的情况一样,笔者在用主成分法对 CET 试卷作结构分析时也发现第一主成分的方差贡献率相对于其他主成分来说总是特别大,而且大部分题目得分变量在第一主成分上都显得很重要(朱正才 2002:110-114)。笔者曾给出的解释是试卷主要是在测量一般英语语言能力,它和大部分题目都有关。但关于这种解释的科学性和认知机制,笔者一直也没有看到相关的研究报告。令人困扰的还有几乎所有的这类研究结果都如此相似。难道这些题目、结构都不相同的英语试卷真的会一致性地在测量某种一般英语语言能力吗?

因子分析法(指 R 型探索因子分析)是根据一组变量 $X_i(i=1,2\cdots\cdots p)$ 之间相关性的大小把变量分成若干组,组内的变量相关性较高,不同组的变量之间相关性低。每组变量都用一个不可观察的公因子来表示,而且假设每个观察变量的方差都可以分解成两个部分:一部分由公因子解释,另一部分与公因子无关,由变量的独特个性解释。因子分析的数学模式如下:

$$X_i = a_{i1}F_1 + a_{i2}F_2 + \cdots\cdots + a_{im}F_m + e_i \quad (i=1,2\cdots\cdots p;m<p)$$

F_m 就是所谓的公因子,e_i 就是变量 i 的独特因子,a_{im} 叫因子载荷矩阵,表示公因子 i 与某个变量之间的相关性。因子载荷越大,表示该变量在公因子中越重要。a_{im} 叫因子载荷矩阵,表示公因子越大,表示该变量在公因子中越重要。

因子分析中求解公因子的数学方法很多,主成分法和主轴因子法(Principal Axis Factoring)在语言测试的研究中比较常用。不管用何种数学方法求解因子载荷矩阵,结果都不唯一。任何一组因子载荷都可以由另一组因子载荷的线性组合来代替,这叫因子旋转(注意主成分分析没有这一步),旋转后的因子载荷矩阵将有利于因子意义的解释。

在进行语言能力结构分析时,主成分分析法适用于分析全部变量向第一主成分聚集的程度,对每个主成分的语言学意义解释并不清晰。而因子分析则主要是为了识别一组变量的内部结构,重点关注因子之间的差异性,因子的意义比较清晰,尤其是因子旋转对因子的解释和命名意义重大。

实证因子分析(Confirmatory Factor Analysis, CFA)是在探索性因子分析基础上发展起来的。在分析语言试卷的能力结构时,它要求先提出关于试卷语言能力结构的假想模型(即构念),然后再用大样本数据(一般要求80人以上)来拟合这一模型。如果数据和模型拟合良好,就接受关于这个模型的假设,否则就不接受或者修改模型假设。

探索因子分析从样本数据出发,用数学方法去探索因子结构,是一个数据驱动的发现过程。而实证因子分析则反过来,先有因子结构的构念,再用样本数据去验证设想,是一个理论驱动的拟合检验过程。

三、语言能力结构的聚合度、辨别度和拟合度

(一) 聚合度

笔者曾经多次用同一份试卷的同一批考试数据分别进行主成分分析和因子分析,研究结论很难统一解释,前者表明存在一般英语语言能力因子,而后者表明只有分立的听、说、读、写等因子(朱正才 2002:110-114;杨惠中 1998:56-62;汪顺玉、席仲恩 2009:60-63)。如果用实证因子分析来检验,两种模型又都能得到数据的支持,尽管模型的拟合程度上有些差异。这样的研究结果是否相互矛盾呢?

　　用主成分分析法分析试卷能力结构时,关注的焦点在第一主成分所能解释的全部题目分数方差大小上。第一主成分最大化地综合了全部题目变量信息,其方差贡献率的大小反映的是所有变量向某个共同因子集中的程度。因此,笔者认为,可以考虑把第一主成分的方差贡献率定义为试卷语言能力的聚合度。第一主成分就可以解释为人类语言能力的核心部分,叫一般语言能力也未尝不可。如果从认知语言学的角度看,这种一般语言能力就是人类赖以生存的基本认知能力(包括记忆、推理、辨音、空间形象的感知等)和基本语言知识(音位、词汇语法、句子、篇章、社会语言学知识等)的复合体,也可以包含乔姆斯基的"人类一般语言能力"(一种天生的遗传的本能)。笔者认为,在大脑认知心理和认知神经机制上,人类语言能力都不是在大脑的某个区域独立完成的,语言能力是人在社会交往中运用其基本认知能力所创造的伟大成果。

　　石毓智(2007:2-22)也曾在反驳乔姆斯基的语言能力理论基础上提出了自己的语言能力合成说,认为语言能力不是天生的,也不是独立于其他认知能力的,它是由七种更基本的认知能力协同合作的结果。这七种基本认知能力是符号表征能力、对量的认知能力、概括分类能力、记忆预见能力、联想推理能力、声音形状的辨别能力、空间时间的辨别能力。这基本就是智力测量的内容。笔者比较赞同石氏的这一语言能力认知观。

　　乔姆斯基抽象性的语言能力观和石毓智的语言能力合成说都为主成分分析发现的一般语言能力提供了一种理论解释。这些能力也可能指示了人的一种英语学习潜能(aptitude),这种理解与 Woods 的观点不谋而合。

(二) 辨别度

　　用因子分析法分析语言测试试卷的能力结构时,首先要确定一个合适的公因子数目,然后再求旋转后的因子矩阵,并给各因子以适当的解释。如果先能给定一个可接受的总分数方差解释百分比,是可以据此确定公因子数目的。如果发现的公因子很多,说明试卷的语言能力结构分散,或者说试卷对不同的语言能力成分的辨别力很强。笔者认为,这个因子数目可以作为这份试卷的语言能力辨别度指标。而对识别出的因子的解释则体现一定的语言能力观。

（三）拟合度

用实证因子分析法验证试卷能力结构（其实就是一种结构方程建模技术）就是要度量假设的语言能力模型和考试数据的拟合程度。AMOS 分析软件提供的统计指标：卡方似然比（χ^2/df）通俗易懂，而且很常用。在参考了一些专家的意见后（温忠麟等 2004：186-191），笔者认为，可以把卡方似然比作评价模型和数据的拟合良好性的首选指标。

这三大指标——聚合度、辨别度和拟合度共同描述了一份试卷语言能力结构的主要特性，而且彼此不矛盾。聚合度显示的是一份试卷的题目向一个核心语言能力收敛的程度，聚合度高说明试卷中有很多题目，彼此之间存在较好的同质性，当然这也并不一定是考试设计者所想要的结果。笔者甚至怀疑语言测试中有时会出现这样一种极端情况，就是所有的题目在很大程度上都在测量人的智力水平，但表面上看似乎都只是在测量人的语言能力。当一个试卷的语言能力辨别度很高时，说明考了多种不同的语言能力，不同公因子下的题目彼此之间差异明显。如果这时对公因子的解释又恰好包括了听、说、读、写等诸多必要的语言能力成分，说明这个考试设计得很好，向用户报道各分测验成绩就有了统计上的依据，而且意义明确。拟合度指标是越高越好，因为它反映的是观察数据支持考试达到预期目标的程度，而这正好是效度研究的经典范式。

四、试卷语言能力结构实证研究

为了检验用以上三个统计指标来评价一份试卷语言能力结构特征的有效性，笔者用一份 2013 年 6 月的大学英语四级考试试卷来进行大样本的数据分析。

当我们用主成分分析法和因子分析法对同一份试卷的原始数据进行分析时，为了控制数学模型的规模，尽可能减少题目之间的多重共线性，一般要先对试卷全部题目（可能多达 70~150 题）进行适当合并。这意味着合并到一个变量内的小题目，彼此之间要非常相似，基本上没有能力目标上的差异（这个假设还需进一步验证）。

（一）数据采集

研究数据来自 CET4 观察点学校的当届考生，随机抽取的样本量为 1 364 人。考生原始题目得分被合并为 12 个变量，就是把基于同一个语篇的同种题型的题目分数加起来。

（二）分析和讨论

对样本数据依次进行三种因子分析。SPSS 球形检验显示 KMO＞0.85，说明样本数据满足了因子分析的统计要求。

1）主成分分析

分析题目变量相关矩阵，默认提取特征值大于 1 的主成分，这时第一主成分方差贡献率高达 47.5％。这说明 12 个题目变量同质性很高，有向一个核心的语言成分聚集的倾向，只要用一个主成分就可以提取全部题目变量大约一半的信息量。对第一主成分贡献信息量最大的题目变量前四名都是听力题目（载荷值依次为 0.839、0.828、0.761、0.753）。可见这份试卷主要是测量与听力理解有关的语言能力。这个结果和许多英语教师的主观感受一致。如果教学和测试都在强调语言能力的综合运用，这也是一个令人满意的结果。

2）因子分析

分析变量相关矩阵，规定累计解释方差不小于 50％（笔者认为，在语言测试领域，公因子即使是旋转后对全部变量方差解释比率也应达到 50％甚至 60％以上），再强制提取这一要求下的最少数目公因子。经过反复尝试，当公因子为 4 时，解释的分数方差可以达到 52％，符合要求。再用主轴因子法提取这四个公因子，并经过方差极大正交旋转得到因子载荷矩阵（见表 3-3）（因子载荷大于 0.3 时才列出）。仔细分析这个载荷矩阵，发现第一因子并不只是和听力有关，而是主要和有语言输出的题目变量有关，解释为产出性语言能力比较合适。第二因子很明显是听力理解因子。第三因子是快速阅读理解因子。第四因子是仔细阅读因子（其中 CLOZE 载荷 0.595 最高，有些出人意料，看来 CLOZE 主要是测量阅读理解能力）。考虑到这份试卷在解释分数方差 52％的前提下识别出了四个公因子，而且意义明确，可以认为这份试卷对不同语言能力成分有较强的辨别力。

表 3-3　旋转后的因子矩阵

题 目 变 量	Factor			
	1	2	3	4
LC_WORDS：听短文 3 遍（填单词）	.664	.426		
LC_MEAN：听短文 3 遍（填意思）	.614	.565		
TRANSLAT：翻译（开放题）	.591			.337
RC_CARE1：仔细阅读（配对题）	.506			.331
WRITING：作文（开放题）	.466			
LC_SCONV：听短对话（选择题）	.343	.673		
LC_LCONV：听长对话（选择题）		.572		
LC_3PASS：听短文 1 遍（选择题）	.394	.499		
RC_SCAN1：快读 1（判断题）			.568	
RC_SCAN2：快读 2（填空题）			.550	
CLOZE：综合填空（选择题）	.336			.595
RC_CARE2：仔细阅读（选择题）				.346

3）实证因子分析

笔者使用 AMOS4.0 软件对样本数据反复进行了实证因子分析。模型 1（见图 3-2）是根据 2007 年改革后的 CET4 考试大纲和样卷说明的语言能力目标设计出来的，是一个典型的理论驱动模型，模型 2（见图 3-3）则是依据前文探索因子分析结果所提示的信息而设计出来的数据驱动模型。拟合效果显示出考试设计者预想中的能力结构并没有得到数据的支持，卡方似然比大于 2，其他拟合指标也不理想，但是数据驱动的模型 2 则拟合较好（见表 3-4）。这个结果其实一点也不出乎意料，因为现在的 CET4 试卷各部分多使用综合性试题，测量的语言能力目标自然也就是以综合性语言运用能力为主，这和要把它们清晰地区分为不同的语言能力成分的想法是矛盾的。笔者曾对 2007 年改革前的 CET4 试卷进行过类似研究，发现模型可以显著地识别出听、读、写、语言知识等不同的语言能力成分。其中的原因就在于老的 CET4 试卷各部分题目综合性不强,听力就是听力(选择题),不要求写,阅读也是如此。模型 2 中的第一公因子是语言产出能力,是一个典型的综合性语言能力。阅读能力被分成了两块:快速阅读和仔细阅读。CLOZE 不是语言的综合运用,而是最好的仔细阅读(在因子 4 里载荷最高)。写作被包含在语言产出因子里。笔者认为,这个结果除了不能完美支持目前的分数分项报道外,并没有什么不妥。这种试卷模式和语言能力结构可能正是社会所需,反映了英语教学和测试的进步。

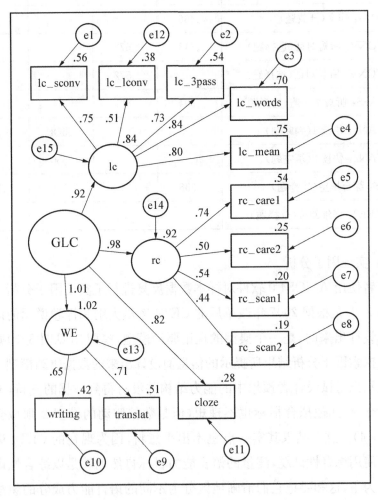

图 3-2　模型 1

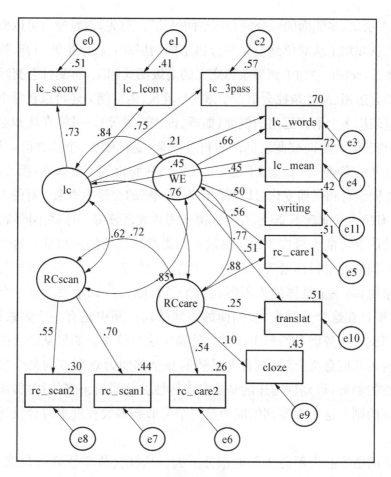

图 3-3　模型 2

表 3-4　因子结构模型拟合结果

Model	模型说明	卡方似然比	GFI	AGFI	RMSEA	NFI/RFI	拟合效果
1	理论驱动	303.432/51＝5.95	0.961	0.941	0.06	0.957/0.944	拟合不好
2	数据驱动	145/44＝3.3	0.982	0.969	0.041	0.979/0.969	拟合较好

五、小结

本节主要探讨了语言能力的心理结构问题。笔者主张把语言能力看作一个"多层次、多侧面的可分的心理空间结构"。首先,语言能力可以根据人脑语言认知加工从简单到复杂划分出不同的层次:从原始的语音、符号等低级图式(schema)加工到形象和意义的高级图式加工,再到社会交际语境中的综合运用(最复杂社会语言学图式);其次,语言能力还可以在每个层次上都呈现出多个语言运用的侧面(如听、说、读、写等)。可能在认知层次的低端,语言能力侧面彼此之间的辨析度不高,变化较少,个体之间差异小。而在认知的高端——社会交际层面,其侧面的变化就丰富多彩,听、说、读、写的不同组合和强弱变化可以搭配出不同风格的交际能力来。有的人能说会道,有的人只能读不能说,有的人擅长阅读和翻译等。这些不同特色、不同风格的交际能力对应于语言测试不同类型题目的测量目标。每个人在这些不同的测量目标量表上都有一个自己的位置。从语言学习的阶段性结果来说,每一个具体的人不但在每个题目能力目标量表上有一个大致位置,而且在这个分层次、多侧面的心理结构空间中也有一个大致位置。语言测试的任务就是给每个被试大致确定这个位置。如果从语言能力空间结构的几何意义上看,聚合度描述的是全部能力观察点向某个空间维度收拢的趋势,辨别度描述的是这些点能被彼此辨析出来的程度,而拟合度描述的则是这个观察到的能力空间结构形态多大程度上符合设计者的构念。

　　人的语言能力不能无限地细分下去。从社会科学研究的角度讲,细分的程度要适当,不能像智力的 120 因素说那样分得太细,结果让人难以理解,也难以准确把握,最终走向不可知论。对语言能力的细分应该以满足语言应用的实际需要为前提。人们应该在模型精度和测量结果的可靠性之间保持某种平衡,这对一个只有两小时左右时间的英语考试来说尤为重要。

　　本节的实证研究表明,2007 年改革后的 CET4 试卷主要是测量被试以听力理解为主的综合性英语语言能力,CET 考试大纲所描述的目标语言能力结构与试卷的实际情况稍有不符,尚需修订。

　　这些结论还有待更深入的研究,而本节这种从多个视角来观察同一个问题的方法无疑为语言测试的效度研究提供了另一种可能性。

——原载于《外语教学》,2014(5);作者:朱正才。

参 考 文 献

［1］ Bachman, L. Statistical Analyses for Language Assessment［M］. Oxford：Cambridge University Press，2005.

［2］ Gardner, H. Multiple Intelligences：The Theory in Practice［M］. New York：Basic Books，2006.

［3］ Oller, J. Issues in Language Testing Research［M］. Rowley, MA：Newbury House，1983.

［4］ Spearman, C. "General Intelligence" Objectively Determined and Measured［J］. American Journal of Psychology，1904(15)：201-223.

［5］ Vollmer, H. The Structure of Foreign Language Competence［A］. In A. Hughes & D. Porter（eds）. Current Developments in Language Testing［C］. UK：University of Reading，1983：3-30.

［6］ Woods, A. Statistics in Language Studies［M］. Oxford：Cambridge University Press，1986.

［7］ 石毓智.认知能力与语言学理论［M］.上海：学林出版社,2008.

［8］ 汪顺玉,席仲恩.语言测试跨群体构念不变性检验的因子分析方法——以TEM8客观试题数据分析为例［J］.外语教学,2009(5)：60-63.

［9］ 温忠麟,侯杰泰,马什赫伯特.结构方程模型：拟合指数与卡方准则［J］.心理学报,2004(36)：186-191.

［10］ 杨惠中,Weir,C. 大学英语四、六级考试效度研究［M］.上海：上海外语教育出版社,1998.

［11］ 朱正才.大学英语考试电脑自适应测验［M］.上海：上海交通大学出版社,2002.

中国大学英语考试能力构念
三十年之嬗变

导读

　　本节对中国大学英语考试(CET)能力构念三十年发展历程进行了总结性的思考,提出了以下几个重要观点:第一,人们对语言能力的认识和语言能力构念总是在不断发展和变化的,这是一个动态的过程。本节提出的一个关于 CET 语言能力构念的复合语言能力发展模型就是笔者的一种新的认识。笔者认为,所谓语言测试效度,尤其是构念效度,其实是一个历史概念,现在没有效度的测验形式并不等于当时设计时也没有效度。因为能力目标在不断地被重构,也就是被重新界定和解释,每一次语言能力构念的改革和创新都会在测试中留下自己的印记。第二,作为一个英语教学考试,必须考虑考试对象的英语能力结构现状和教学现状,不能脱离学生的语言能力实际而空谈考试的目标语言能力构念。比如,20 世纪 80年代,中国大学生的英语水平还比较低,英语教学主要以传授语言知识为主,也就是说主要还是在为培养语言能力打基础,大部分人并不具备真正的语言交际能力,更别说跨文化交际能力了。第三,教学考试要对学与教的双方都产生积极的引导作用,以体现考试的先进性和引领作用。通俗地说,就是要领先学生和老师们"半步",让他们"跳一跳能够得着桃子"。笔者认为,CET 委员会就是一直在这么辛勤地工作着。一方面他们很享受大部分人对自己工作的赞誉，另一方面他们也在承受着社会各界尖锐的批评，但能保持初心，不为所动！本研究运用丰富、真实的 CET 考试数据对这一设想进行了全方位的验证，理论假设得到了考试数据的部分支持。这是一次典型的历时效度验证研究，很有启发意义。本节对因子分析方法的运用也有所创新，通过控制总方差解释比基本恒定来比较不同试卷内部公因子的多少，在合理解释公因子后再试图去发现试卷结构的变化趋势。这样的研究范式对考试的历时效度验证工作具有一定的借鉴意义。

一、引言

大学英语考试(College English Test，CET)是中国教育部主管的一项全国性英语水平考试，创始于 1987 年，其目的是为了推动中国第一个《大学英语教学大纲》的贯彻执行，并对中国大学生的英语能力进行客观、准确的测量，以改进和提高大学英语课程的教学质量服务(杨惠中、Weir 1998)，因此具有毋庸置疑的教学考试属性。CET 分四级(CET4)和六级(CET6)两种，通过 CET4 考试的学生方可报考 CET6 考试。CET 每年考两次，分别在 6 月和 12 月。从 1987 年第一次考试时的 20 多万人发展到现在，每次考试已近 1 000 万人。CET 考试的信度、效度和品质得到了社会各界的广泛认可，除了用于各校指导和评价大学英语质量和教学水平外，还被广泛用于大学生求职、落户、职称晋升等诸多相关领域。从中国大学英语教学发展历程看，CET 对提高大学英语教学积极性和大学生的英语水平功不可没。而多年来有关 CET 的负面报道也让 CET 设计者倍感压力。

那么，CET 到底考查的是什么样的英语能力呢？人们能否对其进行清晰的描述，并提供足够的证据呢？考试设计者对 CET 的语言能力目标早有文字上的描述，效度研究也一直都在进行当中，但多年来还是争议不断。这三十年的争执始终都在围绕 CET 语言能力构念这个核心问题而展开。因为如果不能清晰地说出 CET 想要做的事情,又怎么能令人信服地去评价它呢!

　　回顾一下 20 世纪八九十年代 CET 初创之时,中国人的英语水平才刚刚起步,1985 年和 1986 年的《大学英语教学大纲》都只提到"培养学生较强的阅读能力、一定的听和译的能力以及初步的写和说的能力"。落实到 CET 上就是当时的考卷特别重视考查词汇、语法知识的掌握以及对一般生活知识和普通学术语篇的阅读理解,而且答题时并不要求学生产出语言,而是用多项选择题来考查学生对语篇中意义或信息的判断和选择能力。但当人类社会进入 21 世纪后,互联网和英语学习热潮席卷全球,中国人对英语能力的要求真正进入渴望进行直接口头交流的时代,教育部 2007 年版的《大学英语课程教学要求》就提出"能听懂英语授课,能在学习过程中用英语交流,能完成一般性写作任务"这样的要求。在这样的形势之下,英语产出能力、英语交互能力、语用能力等也就顺理成章地进入了 CET 设计者的视野,CET - SET(CET 口语考试)、网络化机考、边听边写、边看边写的考试题型陆续出台。多年来,CET 的这些改革和变化是有目共睹的。但同时社会上也出现了一些批评 CET 的声音,从早期的高分低能到随后的应试教学,再到近几年由于考试社会权重太大而造成的舞弊现象,都成了 CET 设计者的心头之痛。

　　毋庸置疑,学界对考试中的能力构念和效度这样的复杂问题存在争议。改革开放三十年多来,我国一直处在快速发展的轨道当中,社会前所未有地充满创新活力和批判精神,对中国人应该具有什么样的英语能力这样重要的问题当然也毫无例外地存在各家之言。人们的看法和思想观念会随时代发展而不断变化。但不可否认的是,CET 为了适应时代的变化和回应社会的关切,对自己的能力目标、试卷结构、题型、分数报道等诸多方面都一直在进行持续的改革和完善。但社会期望和改革举措之间经常会有一定的时滞效应和落差,这也经常会成为相关各方争执的原因。中国有句古话:"灯越挑越亮,理越辩越明。"笔者认为,任何有理有据的批评对 CET 来说都是一笔宝贵的财富,都应该受到欢迎和点赞。CET 也迫切需要向社会各界不断提供效度证据,在动态发展进程中不断地完善自己,证明自己(朱正才 2016)。

本节从实证的角度来探索 CET 试卷能力结构三十年来的发展轨迹。笔者仔细考查了几乎全部的 CET 试卷，从中选出了 CET 五个重要时期的五份典型试卷，然后使用真实的大样本考试数据和因子分析方法对试卷的内部结构进行反复探索，考察这些真实的考试数据能否验证笔者的一个设想，即关于 CET 语言能力构念的复合语言能力发展模型，并试图去分析和发现这一模型的未来演进方向。

二、研究背景和问题

（一）单立语言能力说与综合语言能力说

语言学界普遍认为，在真实的外语交际活动中，人们为了成功地完成某项交际任务（可以认为是交际语言能力的具体表现），要用到一些综合性的语言技能（integrated skills）和交际策略。语音、词汇、句法、语用等语言知识和听、说、读、写技能（separate skills）只能起到支撑作用，它们自身都不足以单独完成真实的交际任务（Council of Europe 2008；杨惠中 2012；朱正才 2014）。对于如何才能获得这种综合性语言能力，是先做分解练习然后合成，还是一开始就把组成交际语言能力的各种要素放在一起进行训练，早已成为外语界争论的焦点。笔者一直认为，这两种语言学习观其实并不矛盾，完全可以和平共处。比如，对于许多英语学习中的重点和难点有必要先进行分解练习，待分解练习取得突破后再进行综合练习（这一步不能省）。这和许多体育和艺术类高难度项目的训练方法非常类似，综合性项目从分解动作做起，各个击破，然后再合练在一起。至于具体如何分解，如何综合，取决于个人对学习效率的追求和学习风格的偏好，不必强求大家都遵守某个固定模式。

语言测试则稍有不同，"即使教学可以把交际能力的各种因素分割开了教，测试却没有理由把它们分隔开来测"（李筱菊 1997），这代表的就是综合语言能力测试观。笔者也赞同这一观点。假如测试不去考查学习者的语言综合运用能力，分数的效度就值得怀疑。因为真实生活中需要的恰恰就是这种综合运用能力，而且考试对教学的反拨作用也会非常差。很多人会单纯地为了追求分数而教与学,根本就无视对语言综合运用能力的培养,造成学生直到毕业的时候还只是学习了大量的英语知识和一些孤立的语言技能,这根本无法满足社会生活的需要。

（二）复合能力结构假设和 CET 试卷能力结构模型

CET 考试能力构念的形成肯定会受到历史上各种语言能力观的影响,而且考虑到 CET 的教育考试属性,除了要考虑能力构念问题之外,还得顾及考试对象本身的现状。目前我国各大学非英语专业的大学生分别来自经济和文化发展水平相差很大的不同地区,在入学前的英语基础相差很大。许多北京、上海学生已经具备了很好的英语交际能力,听得懂,说得出,写得也不错,有一部分人甚至可以直接进入英美大学学习。可以认为,他们的英语能力位于中国大学生英语能力连续统（continuum）的高端。但许多来自中西部省市的学生主要是记住或理解了相当一部分离散的语言知识,基本不具备综合性的听、说、读、写能力,更不要说社会语言交际能力了。可以认为,这些学生位于中国大学生英语能力连续统的低端。更多的学生则位于两者之间。从英语交际能力的终极学习目标来看,这些人都是英语学习的半成品,只是大家距离目标远近不同而已,这也是英语学习“中介语理论（Interlingua Theory）”的基本观点。在英语交际能力所牵涉的各个侧面,每个学生发展的状况很不平衡。有的人会读会写,但开不了口;有的人会说几句英语,但词汇量很小,看不懂深刻的文章。这种不平衡是由于大家学习英语的起点不同、方法不同、学习环境不同、个性差异等诸多因素共同造成的。而这一事实基本上就决定了 CET 无法只考虑应该怎么考,还要考虑不得不怎么考。因为 CET 的教育考试属性决定其不能无视学生的现状。试想一下,如果一份 CET 试卷中充满了需要综合性技能来完成的测试任务,低端学生就很难完成。当然也不能一份试卷中尽是些语言知识和语言技能测试,这不但对高端考生不利,而且根本就不能叫英语能力考试。合理的解决方案是在二者之间守住某种动态的平衡,这种平衡能让试卷难度、能力结构和被试的英语能力现状彼此之间配合得刚刚好,也许难度上的要求可以比实际稍微高一点,以引导学生积极向上。这正如英国语言测试学家 Alderson 所说,一切测试都是妥协。

英语学习所追求的理想状态和学习者个体所处的现实状态是两回事。而为英语教学服务的测试总是动态地在不同的英语学习阶段上进行的,这就决定了一份试卷中总会有面向不同水平学生的题目共存。笔者把这种多个语言能力目标共存的状态称为复合语言能力结构。这里的"复合"一词是指多种语言能力成分用简单相加的方式混合在一起,忽视彼此之间的交互作用,这与前文中反复提到的综合语言能力中"综合"一词意义明显不同。笔者设想 CET 能力构念一直就是这种复合语言能力结构,里面包含有语言能力理论变迁各个时期人们所认识到的各种语言能力成分(或语言能力侧面),从最早结构主义的语言知识(knowledge)、听说读写四项技能(skills),到乔姆斯基高度抽象的一般语言能力(competence),再到功能语言学的行事能力(functional competence)和社会语言学家提出的交际语言能力(sociolinguistic competence),如此等等(American Educational Research Association 2014;Bachman 2013;Hughes 1989;Shohamy & Homberger 2008)。显然,这些语言能力成分既可以是单一的能力,也可以是综合性的能力。笔者认为,这种复合语言能力结构的形成是 CET 与相关各方长期博弈和妥协的结果。笔者猜想 CET 的设计者们就是一直在试图寻求某种平衡,即测试的题目任务设计既能测量被试那种非常接近于真实生活的英语综合运用能力,又不脱离考生群体的实际状况(金艳 2004;Jin & Cheng 2013)。因此,这种复合语言能力结构总是在不断进化当中,最突出的表现就是 CET 试卷中的语言知识成分越来越少,单纯的听、说、读、写任务越来越少,而综合性语言运用越来越多,题目任务设计越来越向真实的交际情境逼近。

三、研究方法与结果讨论

为了验证上述设想,笔者抽取了多个大样本的 CET4 实考数据来进行大规模因子分析,以探索 CET 试卷在不同发展阶段上的能力结构模型,期望能有所发现。由于 CET6 的能力构念和试卷结构与 CET4 基本相同,两者的主要区别在于难度上存在一定的级差,考虑到本节的篇幅,笔者就没有再选取 CET6 的样本数据做重复验证。

（一）样本数据和研究变量

从 CET4 发展历程看，自 1987 年至今，大致经历了五个重要的发展时期，即始于 1987 年的初创阶段，始于 1997 年的微调阶段，始于 2007 年的改革阶段，始于 2008 年的网络化考试试验阶段和最新的"多题多卷"阶段。本研究分别收集了来自 CET4 不同发展阶段的五个典型样本（具体情况见表 3-5，试卷的结构样式可以从互联网上找到）。这些样本数据跨越了近 30 年，在这期间，中国大学英语教和学的水平在不断提高，人们对英语语言能力的理解和测试实践都随之有着明显的演进痕迹。

表 3-5 CET4 不同时期典型试卷

试卷	说明（考次）	样本人数
1	初创 CET4 试卷（1990—1）	748
2	微调 CET4 试卷（1997—1）	1 444
3	改革 CET4 试卷（2007—1）	1 109
4	网考 CET4 试卷（2008—2）	289
5	再次改革 CET4 试卷（2014—1）	1 492

本研究为了控制因子分析的变量数目，对每份试卷都先把基于同一语篇的同种题型分数进行合并。这相当于假设在这个变量内部被合并的小题彼此之间是同质的，即测量的能力目标是一样的（当然这个假设还可以另文验证）。合并后的每个变量所代表的题型和能力目标可以参见 CET 官网上的试卷题型说明，本节也对这些题目变量名称进行了必要的注释和说明。

（二）因子分析

用大样本数据依次对这五份试卷进行"R 型探索因子分析"（经 SPSS 软件分析计算，五份试卷的 KMO 指标均大于 0.9，符合因子分析的统计要求），目的是在保证所提取的公因子对全部变量方差的解释百分比不小于某一阈值时找出尽可能多的公因子来，以观察试卷的内部结构。

先用"主成分法(Principal Component Analysis)"提取 m 个公因子(也可称为主成分),并要求累积方差贡献率不得少于 60%。在许多社会科学研究领域经常要求这一指标要达到 80%。但在语言测试研究领域,经笔者反复尝试,60%是一个比较合适的临界值,如果再高,提取的公因子既不显著,也很难理解。

为了得到公因子的最佳解释,使用"方差极大旋转法(Varian with Kaiser Normalization)"求解旋转因子载荷矩阵(Rotated Component Matrix)(见表 3-6~3-11)(其中小于 0.1 的因子载荷没有显示)。根据对这个矩阵的观察和分析就可以得到公因子的语言学意义(或者叫因子解释)。

先分析试卷 1(见表 3-6)的因子载荷矩阵。公因子 1 在词汇和语法题上得分最高(0.768,0.751),其次是综合填空题(0.7)和第三篇阅读理解题(0.655),这个因子优先解释为语言知识。因子 2 解释为听力理解能力,因子 3 和 4 都解释为阅读理解能力。四个公因子累计解释全部题目分数方差百分比为 61%。

表 3-6　试卷 1 因子分析载荷矩阵

题目变量名称	Component			
	1	2	3	4
VS_STRUC 语法结构(选择题)	.768	.242	.166	.108
VS_VOCAB 词汇(选择题)	.751	.218	.148	
CLOZE 综合填空(选择题)	.700	.196	.193	.192
RC_PASS3 阅读篇章 3(选择题)	.655	.162		
WRITING 作文(开放题)	.403	.225	.165	.325
LC_PASS1 听力篇章 1(选择题)	.228	.725		.202
LC_CONVE 听力对话(选择题)	.297	.718	.150	.161
LC_PASS3 听力篇章 3(选择题)	.214	.667	.242	.148
LC_PASS2 听力篇章 2(选择题)	.117	.657		

题目变量名称	Component			
	1	2	3	4
RC_PASS4 阅读篇章 4（选择题）		.153	.884	
RC_PASS2 阅读篇章 2（选择题）	.408	.120	.573	
RC_PASS1 阅读篇章 1（选择题）	.146	.131		.927

试卷 2（见表 3-7）的情况有些复杂，因子 1 可勉强解释为语言知识。其中因子载荷排在第二位的听力问答题 SAQ 令人尴尬，它竟然与两个听力因子无关，而是要解释为语言知识的测量。因子 2 解释为听力理解能力，因子 3 和 4 都解释为阅读理解能力，却不能合并，因子 5 还是要解释为听力理解能力。这里因子 5 和 2 都是听力理解，也没有合并，确实值得命题人员进一步去深入分析研究。五个公因子累计解释方差百分比为 61%。

表 3-7 试卷 2 因子分析载荷矩阵

题目变量名称	Component				
	1	2	3	4	5
VS_STRUC 语法结构（选择题）	.717	.139	.119	.198	
SAQ 听力问答题（填空题）	.674		.160	.105	
WRITING 作文（开放题）	.671	.231			
VS_VOCAB 词汇（选择题）	.660			.292	171
LC_PASS3 阅读篇章 3（选择题）		.730		.286	.187
LC_PASS1 听力篇章 1（选择题）	.274	.701	.143		
LC_CONVE 听力对话（选择题）	.487	.500	.217		
RC_PASS3 听力篇章 3（选择题）			.886	.171	
RC_PASS4 阅读篇章 4（选择题）	.398	.126	.535		.109

题目变量名称	Component				
	1	2	3	4	5
RC_PASS1 阅读篇章1(选择题)	.164	.119		.823	
RC_PASS2 阅读篇章2(选择题)	.268		.212	.554	−.130
LC_PASS2 听力篇章2(选择题)					.952

　　试卷3(见表3-8)的因子结构最为清晰,因子1在五个听力理解题上得分最高(0.786,0.764,0.748,0.652,0.645),毋庸置疑是个听力理解能力因子。因子2依次在综合填空题、翻译题、仔细阅读1、听力填空题和作文题上得分最高(0.760,0.672,0.597,0.591,0.501),横跨了五个题型,且都与语言表达有关,解释为语言产出能力。因子3解释为阅读理解能力。三个因子累计解释方差百分比为63%。

表3-8 试卷3因子分析载荷矩阵

题目变量名称	Component		
	1	2	3
LC_SCONV 听短对话(选择题)	.786	.225	.184
LC_LCONV 听长对话(选择题)	.764		.183
LC_MEAN 听短文3遍(填意思)	.748	.431	.121
LC_WORDS 听短文3遍(填单词)	.652	.516	.154
LC_PASS3 听短文1遍(选择题)	.645	.403	.176
CLOZE 综合填空(选择题)	.170	.760	.175
TRANSLAT 翻译(开放题)	.410	.672	
RC_CARE1 仔细阅读(配对题)	.437	.597	.175
RC_CARE2 仔细阅读(选择题)		.591	.309

题 目 变 量 名 称	Component		
	1	2	3
WRITING 作文（开放题）	.461	.501	
RC_SCAN2 快读 2（填空题）		.192	.820
RC_SCAN1 快读 1（判断题）	.314	.159	.727

　　试卷 4(见表 3-9)的因子 1 在听力(0.741)和三个综合测试题上得分最高(0.650,0.643,0.612),解释为基于听力的综合语言能力比较合适。因子 2 解释为阅读理解能力,因子 3 解释为快速阅读能力。意外的发现是快速阅读 1 和仔细阅读合在了一起,而快速阅读 2 却被单独分开了。有同事认为,这可能是由于考生一开始做快速阅读 1 时没把握好时间限制,做得太慢,就做成了仔细阅读,等做到快速阅读 2 时,为了赶进度,又做成了超级快速阅读。三个公因子累计解释方差百分比为 61%。

表 3-9　试卷 4 因子分析载荷矩阵

题 目 变 量 名 称	Component		
	1	2	3
NT_LC3 视频理解（选择题）	.741		
NT_CT_CD 听写（填空题）	.650	.411	.212
NT_CT_RA 跟读（开放题）	.643	.419	
NT_CT_WR 视频写作（开放题）	.612	.237	.232
NT_LC2 听对话（选择题）	.507	.457	.173
NT_LC1 听新闻播报（选择题）	.503	.278	.176
NT_RC_S1 快速阅读 1（选择题）		.860	
NT_RC_CR 仔细阅读（选择题）	.289	.711	.219
NT_CT_VS 语法结构（选择题）	.473	.626	−.105
NT_RC_S2 快速阅读 2（填空题）	.131	.116	.951

　　试卷 5 提取一个公因子时，累计方差贡献率就高达 59％，已接近 60％的要求，而且这个公因子与所有题目变量相关都在 0.7～0.85 之间，非常接近，只好把它解释为英语综合运用能力或者一般英语语言能力，其中听力的贡献偏大（参见表 3-10 的试卷 5 因子分析载荷矩阵 1）。继续强制提取两个公因子时，累计方差贡献率 67％，超过了阈值 60％有 7 个百分点，这时因子 1 仍可以解释为听力因子。而即使是使用了载荷矩阵的旋转解，第二个公因子的意义还不明显，勉强解释为阅读理解能力因子（参见表 3-11 的试卷 5 因子分析载荷矩阵 2）。即使是按 60％方差解释百分比这样较低的统计要求，试卷 5 也没有达到只测量一个语言能力的状态，但已经非常接近了。

表 3-10　试卷 5 因子分析载荷矩阵(1)

题 目 变 量 名 称	Component
	1
LC_SCOV8 听短对话（选择题）	.755
LC_LCOV2 听长对话（选择题）	.787
LC_PASS3 听短文（选择题）	.819
LC_PASS1 听短文（填空题）	.850
RC_BCOLZ 阅读短文（选词填空）	.776
RC_MATCH 阅读长文（配对题）	.718
RC_PASS2 阅读短文（选择题）	.712
TRANSL 中译英（翻译题）	.789
WRITING 写作（开放题）	.707

表 3-11　试卷 5 因子分析载荷矩阵(2)

题 目 变 量 名 称	Component	
	1	2
LC_SCOV8 听短对话（选择题）	.802	.260
LC_LCOV2 听长对话（选择题）	.794	.314

续　表

题目变量名称	Component	
	1	2
LC_PASS3 听短文(选择题)	.794	.360
LC_PASS1 听短文(填空题)	.648	.553
RC_BCOLZ 阅读短文(选词填空)	.467	.633
RC_MATCH 阅读长文(配对题)	.229	.793
RC_PASS2 阅读短文(选择题)	.275	.736
TRANSL 中译英(翻译题)	.526	.591
WRITING 写作(开放题)	.335	.668

（三）讨论

在控制了提取公因子累计方差贡献率约等于 60% 的同等条件下，对比上述五个 CET4 典型试卷因子分析的结果，可以得出以下几个基本结论。第一，每份试卷都不是只测量一种语言能力，比如说某种一般语言能力或综合语言能力，而是包含有 2～4 个不完全同质的语言能力成分。第二，试卷结构表现出明显的多种语言能力成分复合的特征。每份试卷中发现的公因子从认知难度上看，高低不同，有基础的语言知识，有听和写的综合，有阅读和表达的综合等，但没有出现综合运用各种语言能力成分的超级公因子。第三，试卷结构从试卷 1、2 的四五个公因子，减少到试卷 3、4 的三个公因子，再减少到试卷 5 的一至两个公因子。也就是说，公因子的综合性越来越强，同时，伴随着题目的开放性，评分主观性也越来越强。

这些发现已初步证实了笔者的设想，即 CET4 考试从创立时起，其试卷语言能力结构从多个相对独立的语言能力复合结构走向多个综合性语言能力的复合结构。这个过程与中国大学英语教学的发展进程密切相关，彼此呼应。可以期待，假以时日，中国大学生整体的英语综合运用能力会越来越强大，再加上测量手段的日益先进，尤其是计算机网络技术的应用，大学英语考试的语言能力结构有可能会非常接近于真实的语言交际状况，即完全的综合和完全的真实。但笔者认为,当下的情况和条件下还达不到,中国大学生的主体大多还处在英语能力的分项训练阶段,大部分人离形成真实的英语交际能力还有相当的距离。这当中的原因非常复杂,如青少年时期英语学习环境不好、教学条件有限、学习时间不足、教和学的方法不当等。全面而系统地提高大学生的英语水平仍是一项长期而艰巨的任务。

总之,教学理念、教材、教法、学生还有社会环境诸多因素共同决定了中国大学英语的教学现状,而这一现状又决定了 CET 试卷的复合语言能力结构模型。对于一个教学考试来说,服务于教学无疑是第一使命,但同时也不能忽视考试对教学可能产生的强大反拨作用(辜向东、彭莹莹 2010)。因此,对一个有全国性影响力的大规模考试来说,一定要努力引导教师和学生去追求那种真实的语言交际能力,提倡有效地教,有效地学,而不仅仅满足于反对应试教学(Kane 2012;杨惠中 2011)。笔者也认为,CET 选择这种不断进化的复合语言能力结构发展模型其实是学术界与社会现实相互博弈的结果。既要保持教学考试的本色,又要适当兼顾水平考试的功能;既要不脱离学生实际,又要积极引导学生对语言交际能力的学习,而且还要保持一种与时俱进的姿态。

——原载于《外语教学理论与实践》,2017(1);作者:朱正才。

参 考 文 献

[1] American Educational Research Association, American Psychological Association, National Council on Measurement in Education. Standards for Educational and Psychological Testing[S]. Washington, DC: American Educational Research Association, 2014.

[2] Bachman, L. F., A. S. Palmer. Language Assessment in Practice[M]. Oxford, UK: Oxford University Press, 2013.

[3] Council of Europe.Common European Framework of Reference for Languages: Learning, Teaching and Assessment[M]. Cambridge University Press, 2001: 9-21.

[4] Hughes, A. Testing For Language Teachers[M]. Cambridge University

Press，1989.

［5］Jin，Y&.L. Cheng. The Effects of Psychological Factors on the Validity of High-stakes Test［J］. Modern Foreign Languages（Quarterly），2013，36(1)：62-69.

［6］Kane，M. T. Validating Score Interpretations and Uses［J］. Language Testing，2012，29(1)：3-17.

［7］Shohamy，E.，N. Homberger. Language Testing and Assessment(Second Edition)［M］. New York：Springer，2008.

［8］金艳.提高考试效度,改进考试后效：大学英语四、六级考试后效研究［J］. 外语界,2006(6)：65-73.

［9］金艳.改革中的大学英语四、六级考试［J］. 中国外语,2004(1)：27-29.

［10］李筱菊.语言测试科学与艺术［M］. 长沙：湖南教育出版社,1997：8-9.

［11］杨惠中,朱正才,方绪军.中国语言能力等级共同量表研究：理论、方法与实证研究［M］. 上海：上海外语教育出版社,2012：16-44.

［12］杨惠中.提倡有效教学［J］. 外语界,2011(2)：14-35.

［13］杨惠中,C.Weir.大学英语四、六级考试效度研究［M］. 上海：上海外语教育出版社,1998：1-2.

［14］朱正才.语言测试的能力结构与因子分析法［J］. 外语教学,2014(5)：50-54.

［15］朱正才.中国英语能力等级量表效度研究框架［J］. 中国考试,2016(8)：3-12.

选择题的信息熵及其应用

导读

　　本节研究的问题很简单,但思路很严谨。在选择题的命题过程中,公认最难的事情就是诱惑项的设计。对于诱惑项设计的教学理念,本文并没有去深入讨论,所讨论的是考生的答题数据在诱惑项上应该出现什么样的分布才是可接受的。这一问题的统计学假设可以是诱惑项的频数分布应该是均匀分布,即,既没有诱惑项太强,也没有诱惑项失效。经典的统计学解决这一问题的方法是卡方检验,但本节提出用信息论的熵来解决这一问题,数学逻辑很严密,也很有创意。可以说这是一个很微观的语言测试效度验证方法,部分解决了多项选择题的题目选项设计的效度验证问题。

　　选择题通常提供 A、B、C、D 四个选项,其中只有一个是正确答案。测试完毕后能得到全体被试在四个选项上的频数和频率分布。对常模参照测验来说,一个题目最理想的频率分布模式是:① 正确选项的频率(即该题的难度值 P)在 0.2～0.8 之间;② 其余三个诱惑项频率(即该选项的诱惑度)分布接近均匀分布。原因有二:

　　其一,在常模参照测验中,难度太大或太小的题对考生的鉴别力都很差。当测题难度为 0.5 时,测题方差最大,因而对考生的鉴别力也最强。在编制试卷时,由于测试目的不同,并不是全部都选用难度为 0.5 的题,而是要求难度在 0.2～0.8 之间,试卷平均难度在 0.5 左右。

　　其二,测题难度一定时,如果诱惑项某项诱惑度太低,能力差的被试就可能在答题时先排除该选项,然后以一个较高的概率凭猜测得分。如果某诱惑项频数分布特别多,即很多被测都有一个共同的错误解答,则有可能题目在内容或表述上存在问题,或者是教学方面有严重失误或缺陷。由于此诱惑项干扰了考生的正常作答,因此该题难度值的可信程度将受到严重影响。

　　在具体的测验实践中,我们实得某测题的频率分布往往要偏离这一理想分布。我们能否用一个量来描述出这种偏离的程度,从而用这个量来衡量该题选项设置的优劣呢? 1948 年,Shanon 提出了一个计算离散信息源产生的信息量公式:

$$H=-K\sum p_i \log p_i$$

式中 log 表示以 2 为底的对数,$\sum$ 是求和符号,K 为常数。若令 K=1,则信息量 H 的单位为比特(bit)。p_i 为一维概率向量(i=1～n),$p_i \geqslant 0$ 且 $\sum p_i = 1$。

　　Shanon 的信息量是对于概率分布$(p_1,p_2 \cdots\cdots p_n)$而定义的,公式中的 H 是离散信息源的不确定性尺度。Shanon 还把 H 称作信息熵。

　　在我们要研究的问题中,测验实得的频率分布反映的正是全体被试对题目所作反应的不确定性。引进 Shanon 的信息熵,把它作为题目反应不确定性度量是适合的。例如,后面表 3-13 中题目 1,n=4,实得频率分布为 0.508 3,0.158 3,0.191 7,0.141 7,则这道题的信息熵为:

$$H=-(0.508\ 3\log 0.508\ 3+0.158\ 3\log 0.158\ 3+$$
$$0.191\ 7\log 0.191\ 7+0.141\ 7\log 0.141\ 7)$$
$$=1.773\ 5$$

　　申农的信息熵 H 有一些很有意义的解析性质: ① H 在 $p_i(i=1～n)$ 中是连续的,当均匀分布时 $p_i(i=1～n)$ 均匀分布时,H 是 n 的简单递增函数; ② 当 n 一定时,p_i分布偏离均匀分布越远,则 H 值越小。如何根据题目信息熵的大小来衡量选项设置优劣呢?

　　我们知道,题目信息熵负载了来自四个选项的信息,表征的是四个选项频率分布的离散特征。对于 P、N 一定的某道题,H 值越小,其诱惑项频率分布就偏离均匀分布越远(参 H 性质 2),H 的理想值是在其诱惑项频率均匀分布时得到,这也是该测题信息熵的上限。

我们还知道诱惑项频率分布偏离均匀分布到一定程度必然会出现某选项频率近于零,从而使该项设置失去意义,这时测题的信息熵 H 最大也只能达到 P、n—1 情况下的理想值水平(参 H 性质 1),由此我们得到一个该题 H 值的下限。

我们只要将实得的题目信息熵与同样 P、n 条件的理想 H 值(上限)和 P、n—1 条件下的理想 H 值(下限)进行比较,就可衡量出其选项设置的优劣了。

假设我们将难度为 P、n 个选项的测题在理想分布时的信息熵记作 $H_n(P)$,将实得某测题信息熵记为 H,那么:

(1) 当 $H_{n-1}(P) < H \leqslant H_n(P)$ 时,该题诱惑项设置较好,而且 $H/H_n(P)$ 越接近于 1,诱惑项设置越优。

(2) 当 $H \leqslant H_{n-1}(P)$ 时,该题诱惑项设置不好,至少有一个诱惑项要进行修改。需要说明的是,把 $H_{n-1}(P)$ 作为难度为 P、n 个选项的测题信息熵 H 的下限显然过宽,实际应用过程中可根据要求加以提高。

某一难度为 P、n 个选项的测题,其理想分布的 H 值可由下面公式计算出:

$$H_n(P) = -[PlogP + (1-P)log(1-p/n-i)]$$

有了这个公式,我们甚至可以制订一个不同 P、n 条件下诱惑项为理想分布时的理想 H 值表。以下将举例说明题目信息熵在选项分析中的应用。

假设我们从某一年高考数学试卷中随机抽出 120 份,统计出单一选择题中某三题的频数分布(见表 3-12),并计算各题的 P、H、$H_n(P)$(如表 3-13)。

表 3-12　频数分布(N=120)

	A	B	C	D
1	61*	19	23	17
2	27	51	37*	5
3	9	93*	11	7

表 3-13　P、H、H$_n$(P)值

	A	B	C	D	P	H	H$_n$(P)
1	0.508 3*	0.158 3	0.191 7	0.141 7	0.51	1.773 5	1.776 3
2	0.225 0	0.425 0	0.308 3*	0.041 7	0.31	1.723 4	1.986 8
3	0.075 0	0.775 0*	0.091 7	0.058 3	0.78	1.120 4	1.189

注：* 号表示该选项为正确答案。

　　题目 1 的 P＝0.51，H＝1.773 5，H$_4$(0.51)＝1.776 3，H$_3$(0.51)＝1.489 7，H/H$_4$(0.51)≈1。此题难度合适，诱惑项设置较优。

　　题目 2 的 P＝0.31，H＝1.723 4，H$_4$(0.31)＝1.986 8，H$_3$(0.31)＝1.583 2，H 与 H$_3$(0.31)很接近。此题难度较大，诱惑项设置不好。从表 2 可以看出 D 选项诱惑度太小，几乎失去了实际意义。

　　题目 3 的 P＝0.78，H＝1.120 4，H$_4$(0.78)＝1.108 9，H$_3$(0.78)＝0.980 2，H/H$_4$(0.78)≈1。此题诱惑项设置得较好，题目难度偏小。

　　本节运用测题的难度值 P 和信息熵 H 两个统计指标对选择题的选项设置进行了一番粗浅分析。对于单一选择题，当 n＝2,3,5,6 时，本节的分析方法同样适用。对于多重选择题，本节的分析方法不完全适用。测题的信息熵只能用于比较题目选项设置的优劣，而对于诱惑项设置不好的题，并不能指示问题之所在。它主要适用于初步评价某题诱惑项设置的优劣，比较难度相等的两道测题诱惑项设置的优劣，比较题目修改后选项设置是否有所改进。在标准参照测验中，测题难度是根据具体教学内容和目的要求而定的，通常由专家评判。假如教学是成功的，我们总期望测题的难度值非常接近于专家评判的难度。对于选项来说，仍希望诱惑项频率分布近似均匀分布。所以，H 值仍保持其原有的意义和作用。

　　——原载于《安徽教育学院学报（哲学社会科学版）》，1993(1)；作者：朱正才。

<hr style="border-style:dotted" /> 参 考 文 献 <hr style="border-style:dotted" />

[1] Shannon C. E. A Mathematical Theory of Communication[J]. Bell System

Technical Journal，1948(27).

［2］陈富国,薛理银.等价选项个数及其应用——题目分析的一种新方法[J].外国教育动态,1990(4).

［3］姜璐,王德胜.熵、信息、有序和对称性[J].自然辩证法研究,1991(5).

［4］王孝玲.教育测量[M].上海：华东师范大学出版社,1989.

第五节
背景知识与听力目的对听力
理解影响的实验研究

导读

　　阅读过程中有越来越多的多模态文本,文字、图片、声音、动画等这些多通道输入的信息彼此会发生交互影响,使得阅读的认知处理和实际效果都产生巨大变化。真实的阅读大部分是有目的的阅读,而且相关的背景知识会对即将发生的阅读理解产生深远影响。这就带来了一个值得思考的问题,即目前我们在考卷上所呈现的阅读语境是否足够真实,这样单纯的文字性阅读材料所诱发的阅读能力是否有效,这或许是导致目前大学生在英语阅读上高分低能的一个重要原因。本节研究了阅读理解中的背景知识、听力目的及有无图片这样几个重要的影响变量,而且使用了非常简洁的 2^3 方差分析设计。实验结果在图式理论框架内得到了很好的解释。这些研究结果即使是对今天的阅读理解测验改革也具有非常重要的参考价值。

一、研究问题

　　用图式理论来研究听力理解特别强调听者背景知识的作用。因为听力理解过程按图式理论来看,就是文章信息与听者背景知识相互作用的过程。高效率的理解要求听者具有较高的将话语与背景知识联系起来的能力。听力障碍的产生可能就是由于不具备适合的图式,或者具有适合的图式却没有被激活。20世纪70年代以来,运用图式理论对背景知识在语言理解中的作用进行研究日益兴盛,并已有许多极富价值的发现,对进一步改进外语教学、语言测试和指导科研都具有一定的启发意义。

"背景知识"(background)一词的确切含义目前尚无定论,对其内涵和外延都有不同的理解。Carroll(1972)在一次阅读理解实验研究中将背景知识划分为三个组成部分:熟悉度(familiarity)、上下文(context)和词汇抽象度(transparency)。我国的亓鲁霞和王初明1988年在一个同类研究中只使用了其中的熟悉度和上下文来代表背景知识。

先看问题(questions preview)就是听力活动开始之前,让听者先看后听将要回答的问题。这是听力目的或听力动机问题。

本节从模拟真实交际情景的目的出发,给被试者提供背景知识和听力目的,来探究对被试的听力理解可能产生的影响。这里背景知识包括两个变量:熟悉度和上下文。听力目的或动机水平由先看问题这一变量来表示。熟悉度、上下文和先看问题构成本实验中的被试听力准备状态,对可能影响听力理解的其他诸因素努力加以控制。本实验将对以下几个问题进行探索:①听力理解测试中背景知识对听力理解有何影响?②在听力理解测试前先看问题对听力理解有何影响?③图式理论对听力理解过程是否具有较好的解释能力?

二、实验设计

本实验有三个因子:熟悉度、上下文和先看问题。熟悉度是指被试对听力材料内容的熟悉程度,如果听者对材料所讲述的内容有过生活体验或已具备相应的知识,那么这个材料对听者就是熟悉的,否则就是不熟悉的。上下文是指有利激活被试某种生活经验或某类知识的线索,如图画、文字说明或背景噪音。熟悉度和上下文代表听者的知识背景。先看问题是指在听正式材料之前让听者先看将要回答的问题,给听者提供一个听力目的或听力动机。

三个因子共同构成听者的听力准备状态,使被试在听的过程中思维活动更接近于真实生活交际过程中的情形。

实验中三个因子各有两个水平,因变量为测试成绩。实验采用 $2 \times 2 \times 2$ 析因设计,熟悉度为组内因子,上下文和先看问题为组间因子。这种设计方法不仅能检验每个因子的单独作用,还可以了解三个因子之间的交互作用(见表 3-14)。

表 3-14　三个因子的八种组合表

	先 看 问 题		后 看 问 题	
	有图文	无图文	有图文	无图文
熟　悉	1	2	3	4
不熟悉	5	6	7	8

三、研究方法

(一) 被试

本实验选取了上海铁道学院一年级铁路工程、机械制造、计算机通讯和热机四个专业的 92 名(其中男生 70 名,女生 22 名)学生作为实验对象。为了把 92 名学生分成四个实验组,实验前让 92 名学生参加了一次听力测试。将全体学生的考分从高到低进行排序,再以 4 分的标准把学生分成四层,在每一层中用随机抽样方式将学生平均分配到四个不同的实验组,平均每组 23 人。经检验,各组平均分、标准差相等,于是获得了英语听力水平相近的四个独立实验组。

(二) 实验材料

实验所用的材料分为录音材料、文字材料及调查问卷材料三个部分。四篇录音材料都是直接选自原版英籍教师录音带,无标题,仅分别标注 Passage 1、Passage 2、Passage 3、Passage 4。前两篇的其中一篇是老师课堂提问对话,口语化程度较高,具有较好的可听性,全文 144 个词;另一篇是有关夏时制的一段说明文字,基本上属于书面语言,全文 122 个词。这两篇内容学生是普遍熟悉的。后两篇的其中一篇是与印度一种风俗习惯有关的对话,全文139个词;另一篇是有关美国中小学学制及收费情况的说明文字,全文174个词。这两篇内容绝大部分学生不熟悉。在参加实验的92名学生中,对四篇材料熟悉度的问卷调查结果证实了这一点。

为了使Passage 1与Passage 3,Passage 2与Passage 4的语言难度基本相同,听力材料有意识地控制了以下几个影响语言难度的主要因素:①词汇范围和词汇出现频率;②句子的难度和语法现象;③语音现象;④材料的文体和风格。

听力测试卷选取了有四个选项的选择题型,学生回答的问题编写是建立在听力理解能力"两级水平,多种技能"这一理论假设基础上的。各篇材料均设有五个需要学生回答的问题,其中两个问题测试低级听力技能,一般是些细节问题(称L题);另三个问题测试高级认知技能,一般是些综合性问题或局部综合性问题(称H题)。L题、H题分别测试各自包含的听力能力的特质水平,具体哪一篇材料里测试哪一种特质是随机的,因为出什么样的题目要考虑到材料内容的适切性。问题中尽量避免暴露对于理解有关键意义的词汇或相关信息。

上下文这一变量主要是提示语言发生的具体情景、逻辑位置或话题的大致范围,通常可以通过提供一定的文字说明、相关图画或录在磁带上的背景噪音来控制。本实验的Passage 1和Passage 3配有专门为实验绘制的两幅图,以提示语言发生的情境。Passage 2和Passage 4则在听力材料内容前面附加一段文字说明,以提示将要听的材料内容范围或话题。在语言应用的任何场合,交际听力的发生都是有一定背景环境的,设置上下文变量的作用就是对这一背景情境的模拟。

（三）实验步骤

参加实验的学生均要在两种不同的控制条件下各听完两篇材料,并同时完成答卷和填写问卷。Ⅰ和Ⅱ组学生是先听两篇不熟悉的材料(即组合5、组合8),再听两篇熟悉的材料(即组合4、组合1);Ⅲ和Ⅳ组学生则先听两篇熟悉的材料(即组合2、组合3),再听两篇不熟悉的材料(即组合7、组合6),以抵消由于材料分配顺序可能对实验结果产生的影响(见表3-15)。

表 3-15 四组被试所听材料的顺序排列

	I	II	III	IV
先 听	不熟悉 有图文 先看问题	不熟悉 无图文 后看问题	熟悉 无图文 先看问题	熟悉 有图文 后看问题
后 听	熟悉 有图文 后看问题	熟悉 有图文 后看问题	不熟悉 无图文 先看问题	不熟悉 有图文 后看问题

在实验具体操作过程中,四篇材料的答卷选项是分开的,所配的图文也是分开的。选项之前用英文打印问题,每次在听某一篇材料录音之前给出五分钟先看问题和提供了图文的被试阅读问题及所附的图文,被试这时都不得翻看试卷。然后开始听录音,可同时做答卷中的问题,录音完毕后一分钟后统一停止答题,收回答卷。

四、实验结果及讨论

(一)八种组合的平均数及标准差

四个实验组在两种不同条件下的听力测试(即八种组合)成绩的平均数及标准差如表 3-16 所示。用哈特莱(Hartley)最大 F 值检验法对八组方差进行齐性检验,结果为 $F_{max} = 2.52 < 3.12 < F_{max} 0.05$,可认为各组方差为齐性。

表 3-16 八种组合的平均数及标准差

	熟 悉			
	有 图 文		无 图 文	
	先看问题	后看问题	先看问题	后看问题
平均分	7.92	7.0	7.54	6.52
标准差	1.41	1.52	1.21	1.67

不　　熟　　悉			
有　图　文		无　图　文	
先看问题	后看问题	先看问题	后看问题
平均分　6.82	5.81	5.92	4.32
标准差　1.32	1.71	1.92	1.65

从表 3-16 可以看出,①八种组合中成绩最好者是组合 1(熟悉＋有图文＋先看问题),成绩最差的是组合 8(不熟悉＋无图文＋后看问题),二者分别位于表列的两端,形成鲜明对比。②先看问题的成绩也高于同等条件后看问题的成绩。

(二) 三向方差分析

为了进一步分析熟悉度、上下文和先看问题三个因子对听力理解成绩的影响,对实验数据进行三向方差分析(见表 3-17)。其中 A 因子表示熟悉度,B 因子表示上下文,C 因子表示先看问题。

表 3-17　三向方差分析表

方差来源	平方和	自由度	均　方	F
A	98.42	1	98.42	38.45**
B	16.29	1	16.29	6.86*
C	67.77	1	67.77	26.47**
A×B	6.75	1	6.75	2.64
A×C	10.71	1	10.71	4.18*
B×C	4.16	1	4.16	1.63
A×B×C	3.22	1	3.22	1.26
误　差	451.42	176	2.56	
总　和	658.74	183		

　　方差分析的结果表明,三个因子的 F 值均具有显著意义,其中 A 因子尤其显著,这说明熟悉度对听力理解成绩影响非常大。在交互作用中只发现 A 因子与 C 因子之间存在相互作用。从表 3-16 中也可看出,当对材料熟悉,同时先看问题的条件下,被试取得了最好的成绩。所以,三个因子主要是独立地对听力理解发生影响。

　　(三) 八组均值逐对差异显著性检验

表 3-18　熟悉与不熟悉平均数差异显著性检验

其他两个实验条件	均值之差	t 检验
有图文+先看问题	1.1	2.67*
有图文+后看问题	1.19	2.44*
无图文+先看问题	1.62	3.35**
无图文+后看问题	2.2	4.40**

表 3-19　有图文与无图文平均数差异显著性检验

其他两个实验条件	均值之差	t 检验
先看问题+熟悉	0.38	0.96
后看问题+熟悉	0.48	1.00
先看问题+不熟悉	0.9	1.81
后看问题+不熟悉	1.49	2.94**

表 3-20　先看问题与后看问题平均数差异显著性检验

其他两个实验条件	均值之差	t 检验
有图文+熟悉	0.92	2.08*
无图文+熟悉	1.02	2.32*

续　表

其他两个实验条件	均值之差	t 检验
有图文＋不熟悉	1.01	2.19*
无图文＋不熟悉	1.6	2.96**

从以上 t 检验的结果可以看出：

（1）对材料内容熟悉与不熟悉，听力成绩差异都很显著。这意味着学生已有的知识和生活经验表现为大脑中已有的相关图式，在听力理解中起着很关键的作用。不具备这些图式，即使提供一定的上下文线索或是听力目的，学生听起来仍感茫然；反之，如果学生已具备了与材料相关的图式，则获得激发这些图式的线索可以是多渠道的，在不提供上下文关系的情况下也能从所听的材料中找到与图式相连的线索。这些已有图式对整个材料的内容有一种整合与统一解释的功能，从而有利于记忆储存。学生普遍反映对于材料的内容很熟的篇章或段落，听的过程中更注重于统一理解材料的内容，而忽略了对问题答案的有意选择，亦即总想把整个内容都听懂，而不仅局限于回答问题。

（2）有图文和无图文只在不熟悉材料的内容，而又后看问题时差异显著。这可能是由于其他几种组合条件下，要么熟悉材料内容，而不需要线索提示；要么不熟悉材料，但先看了问题，同样起到了一个提示上下文的作用。

（3）是否先看问题在所有情况下均存在显著差异，无图文又不熟悉材料内容时尤为明显。虽然先看问题可能提示材料的上下文线索，并暴露一些文章内容线索，但笔者认为，这一差异还应从调查被试所使用的听力策略上的不同来进行解释。先看问题明显地改变了听者的心理准备状态，听者在听的过程中将采取更为经济、合理的听力策略，从而对注意力作不同的分配。这样有可能让听者用更多的精力去注意问题答案的信息，而忽略了其他的信息。这无疑会提高记忆的效率，从而可能对听力成绩普遍产生影响。

（四）用图式理论来解释熟悉度、上下文和先看问题对听力成绩的影响

熟悉度在我们检验的三个因子中影响作用最为突出的。当熟悉材料内

容时,不管有无上下文线索或是否先看问题,被试的成绩要比不熟悉材料内容要好。从图式理论观点来看,这时被试具备了与材料内容相适合的图式。这些图式一旦被激活(通过提供的上下文线索,或听到输入的最基本的信息图式),就对不断输入的信息具有较强的同化作用。已具备的较高层次的图式不但可以促进被试对下文的预期和猜想,而且可以弥补由于语音听辨造成的信息损失。实际上,从已具备的图式获得激活开始,被试就以材料驱动(data driven)和概念驱动(conceptually driven)两种信息处理方式处理语音信息,这大概就是他们取得更好成绩的原因。反之,如果被试不熟悉材料内容,也就没有可供利用的合适的图式。这时被试并不会因此而放弃对材料内容的理解,而是运用从下到上的信息处理方法,重新创造新的图式,或对已有的某些图式进行改造,使不断输入的信息获得合理的解释。显然这样做需要足够多的具体信息,从而加重大脑信息处理中心的负担。一旦被试发生错听、漏听,最后形成的图式就有可能不符合材料的真实内容,因此造成整体理解上的失误。有很多被试也在问卷中报告了这一现象。

　　上下文这一因子对被试成绩的影响且虽不及熟悉度显著,但仍对听力理解有影响。问卷调查结果是78%的被试认为看了附加的图文后对自己的听力理解有帮助。图式理论认为,提供上下文线索能使被试在听力测试一开始就处于有准备状态,听者可以根据提供的图画或文字说明大致推测所要听的内容发生的环境或话题,并对所要听的内容进行一些预测或猜想。大脑中的已有图式也都处于某种准备激活状态,听音一开始,被试就有可能运用从上到下和从下到上两种信息处理方式进行处理。当然图文发生作用的前提是被试具备相关的图式,图文的作用是激活这些相关图式,从而服务于听力理解过程。在 Passage 4 中,由于有些被试对美国学校方面情况一无所知,即使事先提供了话题的方向也无济于事。

　　先看问题这个因子对被试成绩的影响是非常明显的。问卷调查显示,有85%的被试认为先看问题对听力理解有帮助。从图式理论观点来看,先看问题为被试提供了将要听的有关材料内容的线索,这些线索有利于激活被试大脑中已有的相关图式,从而使被试可以在听力测试开始之前对整个听力内容进行预测和猜想。它实际上起到了一个代替上下文线索的作用,甚至于比上下文线索更重要。

当被试听不熟悉的材料时,虽然他们不具备相关的图式,但先看问题组的成绩仍显著优于后看问题组,这可用皮亚杰的观点来加以解释。当被试不具备合适的图式时,听力理解过程中将伴随着一个创造新图式或改造旧图式,使之对输入信息具有解释能力的过程。不能否认先看问题对这一过程仍然是有利的。当然先看问题是不是其中最关键的因素仍需进一步研究。

五、实验结论及其局限性

背景知识(包括熟悉度和上下文两个因子)对中国学生的英语听力理解有影响,其中熟悉度是更为重要的因素。如果被试缺少合适的知识图式,听力理解就会发生障碍。

先看问题对听力理解也发生影响。这些影响既可能是通过提供上下文线索、激活相关的图式而产生,也可能是通过影响听力理解策略而间接实现。

用现代图式理解理论既能解释听力理解过程中的低级听力技能活动方式,也能解释高级认知技能的活动方式。实验结果证实这两个不同认知水平上的图式活动方式明显不同。

以上是本实验所得出的基本结论。由于实验设计和操作方面的原因,也由于实验条件的限制,本实验存在一定程度上的局限性:①Passage 1、Passage 3、Passage 2 和 Passage 4 的语言难度控制在相等水平是非常困难的,这有可能成为实验的误差来源;②采用四选一的选择题,学生的听力成绩无疑要受到随机猜测得分的干扰。

——原载于《上海交通大学学报(社会科学版)》,1995(2);作者:朱正才。

----------------------------- 参 考 文 献 -----------------------------

[1] Rene, D. Listening comprehension[J]. Langauge Teaching, 1985, pp. 6-7.

[2] Gary, B. The Testing of Second Language Listening comprehension[D].

University of Lancaster, England, 1990.

［3］Richards, J. C. Listening Comprehension: Approach, Design, Procedure [J]. TESOL Quarterly, 1983(17): 220-221.

［4］J. Micheel o'Malley, Annauthl Chamot, and Lisaklipper. Listening Comprehension Strategies in Second Language Acquisition［J］. Applied Linguistic, 1989 (10): 419.

［5］River, W. M. Listening Comprehension［J］. Modern Language Journal, 1986(50): 196-202.

［6］Carroll, J. B. Defining Langauge Comprehension: Some Speculations［M］. In Freedle, R. O. and Carroll, J. B. eds., Language Comprehension and the Acquisition of Knowledge. New York: John Wiley, 1972.

作文网上评分信度的多面 Rasch 测量分析

导读

　　写作是主观评分试题的一个典型范例,在语言测试中应用极其广泛。一般情况下,评分结果主要受到三方面因素影响:被试的写作水平、题目的难度和老师评分的松紧度,后面两个影响变量经常是需要控制的变量。本研究又多引进了一个影响变量——阅卷方式。多面 Rasch 测量分析会把这些影响因素都标刻在一个量尺上,认为它们本质上相同,这确实比较难以理解。这样被试的写作水平的估计就取决于所有这些影响因素之间的对比关系,数学表达式为 $\log(P_{njsk}/P_{njs(k-1)}) = B_n - Y_j - R_s - F_k$。

　　其中 P_{njsk} 表示阅卷员 j 在阅卷方式 s 下给考生 n 打 k 分数的概率,公式右边是题目难度与三个影响变量的对比关系。本研究对阅卷方式以外的影响变量都进行了控制,目的是为了比较不同的阅卷方式之间评分误差是否存在显著性差异。研究的结论是网上评分信度要高于传统评分信度。这个研究结论让我们使用网上评卷方式时很放心。商用的 FACETS 程序可以为我们提供全套的分析服务,关键是要能理解项目反应理论的基本原理和掌握 FACETS 的主要操作要领。这也是一件不容易的事情,本节或许会对大家有所帮助。

一、多面 Rasch 测量

Linacre(1989)提出的多面 Rasch 测量(many-facet Rasch measurement)分析是了解和控制评分员评分变异情况的最有前途的一种新技术(Lumley & McNamara 1995：58),通过 FACETS 统计分析软件进行。由于在分析主观题测试方面具有较强功能,这一测量模式和分析软件近十年来在许多研究中都得到了运用(如 Lumley & McNamara1995;Tyndall & Kenyon 1996;Lynch & McNamara 1998;Weigle 1998;Kondo-Brown 2002;Bonk & Ockey 2003;Kozaki 2004;刘建达 2005)。

依照多面 Rasch 测量模式,在作文题的测试中,考生能力、任务难度、阅卷员的评分严厉程度、阅卷方式等各方面(facets)交互作用,并最终决定考生成绩的高低。FACETS 可以在同一个洛基量表(logit scale)上对考生能力、阅卷员的评分严厉程度和阅卷方式等三个方面进行分析。这个三方面模型可以用下面的数学模型来表示:

$$\log(P_{njsk}/P_{njs(k-1)})=B_n-Y_j-R_s-F_k$$

这里的 P_{njsk} 表示阅卷员 j 在阅卷方式 s 下给考生 n 打 k 分数的概率,$P_{njs(k-1)}$ 表示阅卷员 j 在阅卷方式 s 下给考生 n 打(k-1)分数的概率,B_n 为考生 n 的能力(在本节报告的研究中表现为作文分),Y_j 为阅卷员 j 的评分严厉程度,R_s 为阅卷方式 s 的类型,F_k 为在(k-1)分数基础上要取得 k 分数的难度。

通过 FACETS 分析可以找到各方面的内部成分(elements)之间是否有显著差异(如作文分之间的差异、阅卷员之间在评分严厉度上的差异等),还可以为每个成分提供拟合值(fit statistics),进行拟合分析。这些拟合值反映每个成分与 Rasch 模型的拟合程度。就阅卷员而言,其拟合值可以反映评分行为的内部一致性(internal self-consistency)。因此,通过 FACES 分析我们就可以对每个阅卷员的评分严厉程度和评分一致性有一个详细的了解。FACETS 所提供的偏差分析(bias analysis)功能还可以帮助确定任何两个方面的成分之间(如阅卷员与作文卷之间)是否存在交互作用(interaction)。

二、数据分析

　　本研究使用FACETS(Linacre 1999)进一步调查分析大学英语四、六级考试的一次作文网上阅卷实验(王跃武 2004b)中所涉及的14名阅卷员在网上和传统阅卷方式下给20篇共同卷评分的信度差异情况。该实验的研究背景、阅卷员、作文卷、数据收集等情况详见王跃武的论文(2004b：75-77)。本节报告两种FACETS分析结果。第一种分析的目的在于比较阅卷员在网上和传统方式下评分的严厉程度(以下简称严厉度)和内部一致性。第二种分析的目的在于用偏差分析调查在两种阅卷方式下阅卷员与作文卷之间以及阅卷员与阅卷方式之间可能存在的交互作用。

三、结果

　　(一) 第一种分析：评分严厉度和内部一致性

　　1. 网上阅卷方式下阅卷员的评分严厉度和内部一致性
　　图3-4直观地显示了网上阅卷方式下14名阅卷员的评分严厉度以及20名考生的能力。从左至右,第一列为洛基能力量表,阅卷员和作文这两个方面之间以及这两个方面内部成分之间的比较都通过这个量表进行。第二列为阅卷员的评分严厉度,阅卷员按其评分严厉度自上而下排列,位于上方的较为严厉,位于下方的较为宽松。第三列是对考生的能力评价,按考生的能力高低自上而下排列,位于顶部的考生能力最高,位于底部的考生能力最低。第四列显示了处于各能力水平的考生最可能获得的分数。图中第一列的数字为Rasch模式的logit估算值,第三列的数字为作文卷号。
　　从图3-4可以看出,四名阅卷员(R08、R11、R12、R15)的评分相对其他人更为严厉,而阅卷员R05则更为宽松。但所有阅卷员的评分严厉度比较接近,最严厉和最宽松之差在1 logit以内,在多面Rasch测量中,这是比较微小的差异。考生能力(作文分数)分布也较为理想(介于3 logits和-6 logits之间),能力分布的全距跨9个logit单位,说明阅卷员评分的离散程度较好。

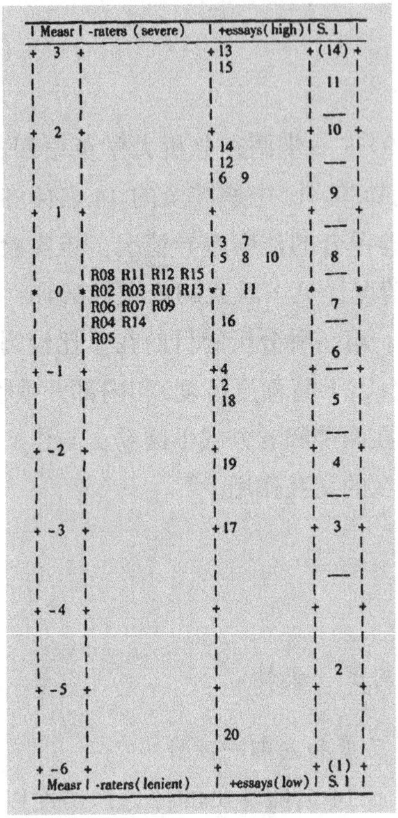

图 3-4 网上阅卷层面图

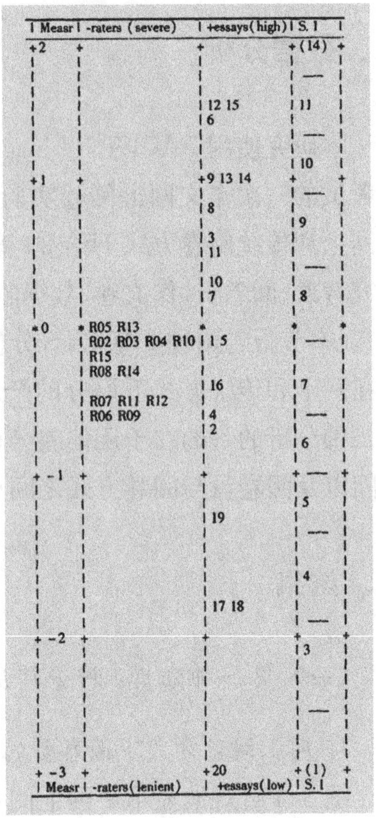

图 3-5 传统阅卷层面图

表 3-21 是网上阅卷方式下阅卷员的评分严厉度和内部一致性程度的详细统计结果。

表 3-21 网上阅卷方式下阅卷员的评分严厉度和内部一致性检验

Measure(logit)	Model S.E.	Infit MnSq	Outfit MnSq	Raters
−.52	.19	.7	.6	R05
−.31	.19	.9	.9	R04
−.31	.19	.5	.5	R14
−.27	.19	.6	.6	R06

Measure(logit)	Model S.E.	Infit MnSq	Outfit MnSq	Raters
−.20	.19	.9	.9	R09
−.17	.19	.8	.8	R07
−.07	.19	.5	.5	R02
−.07	.19	.9	.9	R13
.00	.19	.8	.8	R03
.04	.19	.5	.5	R10
.10	.19	.8	.7	R08
.10	.19	.8	.8	R15
.17	.19	.5	.5	R12
.21	.19	.6	.6	R11
−.09	.19	.7	.7	Mean
.20	.00	.2	.2	S.D.

RMSE(Model) .19 Adj S.D. .08 Separation .43 Reliability .13
Fixed (all same) chi-square：16.5 d.f.：13 significance：.22

表 3-21 中的阅卷员按照评分宽容度自上而下排列，R05 最宽松，R11 最严厉，这在图 3-4 中也可大致看出。但图 3-4 中没有注明各阅卷员的详细 logit 值，因此无法从中区分部分阅卷员（如 R08、R11、R12、R15）之间评分严厉度的细微差异。表 3-21 底部列出了能显示评分严厉度差异的几个重要统计量，包括分隔指数（separation index）、信度（reliability）和所有阅卷员的评分严厉度相同的零假设卡方检验结果。分隔指数为各成分估算值（这里为阅卷员评分严厉度 logit 值）调整过的标准差（Adj S. D.）与所有非极端估算值均方根标准误差（RMSE）的比率。调整过的标准差是消除测量误差后非极端估算值的标准差，因此是真实准确的标准差（Linacre 1999：73）。

按 FACETS 评判标准，如果阅卷员的评分具有同样的严厉度，则阅卷

员评分严厉度 logit 值的标准差应该等于全体估算值测量误差的均值。表
3-21 中的这两个指标为 0.20 vs 0.19,基本相等。分隔指数为 0.43,说明阅
卷员卷评分严厉度差异小于测量误差的一半。

　　FACETS 分析中提到的信度完全不同于传统意义上的阅卷员间信度
(inter-rater reliability),它指的是 FACETS 分析能在多大程度上可靠地区
分一个层面的各个成分(如在多大程度上可靠地区分阅卷员评分严厉度差
异)。这信度在 0 到 1 的量表上表示,0 表示无法区分,1 表示完美区分
(Lumley & McNamara 1995:57)。就阅卷员而言,信度表示评分严厉度
的差异,信度越高,差异越大。较低的信度则说明阅卷员的评分严厉度相
当,是作文阅卷中我们所希望得到的结果(Weigle 1998:275)。表 3-21 显
示网上阅卷方式下 14 名阅卷员的信度为 0.13,这说明他们的评分严厉度不
能可靠地区分开来,也就是说,他们总体上的评分严厉度比较一致。

　　卡方检验结果也证明,阅卷员间的评分严厉度没有显著差异(d.f.＝13,
p＝.22),我们不能否认所有阅卷员的评分严厉度相同这个零假设。这跟前
面几个指标所得结论是一致的。

　　FACETS 提供两个拟合统计量,以反映阅卷员评分的相对一致性。
Infit MnSq 为加权的均方拟合统计量(information-weighted means-quare
fit statistic),Oufit Mnsq 为未加权的均方拟合统计量(unweighted mean-
square fit statistic)(Llnacre 1999:70)。本节只讨论前一个统计量。

　　Lumley 和 McNamara(1995:62)及 McNamara(1996:173,181)认为,
Infit MnSq 可接受的取值区间为均值±2 个标准差。高于均值＋2 个标准
差的拟合值说明阅卷员评分缺乏相对一致性,意味着该阅卷员需要重新培
训,甚至予以更换。低于均值－2 个标准差的拟合值说明阅卷员给的分数
变化不大,意味着观测值(observed score)和预测值(predieted score)之间
的差异小于 FACETS 所预测的差异。在这种情况下阅卷员可能没有用全
部的分数段来打分,或没有很好地区分出作文之间的差异,因此同样应对阅
卷员重新进行培训(McNamara 1996:139-140)。按照以上标准,从表 3-21
中可以看出,所有阅卷员的 Infit MnSq 值都在可接受范围内(实际上无人
超出均值±1 个标准差这一范围)。这表明阅卷员在网上阅卷方式下的评
分具有可预测性,内部一致性很高。

2. 传统阅卷方式下阅卷员的评分严厉度和内部一致性

图 3-5 显示了传统阅卷方式下 14 名阅卷员的评分严厉度以及 20 名考生的能力。比较图 3-4 与图 3-5 就会发现差异。首先,测量考生能力的洛基量尺收窄了,由原来介于 3 到 −6 logits 之间(见图 3-4)变成了介于 2 到 −3 logits 之间(见图 3-5),能力全距只跨越了 5 个 logit 单位。这说明阅卷员在传统方式下给出的分数范围要小于他们在网上阅卷时给出的分数范围。其次,在网上阅卷方式下,有四名阅卷员的严厉度值位于平均值上方,而在传统方式下没有任何阅卷员的严厉度明显高于平均值。这说明总体来说阅卷员在网上阅卷方式下的评分比在传统方式下的评分更严厉。再次,如果比较图 3-4 和 3-5 中阅卷员在两种方式下都批阅的四篇特殊作文(见表 3-22,另见王跃武 2004b:77)的得分,再把这些得分与相应的专家分比较,我们就可以发现阅卷员在网上阅卷时给出的分数比在传统方式下阅卷时给出的分数更准确,特别是代号为 5 和 18 的两篇作文表现得更为突出。图 3-4 显示在网上阅卷方式下,作文 5 的得分为 8 分,等于该作文的专家分;作文 18 的得分为 5 分,同样等于其专家分。与此相对照的是,图 3-5 显示在传统阅卷方式下,作文 5 的得分位于 7 到 8 分之间,而作文 18 的得分则偏离了专家分(比 5 分低大约 1.5 logit)。

表 3-22 四篇特殊作文

代 号	5	14	18	15
专家分	8	10	5	12

表 3-23 是传统阅卷方式下阅卷员的评分严厉度和内部一致性程度的详细统计结果。与表 3-21 一样,表 3-23 中的阅卷员也按评分宽容度自上而下排列,但总体情况与表 3-21 有较大差异。R05 不再是最宽松的阅卷员,R11 也不再是最严厉的了。相反,在传统阅卷方式下,R05 变成了第二严厉的阅卷员,而 R11 则变成了第四宽松的。分隔指数为 1.01,说明在传统方式下阅卷员评分严厉度差异基本等于测量误差。更重要的是,传统方式下的信度为 0.5,明显高于网上的 0.13。这说明阅卷员的评分严厉度在传统方式下更加容易可靠地区分开来,亦即总体上说他们之间的评分严厉度不一致。

表 3-23　传统阅卷方式下阅卷员的评分严厉度和内部一致性检验

Measure(logit)	Model S.E.	Infit MnSq	Outfit MnSq	Raters
−.60	.15	.5	.5	R09
−.56	.15	1.3	1.2	R06
−.53	.15	.9	1.0	R07
−.51	.15	1.2	1.1	R11
−.46	.15	1.4	1.3	R12
−.35	.15	.2	.2	R14
−.30	.15	.9	.8	R08
−.19	.15	1.1	1.1	R15
−.12	.15	.2	.2	R02
−.10	.15	1.9	1.9	R04
−.05	.15	.8	.8	R03
−.05	.15	.3	.4	R10
.02	.15	.4	.3	R05
.04	.15	.2	.2	R13
−.28	.15	.8	.8	Mean
.22	.00	.5	.5	S.D.

RMSE (Model) .15 Adj S.D. .13 Separation 1.01 Reliability .50
Fixed (all same) chi-square：28.4 d.f.：13 significance：.01

　　卡方检验结果也显示,在传统方式下阅卷员间的评分严厉度有显著差异(d.f.=13,p=.01),我们有 99% 的把握认为他们的评分严厉度是不同的。这就推翻了所有阅卷员的评分严厉度相同这个零假设。表 3-23 还显示,虽然大多数阅卷员的 Infit Mnsq 值都在可接受范围内,但阅卷员 R04 的这一拟合值却很高(>1.8,即高于均值+2 个标准差),因此他的评分被认定为缺乏相对一致性,说明该阅卷员需要重新培训,甚至予以更换。与网上阅卷数据的拟合分析相比,在传统方式下拟合值不超出均值±1个标准差范围的阅卷员人数要少得多(9 vs 14)。这说明阅卷员在传统方式下评分的内部一致性和可预测性要低于网上评分的内部一致性和可预测性。

（二）第二种分析：偏差分析

FACETS提供的偏差分析可以帮助调查在两种阅卷方式下阅卷员与考生之间以及阅卷员与阅卷方式之间可能存在的交互作用模式。通过分析阅卷员与作文卷之间的交互作用可以看出阅卷员是否对所有作文都一视同仁,而通过分析阅卷员与阅卷方式之间的交互作用则可以看出阅卷员是否在特定阅卷方式下能保持内部一致性。

1. 阅卷员与作文卷之间的交互作用

表3-24是传统阅卷方式下的偏差分析中阅卷员与作文卷之间的交互作用结果。在网上阅卷方式下的偏差分析没有发现明显的交互作用。表3-24只列出了有显著意义的偏差(即Z值>2.0或<−2.0的偏差)。在280个交互作用中只有六个组合(占2.1%)有显著偏差。

表3-24　偏差分析：传统方式下阅卷员与作文卷之间的交互作用

Obsvd Score	Exp. Score	Obs-Exp Average	Bias Measr (logit)	S.E.	Z-Score	Infit MnSq	Essay Measr (logit)	Essay	Rater Measr (logit)	Rater
8	4.8	3.20	−1.52	.73	−2.09	.0	−1.78	17	−.46	R12
8	4.8	3.20	−1.52	.73	−2.09	.0	−1.78	18	−.46	R12
6	9.8	−3.82	1.84	.66	2.81	.0	.53	11	−.46	R12
7	11.3	−4.27	1.92	.74	2.61	.0	1.01	13	−.56	R06
7	11.4	−4.37	1.97	.74	2.67	.0	1.43	6	−.19	R04
3	8.3	−5.31	2.50	.79	3.17	.0	.17	7	−.19	R04
8.4	8.3	.03	−.07	.80	.00	.0				Mean
2.9	2.6	1.31	.79	.30	.83	.1				S.D.

表 3-24 中的第一列为阅卷员给作文评出的原始分（观测值），第二列为 FACETS 算出的作文应得的分数（期望值），第三列为观测值和期望值的离差，第四列为偏差的 logit 值，第五列为这些偏差值的估计标准误差，第六列为由第四列的偏差值转换成的 Z 值，第七列为加权的均方拟合统计量，第八列为由作文分所体现的考生能力，第九列为作文代号，第十列为阅卷员严厉度，最后一列为阅卷员代号。

表 3-24 显示了偏差的大小和方向。正的偏差值或 Z 值表示阅卷员给某篇作文的评分比 FACETS 模型所预测的更为严厉，而负的偏差值或 Z 值表示阅卷员给某篇作文的评分比 FACETS 模型所预测的更为宽容。从表 3-24 可以看出阅卷员 R04、R06 和 R12 在传统阅卷方式下出现了偏差。这证实了上文关于 R04 的评分缺乏内部一致性的发现（见表 3-23）。该阅卷员给作文 6 和 7 的评分比 FACETS 模型所预测的更严厉。阅卷员 R06 和 R12 也被确认为评分严厉度有偏差。R06 评阅作文 13 时比 FACETS 模型预测的更严厉。而 R12 则表现出一种双向变化，评阅作文 17 和 18 时他比 FACETS 模型预测的更为宽容，而当评阅作文 11 时则更严厉。以上阅卷员在传统方式下阅卷时有必要进行重新培训。与此相反的是，在网上阅卷时没有发现阅卷员的评分有偏差。这说明他们在网上阅卷方式下的评分更具一致性。

2. 阅卷员与阅卷方式之间的交互作用

表 3-25 是两种阅卷方式下的偏差分析中阅卷员与阅卷方式之间的交互作用结果，也只列出了有显著意义的偏差。在 560 个交互作用中只有 10 个组合（占 1.8%）有显著偏差。比较表 3-24 和 3-25 我们发现另有两名阅卷员（R05 和 R11）的评分有偏差。R05 在传统方式下给作文 13 的评分比 FACETS 预测的更严厉（z=2.39）。R11 则在两种阅卷方式下都出现了偏差，在传统方式下给作文 10 的分数比预测的要高（z=-2.03），而在网上方式下给作文 11 的分数比预测的要低（z=2.40）。这次偏差分析还发现前一次分析所没有发现的两组偏差，R04 在传统方式下给作文 20 的评分比预测的更宽（z=-2.09）。

从表 3-25 还可以看出，阅卷员在网上阅卷时出现评分偏差的概率明显少于传统阅卷方式。在所有有显著意义的偏差中仅有一个与网上阅卷有关。这进一步证实了网上评分时阅卷员有更高的内部一致性的结论。

3-25　偏差分析：网上和传统方式下阅卷员与阅卷方式之间的交互作用

Obsvd Score	Exp. Score	Obs-Exp Average	Bias (logit)	Model S.E.	Z-Score	Infit MnSq	Setting	Essay	Rater
13	8.9	4.12	−2.47	1.22	−2.03	.0	traditional	10	R11
8	4.1	3.89	−2.47	.79	−3.14	.0	traditional	17	R12
8	5.2	2.83	−1.81	.79	−2.31	.0	traditional	18	R12
4	2.2	1.84	−1.65	.79	−2.09	.0	traditional	20	R04
6	8.8	−2.78	1.75	.80	2.20	.0	traditional	11	R12
8	11.7	−3.72	1.88	.79	2.39	.0	traditional	13	R05
5	8.0	−2.96	1.89	.78	2.40	.0	online	11	R11
7	11.2	−4.19	2.26	.81	2.78	.0	traditional	6	R04
7	12.1	−5.14	2.78	.81	3.43	.0	traditional	13	R06
3	9.0	−6.02	3.82	.91	4.20	.0	traditional	7	R04
7.9	7.9	.00	.00	.83	.01	.0			Mean
2.9	2.6	1.30	.83	.21	.93	.1			S.D.

表 3-26 列出了两种阅卷方式下所有拟合不良的评分（misfitting ratings），这些个别的意外评分（unexpected ratings）可能对上述偏差分析结果产生影响。值得注意的是，表 3-26 的第五列显示了这些意外评分全部出现在传统阅卷方式下。这再次证明了阅卷员的网上评分相对于传统方式下的评分更具可预测性和一致性。

3-26　意外评分检验

Observed Score	Expected Score	Residual Difference	Z	Setting	Essay	Rater
3	9.0	−6.0	−4	traditional	7	R04
7	12.1	−5.1	−4	traditional	13	R06
13	8.9	4.1	3	traditional	10	R11
8	4.1	3.9	3	traditional	17	R12

四、讨论与结语

本次通过 FACETS 分析调查的发现整体上与王跃武(2004b)的前期发现一致。第一,阅卷员在网上阅卷时比在传统方式下阅卷时更多地使用了评分量表的全部分数段;第二,阅卷员在传统方式下评分比在网上评分更宽容;第三,阅卷员在网上评分比在传统方式下评分更准确;第四,在网上阅卷时阅卷员之间的评分严厉度趋于一致,而在传统方式下阅卷时评分严厉度趋于不一致,这说明网上阅卷方式下的阅卷员间信度高于传统方式下的阅卷员间信度(因为阅卷员间信度等于 1 减 FACETS 信度指数,参见 Linacre 1999:73)。这可能是由于大学英语四、六级考试作文网上阅卷系统(简称 OMS,参见王跃武 2004a)所提供的各种实时质量监控措施发挥了作用,使阅卷员在网上阅卷方式下对作文评分原则和标准(杨惠中,Weir 1998:133-134)有更好的理解和应用,对作文考试所测量的结构(construct)在定义上有趋于一致的看法。但是要弄清产生以上结果的确切原因还有待进一步的研究。

本次调查另有进一步的发现。首先,在网上阅卷时阅卷员的内部一致性优于在传统方式下阅卷时的内部一致性。这一点是对王跃武(2004b)的有力补充,因为他没有就此进行比较。其次,阅卷员 R04 在传统方式下的评分没有内部一致性,且存在偏差。进一步的偏差分析还发现四名阅卷员(R05、R06、R11、R12)在传统方式下评分存在偏差,一名阅卷员(R11)在网上阅卷时存在偏差。另外还发现意外评分全部出现在传统阅卷方式下,这说明 OMS 可能在控制网上阅卷员给出不可预测分数方面发挥了作用(王跃武 2004a)。这些都是新的发现,说明多面 Rasch 测量技术和 FACETS 分析软件在作文考试等行为测试(performance test)研究中具有重要价值。

阅卷员评分内部不一致和评分偏差是威胁作文评分信度和效度的重要因素。从本研究可以看出,即使有经验的阅卷员在经过正式培训后仍可能出现评分偏差和不一致。如果不加以控制,势必对分数解释产生不利影响。虽然 OMS 采取的各种措施不可能完全消除这些偏差和不一致,但可以起到减轻的作用。而真正提高作文评分信度的一个有效途径是在评分过程中利用多面 Rasch 测量技术和 FACETS 分析软件对评分差异进行模拟,根据拟合和偏差统计量来发现评分不一致的阅卷员,对他们进行重新培训,或予以撤换。

　　——原载于《外语界》,2006(1);作者:王跃武,朱正才,杨惠中。

参 考 文 献

［1］Linacre, J.M. Many-faceted Rasch Measurement［M］. Chicago, IL: MESA Press, 1989.

［2］Lumley, T. and McNamara, T. F. Rater Characteristics and Rater Bias: Implications for Training［J］. Language Testing, 1995(12): 54-71.

［3］Tyndall, B. and Kenyon, D. M. Validation of a New Holistic Rating Scale Using Rasch Multi-faceted Analysis［A］. In Cumming A and Berwick R (eds.). Validation in Language Testing［C］. Clevedon: Multilingual Matters, 1996.

［4］Lynch, B. and McNamara, T. F. Using G-theory and Many-facet Rasch Measurement in the Development of Performance Assessments of the ESL Speaking Skills of Immigrants［J］. Language Testing, 1998(15): 158-180.

［5］Weigle, S. C. Using FACETS to Model Rater Training Effects［J］. Language Testing, 1998(15): 263-287.

［6］Kondo-Brown, K. A FACETS Analysis of Rater Bias in Measuring Japanese Second Language Writing Performance［J］. Language Testing, 2002(19): 3-31.

［7］Bonk, W. J. and Ockey G J. A Many-facet Rasch Analysis of the Second Language Group Oral Discussion Task［J］. Language Testing, 2003(20): 89-110.

［8］Kozaki, Y. Using GENOVA and FACETS to Set Multiple Standards on Performance Assessment for Certification in Medical Translation from Japanese into English［J］. Language Test, 2004(21): 1-27.

［9］刘建达.话语填充测试方法的多层面 Rasch 模型分析［J］.现代外语,2005(2): 157-169.

［10］ Linacre，J. M. A User's Guide to FACETS Rasch Measurement Computer Program and FACFORM Data Formatting Computer Program （Version 3.2）［M］. Chicago，IL：MESA Press，1999.

［11］ McNamara，T. F. Measuring Second Language Performance［M］. New York：Addison Wesley Longman，1996.

［12］ 王跃武.大学英语四、六级考试作文网上阅卷系统（原型）简介［J］.外语界，2004a(4)：67-73.

［13］ 王跃武.大学英语四、六级考试作文网上阅卷实验研究［J］.外语界，2004b(5)：74-79.

［14］ 杨惠中，Weir，C.大学英语四、六级考试效度研究［M］.上海：上海外语教育出版社,1998.

高考英语(上海卷)题库命题背景下的校本测验建设

——基于完形填空题的案例研究

导读

　　高中阶段的英语学习、教学和测试研究其实比大学阶段更为重要，因为其受众更广，社会权重更大。本节对上海一所高中的英语考试题库进行了部分题目的量化分析探索（CLOZE题），试图发现一些问题，并对这种校本化英语题库的建设提出合理化建议。这当然还是属于考试效度的研究范畴，即题目效度验证。在评价校本化题库题目质量好坏时，本研究选择了以高考题目作为参照标准，这一点是值得商榷的，其实也是一种典型的应试思维。在研究方法上，本研究尝试了经典测量理论和现代项目反应理论几乎所有的题目分析方法，而且力求分析结果图形化、直观化，有一定的借鉴价值。

一、引言

　　《上海市深化高等学校考试招生综合改革实施方案》(上海市人民政府，2014)提出"深化外语考试改革，引导外语教学注重应用能力的培养，外语考试一年举行两次，建设外语标准化考试题库和标准化考场"。采用题库命题方式可有效提高考试的公平性和科学性。上海市教育考试院从 2014 年 12

月开始就高考外语试卷结构和题库建设方案组织专家开展实证研究与研讨,并通过了上海市教育考试命题和评价指导委员会的论证。根据上海教育考试院"2017 年春考、高考外语一考"答记者问中的介绍,题库建设通常包括征题、审题、试测、入库等阶段,上海英语考试题库由经过遴选的本市及外省市高校英语专业教师作为征题教师和审题教师。征题教师根据征题细则,从原版外文资料中选取合适的素材,并命制试题。审题教师从政治性、科学性、公平性、规范性等方面对所征试题进行审查。再由学科专家、测量和统计专家共同拟定试题的试测方案,由考务部门组织试测。通过对试测数据的分析,生成试题的各项属性指标,经专家确认后完成试题入库。高考英语试卷命制必须在封闭环境下经过系统组卷、集体研讨、审题确认等步骤才能完成。优化组卷信息系统从题库中筛选试题,形成各项属性指标符合预设的试卷初稿。命题专家组从试题构成要素、整卷指标平衡等方面对试卷初稿进行反复研讨,集体修改。审题专家组按照质量标准对初步定稿试卷进行审查,形成试卷最终稿。在实际工作中整个命制过程由上述各步骤循环而成。

严密的命题流程(见表 3-27)以及技术和专家团队保证了上海高考题库命题模式下产生的真题具备极高的质量。与 2015 年和 2016 年的高考均分相比,2017 年均分波动不大,说明 2017 年的高考真题在五年数据的基础上,各项指标实现了和往年经验性命题时期试题的较好等值,保证了试题的稳定性,近几年的真题可认为是平行卷。

表 3-27　2017 年上海高考试卷的结构论证过程(徐雯 2016:24-31)

评估	对近五年考试相关数据进行分析 听课及学生、教师座谈会 语言测试专家评估
修改	其他英语考试的试卷结构、题型及命题方式 语言测试的发展趋势
论证	专家论证 试测 上海市教育考试命题和评价指导委员会论证并通过

　　题库是随着考试标准化发展,由国家教育主管部门委托专业机构而建,目的是为人才选择考试命题出卷。如果说国家层面的题库建设是为了"以考鉴教"而存在,那么校本题库则主要是为了"以考促教"而存在。依附在基础鉴别和选拔的考试之上,这种题库不是为了考试而存在,而是为了教学而存在,不仅能有效推动学校考试评价的专业化,而且能为教学改革带来全新的观念和思路。

　　在此背景下,上海部分高中开始建立自己的校本题库,尝试通过模仿高考题库命题的方式来命制月考、期中、期末等各类校级考试。校本题库为校本测评以及诊断性测试提供支持,让学生接受基于标准的测试,并针对测试所反馈的教学薄弱环节进行训练,这对他们参加高考具有非常重要的指导作用。

　　由于受到人员、技术、经验等诸多条件的限制,校本题库的质量和高考真题质量存在较大差异,未必能保证科学地测量学生的语言能力和提供正确的教学反馈意见。本节通过比较某校本题库中完形填空样题和高考真题的实验数据来检查两者的差异,并为校本题库建设提出优化建议。

二、相关研究现状

　　高考英语(上海卷)题库命题是新生事物,根据已有文献,这类研究较为有限,可分为四类:国际层面、国家层面、地方层面和学校层面,其中国家层面的研究较多。

　　国际层面的试题研究有 Weiss(2011)对比纸笔测试(P&P testing)和题库组卷测试,发现后者效率高于前者,因此推荐题库命题模式。技术层面上,该研究分析了 DOS 题库、Windows 题库、IRT、IFT、组卷、电子试卷传输、智能组卷选择(固定长度筛选和随机筛选、适应性考试)和 CBT 在数据采集、分数报告、新测量方式上的影响力,阐述了题库模式命题现状和未来展望。

　　国家层面的题库建设研究主要有李光明和关丹丹(2014:3-8)结合教育部考试中心多年来题库建设的经验,阐释了对题库建设的常见问题(如试题量、题目的试测和校准、测量模型的选择、题库的安全性、开发成本等)的认识和体会,并对开展题库建设工作提出了几条建议,按照教育规划纲要的有关要求进一步完善题库建设。李光明(2011：3-8)从英国剑桥评价和美国 ACT 两个考试机构的试卷生成过程谈起,结合教育部考试中心题库建设的经验,提出应该树立题库建设是一个长期、动态维护、绿色使用过程的三大理念,才能保证题库命题方式的有效运转,同时阐释了建立日常命题工作机制,加强命题专业化队伍建设,制定工作制度和标准,扩大试题来源,加强试测以及开发题库软件等工作对于题库建设的重要性。杨志明(2016a：4-7)指出,不少题库仅停留在利用计算机等信息技术实现储存题目、呈现题目以及生成试卷的层面,没有实现有效控制测试难度,提高测量效度和信度的目的。他参考国际考试同行的实践经验以及教育测量学的相关理论,就题库建设中的编题和组卷功能进行了初步探讨。缺少科学的统计与测量分析系统支持的题库常常被人批评,而一个设计良好的统计与测量分析系统则能给考试带来快捷、可信、可控等诸多好处。一个高水平的测量与测试分析系统至少应该具备数据管理、CTT 分析、IRT 分析、GT 分析、等值处理、分数转换与报告、质量监控等功能。高升(2010：16-21)聚焦题库建设必须面对和解决的问题——试题沉积,分析了造成这种现象的原因,如试题入库把关不严,难度不合组卷要求,新旧题型发生变化,试题已经老化以及存库试题分布不均等,并逐一提出了解决办法,如加强教师培训,严格入库标准,题型翻新改造,控制试题难度以及提高命题工作的前瞻性。刘庆思(2006：21-24)介绍了考试中心从直接引入 UCLES 题库对 PETS 试题进行管理到开发自己的 PETS 题库并投入使用的过程,对其他考试项目的题库建设有借鉴意义。

地方层面的研究最有代表性的是褚慧玲、贾林芝和顾春梅(2016：20-25)根据上海市普通高中学业水平考试题库建设的探索与实践提出,一个建设良好、运行得当的题库能够确保大规模教育考试具有较高的命题质量,从而实现预定的测试目标。不仅如此,利用题库强大的数据功能,相关部门可以按照教研员、教师、学校、学生各个层面的不同要求,对考试数据进行二次挖掘和利用,从而实现学业水平考试对高中教育教学的综合评价功能。由于上海学业考和上海高考的紧密关联,该研究对高考题库和校本题库建设具有重要的参考价值。

学校层面的代表性研究是黄丽燕(2013)提出完整和科学的校本评价体

系。构建评价体系必须考虑大多数中小学学生学业评价的主要内容与方式。中小学英语学习活动主要发生在课堂教学和课外学习过程中。课堂教学中的主要评价活动包括纸笔测试、各类口语活动、读写活动等。课外发生的主要评价活动包括作业、专题研究、各类口语活动等。邹申(2014)指出，构建校本测评体系需要考虑课程标准、培养目标、培养规格、课程体系、教学与评估、师资队伍、教学条件等因素。校本测评形式需要考虑测试的种类，可以分为知识/能力测评、程度/分级测评、平时/定期测评、形成性/终结性测评、主观/客观测评、整体性/分析性测评、测评者主导/自我评估。在构建体系中，需要厘清教学和测评的关系：教学是实现培养目标的途径，测评检验教学效果，促进教学质量。测评的目的是以评促教，要考虑到三个要素：反拨效应、反馈形式和测评手段。在设置测试任务时需要考虑的测试任务形式有两个因素：互动维度和信息维度。测评者需要有公平意识和考虑决策的合理性，测试对象的参与程度也很重要，尤其对于自评环节。校本测评需要考虑五大要素：教学与测评的关系、测评者与测评对象的关系、形成性评价与终结性评价的关系、效度与信度的关系、知识测评与能力测评的比重。

三、研究方法

（一）研究目的

从 2017 年高考评价会获悉，目前高考英语(上海卷)采用的是题库和经验性命题相结合，两考报道的分数为卷面原始分，并未采用等值手段。因此，本研究尝试通过校本题库的完形填空和高考真题完形填空的试测实验数据进行定量对比，旨在找出校本试题和高考真题的差距，在此基础上探索校本试题的测试成绩和历年高考真题得分之间的关系，尝试用校本试题成绩来预测考生高考真题得分(前提是考生参加的实际高考和近两年高考之间为平行卷关系，试题各指标相似)，并对学校在高考题库命题背景下如何建立校本题库提出优化建议。

（二）研究问题

本研究尝试回答以下三个问题：①校本试题与高考试题的质量差

异;②校本测试分值和高考真题分值的等值模型;③对校本题库建设的建议。

(三) 研究对象

鉴于上海高中课程均采用二期课改教材和大纲,参与本研究的学生可视为对等组,他们在实验测试中的表现具有可比性。

研究对象为上海市同一区内某三所学校的高三年级应届毕业生,共计300名。我们需要严格控制参与调查的学生和学校类型,确认他们事先没有接触过2015年和2016年的高考真题以及实验样题,还要考虑其参与调查的积极性。为此我们挑选了三所学校,分别为一所市实验性示范高中(市重点)、一所区实验性示范高中(区重点)和一所普通完中(普通中学)。

(四) 研究工具

本研究使用R语言———一种自由软件编程语言与操作环境———来进行统计分析、绘图、数据挖掘。

本研究采用高考英语(上海卷)2015年和2016年真题的完形填空部分作为第一组样题,采用两套校本题库的完形填空作为第二组样题进行实证研究,主要对比两种不同题型的均分差异、相关性(信度)、区分度以及用三参数IRT模型所作的等值处理结果。

(五) 数据收集

上述三类学校共300名高三学生参加试测,每校100名,并确保三所学校在同一天的同一时间在所在班英语老师全程监控的条件下施测。所在班英语老师严格控制测试的时间,杜绝学生互相抄袭,从而保证实验数据的真实可靠性。因为完形填空全部是客观题,我们直接采用了读卡器上生成的原始数据,经过分类整理后进行定量分析。

(六) 结果分析

按照三类学校和两大试题组别(高考真题组和校本试题组)生成了得分总和的箱线图(见图3-6),可以从三个角度看此图。

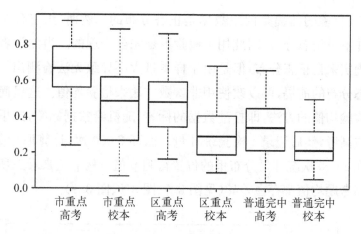

图 3-6 完型箱线图

第一个角度是从高考真题和校本题得分总数来看，三类学校的高考真题得分均比校本题要高。其中市重点学校的校本分数与高考分数之间呈现出高方差，说明分值波动大。而普通中学的高考得分比校本得分波动更大。波动性和区分度之间存在正相关的联系，分数离散程度高导致相应的区分度高，说明校本题目对于市重点学校区分度更高。而高考题对于普通中学区分度高。对于区重点中学，两者的区分度呈现趋同化。

第二个角度是从高考得分情况来看，市重点得分高于区重点，而区重点得分高于普通中学。校本题得分的学校类型排序和高考题得分一致，这也是符合我们期望的，说明高考真题和校本试题有效地区分了学生层次。

第三个角度是从得分差异看，虽然高考和校本得分在每一类学校都存在差异，但是差异程度不同。区重点中学的高考和校本得分差距最大，其次是市重点中学。由此可推断出如果用校本分数预测高考分数，需要考虑学生所在学校类型，这也是高考得分和校本得分等值的前提条件。

1. 高考试题和校本试题均分差异检验

首先对每类学校校本试题和高考真题的试测数据进行配对 t 检验。假设两组数据的方差不同，通过 p 值我们得出结论：对于每一个学校，校本题目与高考题目得分均值存在显著差异（$p < 0.05$）。然后将三个学校放一起来看是否总体上高考和校本也存在差异。相同的检验表明总体上均值也存

在差异。t检验的前提是两组数据是正态分布的。然而,正态分布检验表明它们并不呈正态分布,因此用t检验不是完全合理的。当然学者可以假设样本确实来自正态分布,但是由于样本量太小导致无法检测出。如果要避开正态分布的前提,可以改使用非参数方法来检验均值。这里简单介绍非参数检验均值的方法,即打乱数据的标签,随机给数据标签,这里的标签是校本或高考,然后记录t检验统计量。循环2 000次,计算原始数据的t统计量在2 000次统计量分布里的位置得到p值。从p值来看三所学校的校本和高考题均值都存在差异(见图3-7、图3-8、图3-9)。

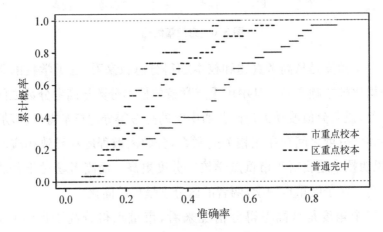

图 3-7　校本完型累计经验累计分布

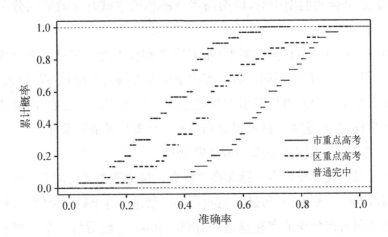

图 3-8　高考完型累计经验累计分布

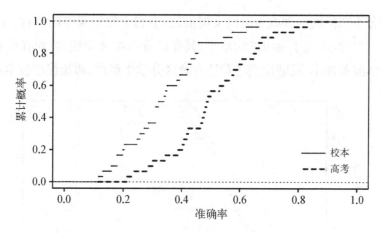

图3-9 完型累计经验累计分布

2. 校本题目和高考题目之间的区分度差异和相关性

这里对高考题和校本题的得分进行 F 检验。原假设为高考方差和校本方差比值等于1,备择假设为高考方差和校本方差比值不等于1,结果如表3-28 所示。

表3-28 高考和校本试题得分情况 F 检验结果

	F 值	分子自由度	分母自由度	p 值	95% 置信区间
市重点	0.910	2 129	2 129	0.030	0.836,0.991
区重点	1.157	2 369	2 369	0.000	1.067,1.254
普通中学	1.249	1 679	1 679	0.000	0.836,0.991
总体	1.107	6 179	6 179	0.000	1.053,1.163

从方差分析来看,高考题得分的波动比校本题要小,所有 p 值都小于 0.05。方差不同说明所有学校的校本题和高考题的波动性不同。三类学校校本题数据与高考题方差不一致,普通中学的方差最大,而区重点中学的高考试题数据波动性比较大。总体的方差的检验(见图 3-10)表明校本题的波动性比高考题的波动性要小。这说明校本题目的得分不是很集中,导致两极分化严重,而高考题得分相对集中。波动性大表示学生的分数分散,虽然可以区分学生层次,但是平均分显得没有代表性。校本题属形成性评价,从这个意义上讲,校本

题的均分不能精确地为教学提供反馈信息,不利于教学策略的改善。高考题是终结性评价,定位于全市平均水平,其在区重点组波动性大,而在市重点和普通中学波动性小,反映出高考题能有效区分学生层次,质量优于校本题。

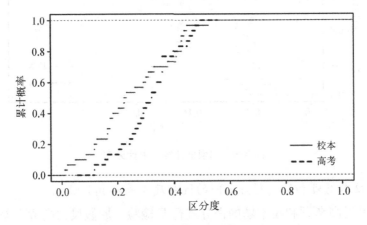

图 3-10　区分度经验累积分布

图 3-11 是相关性分析,圈越大表示相关性越强,可以发现 2015 年和 2016 年的高考题相关度高,同批学生在两套高考题的得分表现比较一致,可以视作平行测试。两套校本题之间相关度低,说明学生在校本题上得分表现不一致。高考题和校本题的关联度不大,说明学生在两类题上得分表现不一致,值得深思。

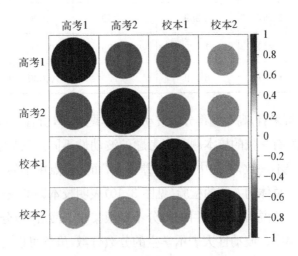

图 3-11　完型相关性/信度图

3. 题目区分度差异分析

对于区分度分析,我们采用区分度差异 t 检验,结果如表 3-29 所示。

表 3-29　高考题和校本题区分度差异 t 检验

	统计量 t 值	自由度	p 值	单边 95% 置信区间
区分度均值 t 检验	—1.853	53.083	0.035	-Inf　—0.005

根据三类学校试测数据计算出校本题和高考题的题目区分度。检验结果显示,校本题和高考题区分度均值显著不同($p<0.05$),单边置信区间显示,校本区分度低于高考区分度,说明高考题的质量优于校本题。

4. IRT 模型试题质量分析

采用三参数 IRT 模型,设定猜测参数 C 为 0.25,从题目特称曲线(ICC)(见图 3-12 到图 3-15)可发现高考题的难度系数分布均匀。然而,校本题难度系数出现了—20,5.29,10.6……这类明显异常的值,可见校本题难度偏大并且难度分布不均匀。从最大区分度系数来看,校本题只有 1~2 题区分度很大,同时校本题的区分度参数明显比高考题小得多,这说明校本题的区分度不佳,能力稍低的考生做校本题比做高考题的准确率要低很多,因此可以推断校本题质量低于高考题,不能很好地反映学生的能力水平。

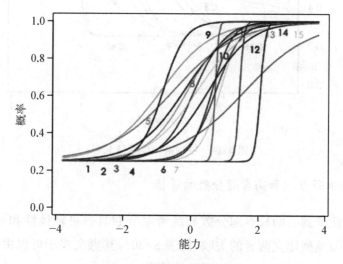

图 3-12　高考第一篇题目 ICC

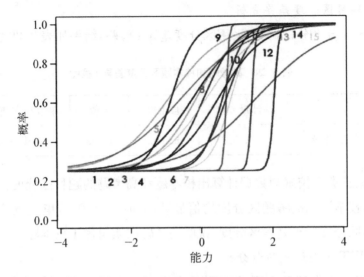

图 3-13   高考第二篇题目 ICC

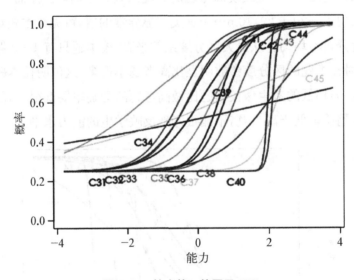

图 3-14   校本第一篇题目 ICC

5. 校本题分数和高考题分数的等值

　　为了让受测者的校本题分数和高考题分数具备可转换性和可比性,采用线性回归模型建立两者的关联(见表 3-30),其意义在于可以根据校本得分预测 2015 年和 2016 年高考题得分情况。

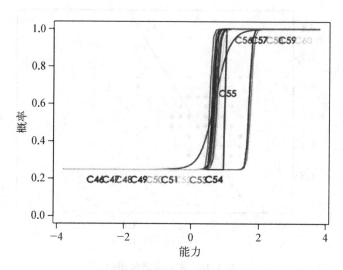

图 3-15　校本第二篇题目 ICC

表 3-30　线性回归结果(无截距)

	回归系数	回归系数 t 检验 p 值	无调整后 R 平方	调整 R 平方	F 检验 p 值
市重点	1.334	0.000	0.939	0.939	0.000
区重点	1.439	0.000	0.887	0.886	0.000
普通完中	1.292	0.000	0.777	0.773	0.000
总体	1.360	0.000	0.900	0.900	0.000

　　线性模型分为有截距和无截距模型,有截距模型的公式是 y＝ax＋b (截距),无截距模型的公式是 y＝ax,其中 a 和 b 是回归系数,x 是校本题的平均分。分别对每类学校做了两类线性回归模型。

　　(1) 市重点线性回归结果(如图 3-16 所示)显示,无截距模型的 R 平方为 0.939,F 检验也显著,说明解释性很强;而有截距的模型 R 平方只有 0.501 4,解释性不强,因而放弃该模型。最后的市重点线性回归模型是高考分数＝1.334×校本分数。

　　(2) 区重点组的结论同市重点组,采用无截距模型,高考分数＝1.43×校本分数(见图 3-17)。

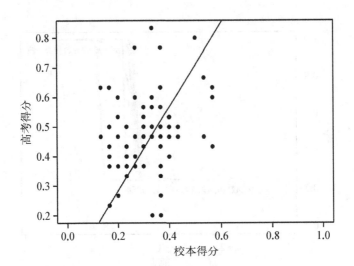

图 3-16 市重点线性回归

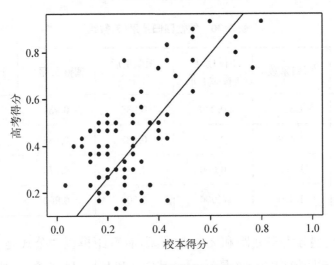

图 3-17 区重点线性回归

（3）普通中学组的结论同上述两类学校，采用无截距模型，高考分数＝1.29×校本分数（见图 3-18）。

回归系数分别是 1.334、1.43 和 1.29，因为 p 值均小于 0.05。检验模型标准就是回归系数的 t 检验、R 平方和 F 检验，非标准化结果显示均为显著。鉴于上述三类学校的结论相同，可生成一个总体的线性回归方程（见图 3-19）。总体模型的 R 平方是 0.90，无截距模型是高考分数＝1.36×校本分数。

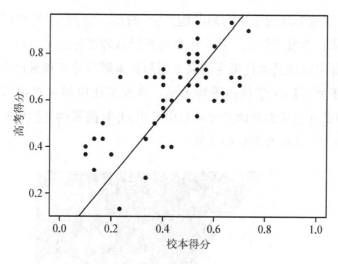

图 3-18   普通中学线性回归

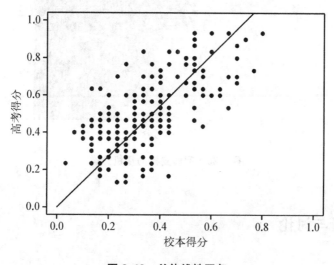

图 3-19   总体线性回归

6. 考生层次分类和预测

支持向量机是一种分类模型,有预测功能。这里用的是线性支持向量机(见图 3-20)。图中的每一个圆圈代表一个学生,横轴代表该考生的高考题得分,纵轴代表该考生的校本题得分。图 3-20 中三种图形分别代表了该学生来自的学校层次(■代表市重点,★代表区重点,●代表普通中学)。每一种图形落在区域的颜色代表了学生的学校层次。本模型预测的准确率在

70％左右,这表明通过学生的高考题得分和校本题得分本模型可以很好地预测考生来自学校的层次。这个模型可帮助教师更好地了解每一个学生的层次。教师可以通过某位考生的高考题和校本题得分来预测这个学生的英语水平属于哪类层次学校的平均水平。本模型比单纯的直观判断更加准确,因而能更好地帮助教师来评估每位考生,并且能帮助考生更好地了解自己的水平定位,从而合理填报志愿。

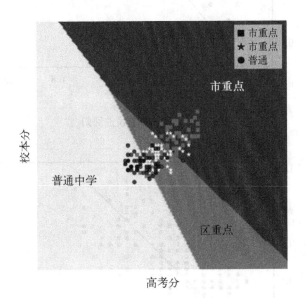

图 3-20　完型支持向量机分类

四、分析与讨论

研究表明,高考题和校本题存在较大的质量差异。市重点的均分比区重点高,而区重点又高于普通中学,这符合预期。从相关性角度来看,2015年和 2016 年的高考题相关度高,同批学生在两套高考题的得分表现比较一致,可以视作平行测试;两套校本题之间相关度低,同批学生在两套校本题得分表现不一致。高考题和校本题的关联度不大,同批学生在两套校本题得分表现不一致。再从区分度来看,校本题对于市重点学校区分度相对较大,而校本区分度低于高考区分度,高考题的质量高于校本题。三参数的

IRT 模型的题目 ICC 分析显示,高考题难度没有出现极端值,而校本试题难度有 1～2 题出现异常值,难度分布不均造成了试题质量不稳定和不连贯,高考题的质量优于校本题。

虽然高考和校本考得分在每一类学校都存在差异,但用校本分数预测高考分数仍需要考虑学生所在学校类型。有截距模型的拟合度不如无截距模型,因此采用无截距回归模型更有意义。本节提出的校本考得分和高考得分的等值模型是无截距模型,高考分数＝1.36×校本分数,可依此模型来从考生的校本得分预测高考得分的大致区间。

校本题质量不如高考题的原因有多方面,如硬件条件、技术条件、人员配置、试测群体、试测样题质量等。校本题库旨在运用试题检测获取教学反馈信息,通过对信息的分析发现问题,指导和推动教与学的改进。校本题库需要符合黄丽燕(2013)提出的四个基本条件:第一,体现"以评促教"的评价思想,评价应贯穿学生日常学习的各个环节中,体现学生的主体性;第二,符合科学性原则,评价目标体现《课标》的要求,评价方式和方法必须符合教育学和语言测试学中的基本原则和原理;第三,符合实事求是、因地制宜的原则,校本评价体系的构建必须基于学校、服务学校,体系中的评价目标、评价要素、评价标准、评价方法等应该根据学校的英语课程实施情况、学校教学设备情况、学生学习情况和教师教学情况制定;第四,体现可操作性原则,体系中包含的各类评价方式应该符合学校的实际情况,不加重教师和学生的负担,切忌使用一些效度与信度低,只追求形式的评价方式。

为了有效提高校本试题质量,向高考看齐,建议校本题库建设遵循以下原则。

1) 基于标准原则

教师基于《课程标准》细化教学目标确定教学质量标准,根据标准确定学业评价目标。校本题库建设的基础是心理测量模型的建立,试题选择和储存需要对试题进行精细分类,对试题进行精确而科学的属性赋值,对试题间结构和联系建立起科学的模型。通过学业评价标准来指导校本题库建设可以使题库的试题有序化、结构化,从而实现学科知识点和能力知识点分解细化有依据,学科知识和能力学习水平精确确定,学科知识和能力与考查方式相匹配。

2）智能考试原则

校本题库需要整合各个要素，具有科学性。精细的试题及数据统计分析一定要和教学其他环节紧密互动，使教学和考试具有高互动性的智能化特征。在设计题库时需要考虑测试任务的互动维度和信息维度，还要具备自动组卷和数据分析功能。根据特定的原则和规定的要求选择试题并组成一张试卷，这是题库应有的自动组卷功能。数据分析具有科学性和服务于教育的属性，需要成为一份"医疗诊断报告"，给学生指明未来的学习策略，达到为学习而考的理想状态。

3）教学诊断原则

校本题库能为教学诊断提供详细的数据分析服务，动态监控教学，帮助教师找到改进方向。要确保教学目标和教学内容都能得到合理检测，能判断学生对目标和内容的掌握情况是否达到预期，从整体上分析学生的知识结构存在什么缺陷，并给出数字性或描述性测评报告。这种精确的监控服务能让教师和管理者确切掌握教学信息流的具体状态和趋势，实现教学质量的精细化管理，告别教学质量建立在时间和体力消耗上的原始状态。

五、结论

本节通过比较分析法、调查统计法、理论分析法和历史文献法初步探索了上海高考题库命题背景下校本题库的测验质量。研究表明，校本样题的质量低于高考真题，还有很大的改善空间，定位需着眼于过程性评价而非高考的终结性评价。为了让受测者的校本测试分数和高考真题分数具备可转换性和可比性，采用线性回归模型建立了两者的关联，开发了有预测功能的模型。本节在调研了国际、国家、地方的题库和校本测评研究现状基础上提出了针对校本题库建设的若干建议。长期以来，我国大型标准化考试采用集中封闭经验型命题，造成试题难度一致性缺乏连贯、稳定的标准，统一题库有利于保证考试的科学性、客观性和公正性。在此背景下，校本题库的研究和建设能有效推动学校考试评价的专业化进程，为教学带来全新的观念和思路，或将成为学校教育的下一个生长点。

——原载于《外语电化教学》，2018(1)；作者：徐良，朱正才。

参 考 文 献

［1］ Weiss, D. J. Item Banking Test Development, and Test Delivery［A］. In Geisinger, K.F(ed). The APA Handbook on Testing and Assessment［C］. Washington,D.C.：American Psychological Association, 2011.

［2］ 褚慧玲,贾林芝,顾春梅.新高考招生制度下学业水平考试的题库建设——基于上海市的探索与实践［J］.教育测量与评价,2016(5).

［3］ 高升.题库建设中的试题沉积问题及其应对策略分析［J］.中国考试,2010(3).

［4］ 黄丽燕.中小学英语校本评价的设计与实施［M］.北京：外语教学与研究出版社,2013.

［5］ 李光明.如何做好题库建设：来自英美考试机构的启示［J］.中国考试,2011(12).

［6］ 李光明,关丹丹.关于题库建设若干问题的思考［J］.中国考试,2014(9).

［7］ 刘庆思.英语等级考试题库介绍［J］.中国考试,2006(12).

［8］ 上海市人民政府.上海市深化高等学校考试招生综合改革实施方案［OL］. 〔2014 - 09 - 18〕. Retrieved from http：//old. moe. gov. cn//publicfiles/ business/htmlfiles/moe/s8367/201409/175288.html.

［9］ 徐雯,乜议.新一轮高考改革背景下的高考英语(上海卷)：创新、思考与展望［J］.外语测试与教学,2016(4).

［10］ 杨志明.题库建设中的编题与组卷功能［J］.教育测量与评价,2016a(2).

［11］ 杨志明.题库建设之统计与测量分析系统［J］.教育测量与评价,2016b(3).

［12］ 邹申.关于构建新形势下校本测评体系的思考［R］.湖南长沙：第八届全国英语专业院长/系主任高级论坛,2014.

第八节
大学英语考试的计算机化组卷探新

导读

　　计算机自动组卷不仅是为了节省人力,更重要的是更好地保证试卷的信度和效度。计算机组卷不但试卷品质不比人工的差,还更加稳健,过程和结果更加可控。本节将项目反应理论的信度理论和人工智能中的遗传算法相结合来解决计算机自动组卷问题,具有一定的创新性,而且结果证明很成功。计算机完全可以在保证一定的测量精度(即信度)前提下,通过对题库中题目反复优化组合来生成符合一定条件的试卷,这些条件主要是为了保证试卷的效度。在计算机化、网络化考试日益风行的今天,计算机自动组卷将成为一种必然趋势,本节的开创性研究值得给大家推荐。当然由于项目反应理论和遗传算法本身的复杂性,许多同行可能还是难以透彻理解其中的奥妙,但这并不妨碍大家通过直观地观察程序运行结果(即所产生的试卷)来评判这一人工智能系统工作性能的好坏。

　　在一个大规模的计算机网络化考试中(Internet-Based Test,IBT),基于大型题目库的快速智能化组卷技术非常重要。如果只依靠人来完成这项工作是难以满足现在实际考试工作需要的。那么,计算机能否模仿人类语言测试专家的组卷行为来协助人完成这项工作呢?

　　让我们先来分析一下在考试命题实践中语言学家们是如何完成组卷工作的,从中或许可以洞察到人类在解决这一问题时的大概认知过程。

　　组成目标试卷这项工作是在拥有一定数量的备用试题的基础上展开的，现在人们通常把这些备用试题按规则存放在一起，并称之为题目库（Item Pool）。完成组卷任务的标志是得到一份命题专家满意的试卷。所以，我们的语言测试专家在开始工作之前首先要明确两个问题：第一，组成的目标试卷是什么样的格式，这包括试卷的能力结构、能力结构板块内题目的类型和数量等内容；第二，目标试卷的能力测量目标和测量精度有什么样的要求，这个问题描述是目标任务属性的。其次，语言测试专家还要知道待组成的目标试卷所依据的题目库是如何建构的，题库的容量有多大，题目参数有哪些等。这些问题是关于试卷组成这项工作的工作素材或物质基础。

　　我们在充分了解上述信息后，就会开始思维活动，并形成一个工作计划，然后按自己的构思具体实施试卷组成的认知活动。整个组卷过程会受到认知结构中所谓原认知的监控，并可能随时调整预定的工作程序，直到取得自己满意的结果为止。通俗来讲，就是一般都会先按刚性的要求，随机地拼出一份或者几份符合要求的试卷草稿，然后再按照弹性约束和自己的理解、偏好等对草稿试卷进行步步优化，直到制出自己满意的试卷为止。比如，大学英语考试的命题第一步是由分布在全国高校教学第一线的很多命题人员独立地制出可能多达几十份的试卷草稿，这些试卷草稿的题目质量参差不齐；第二步是把这些试卷草稿交给具有命题经验的考试委员来处理，他们集中一段时间在这些初级试卷的基础上拼出2～4份合格的目标试卷。考试委员会的成卷工作又主要分为三项工作：第一项是将全卷分为听力、阅读和综合三个模块，每个模块的人一起仔细分析这个模块里的每一道题目，好的题目保留，差的题目替换或修改，这样反反复复，最后会形成若干份他们认为符合要求的该模块试题；第二项工作是用各个模块提供的试题拼出完整的目标试卷，全部命题委员一起工作，把各个模块提供的题目反复调动搭配（三个模块内部并不作改动），形成不同的目标试卷；第三项工作是全体委员对已形成的几份目标试卷进行综合评价，得出是否符合大学英语四、六级命题要求的判断。如果大家都满意，则命题工作完成，否则要重复上述三项工作，直到形成符合要求的目标试卷为止。

　　显然用以上这么简短的文字来描述试卷组成这么复杂的人类智力活动是远远不够的，由于本节的篇幅主要用在解释遗传算法的工作原理上，故不能对此展开更为详细的讨论。

一、遗传算法

生物的进化是一个奇妙的优化过程，它通过选择淘汰、突然变异、基因遗传等生物进化现象来产生适应环境变化的优良物种。遗传算法（Genetic Algorithm，GA）就是由生物进化思想启发得出的一种解决目标问题的全局优化算法。

遗传算法的概念最早是由 J. D. Bagley 在 1967 年提出的，而遗传算法理论和方法的系统性研究则是由密歇根大学的 J. H. Holand 于 1975 年才开始的。当时的主要目的是说明自然和人工系统的自适应过程。遗传算法在本质上是一种不依赖具体问题性质的直接搜索方法。如今遗传算法在模式识别、神经网络、图像处理、机器学习、工业优化控制、自适应控制、生物科学、社会科学等方面都得到了广泛应用。

遗传算法的基本思想是基于达尔文的进化论和孟德尔的遗传学说。达尔文的进化论最重要的是适者生存原理，认为每一物种在发展中越来越适应环境。物种每个个体的基本特征由后代所继承，但后代又会产生一些不同于父代的新变化。在环境变化时，只有那些适应环境的个体特征方能保留下来。孟德尔的遗传学说最重要的是基因遗传原理，认为遗传以密码方式存在于细胞中，并以基因形式包含在生物染色体内。每个基因都有特殊的位置，并控制某种特殊性质，所以每个基因产生的个体对环境具有某种适应性。基因突变和基因杂交可产生更适应于环境的后代个体。经过存优去劣的自然淘汰，适应性高的基因结构得以保存下来。

遗传算法把问题的解表示成染色体，在计算机程序设计中经常用一个二进制编码的串来表示，并且在执行遗传算法之前给出一群染色体，也即假设解。把这些假设解置于问题的环境中，并按适者生存的原则，从中选择出较适应环境的染色体进行复制，再通过交叉、变异过程产生更适应环境的新一代染色体群。这样一代一代进化，最后就会得到最适应环境的一个染色体，它就是问题的最优解。

遗传算法是由进化论和遗传学原理而产生的一种问题解的直接搜索优

化方法。根据进化术语,对群体执行的操作有三种:①选择,即从群体中选择出较适应环境的个体,这些选中的个体用于繁殖下一代,故有时也称这一操作为再生或复制。由于在选择用于繁殖下一代的个体时,是根据个体对环境的适应度来决定繁殖数量的,有时也称为非均匀再生(differential reproduction)。②交叉,即在选中用于繁殖下一代的个体中,对两个不同个体的相同位置的基因进行交换,从而产生新的个体。③变异,即在选中的个体中,对个体中的某些基因执行异向转化。在二进制串中如果某位基因为1,产生变异时就是把它变成 0,反之亦然。

二、定义目标试卷的试卷结构及题型

如前所述,在组卷之前必须清楚地知道任务的属性,主要是目标试卷结构和题型的说明。在目前的大学英语考试中,书面考试的试卷结构包括听力理解(35%)、阅读理解(35%)、综合填空(10%)和书面表达(30%)四个部分。正在使用的题型有选择题(含 4 选 1 的选择题、2 选 1 的判断题和其他混合选择题)、听写填空题、简短问答题、语篇改错题、翻译题等。对于口语能力的测试,大学英语考试专门设计了一套基于"2 对 3"(即同一场考试有2 名考官考 3 名学生)的交互式口语能力测验。新的试卷结构和题型相比2006 年改革前有了很大的变化。目标试卷的这种结构变迁体现的是语言测试学家对语言能力看法的改变,它既与新的语言理论的发展和流行有关,也与语言教学实践的现实需求有关。目前的这种变化体现了测试专家对英语听、说、读、写能力的同等重视,而且在题型设计时注重篇章的整体性理解和语言输出能力的考查。但这个问题仍不是本节的研究重点,在此也不多作讨论。

为了使试卷结构更加简洁,综合填空题(CLOZE)被合并到阅读理解当中,一般认为,CLOZE 主要是在对篇章阅读理解的基础上完成的,语篇的理解错误将直接导致选择错误。听力理解 35%,包括 4~5 个左右的语篇,其中 2 个学习、生活对话,2 个学术讲座报告。题型搭配通常是对话用选择题或者听写填空题,学术讲座报告用复合听写题、简短问答题,都听 3 遍。

阅读理解 35%,包括 5~6 个左右语篇。题型搭配通常是"CLOZE1

篇＋简短问答题 4 篇"或者"语篇改错题 1 篇＋简短问答题 4 篇"。书面表达 30％,包括翻译和材料作文。

三、说明备用试题库的结构

目标试卷是在试题库的基础上通过反复挑选、多次评价才最后确定下来。因此,说明试题库的结构、库容、题目参数等对计算机解决问题来说是非常重要的。在本研究中使用了一个库容大约 5 000 题的大学英语题目库,整个题目库又分成听、说、读、写四个子库。四个子库中的所有题目都有 22 个题目参数,包括题目名称、题目题型说明、题目的难度、题目的区分度、题目篇章的体裁、题目篇章的词汇统计量、题目篇章的知识内容、题目篇章的可读性指标、题目篇章的能力测试目标等重要信息。所有题目和参数都存放在一个关系数据库中。

要特别注意的是,在早期的题库中,题目主要是一个个独立存在的,每个题目所测量的能力目标也相对单一,并且以选择题为主。而本研究中的很多题目都是基于一个较长的语篇,而且每个语篇下有多个题目。这种基于语篇的语言测试安排对试卷组成产生了重大影响。所以,在题目库存放结构中,篇章是作为一个题目块(item chunk)而整体存放的,篇章下的所有题目和篇章不可分开。

随之而来的就是一个测量技术上的问题:即一个篇章后面有几个题目,题目块的参数如何估计。笔者认为,题目块应该有着与单个题目同样的统计参数特征,即只有一个难度参数、一个区分度参数(假设题目库采用两参数模型)。在本研究中题目块的参数计算方法如下:

(1) 题目块的 IRT 难度参数 b_{mi} 计算方法

题目组块的难度参数等于其下属题目参数的加权平均数,权重由题目的区分度决定。

$$b_{mi} = \sum w_i b_i / m (w_i 表示加权系数, w_i = a_i / \sum a_i)$$

(2) 题目块的 IRT 区分度参数 a_{mi} 计算方法

题目组块的区分度参数等于其下属的题目区分度的算术平均数。

$$a_{mi} = \sum a_i / m$$

至于笔者为什么采用这种计算方法以及这种计算方法的合理性论证，请参见参考文献 10。

四、语言测试中的试卷组成问题如何抽象为数学问题

假设有一个库容为 n 道题目的试题库（先不妨假设题库中的题目或题目块之间都是相互独立的），现在的任务是要从中挑出 k 道题目（k＜n）组成一份试卷。从数学组合上说，可以组成不同的试卷 C_n^k 份，记为 X，其中一份试卷可以表示为 $X_i = (x_1, x_2 \cdots\cdots x_n)$。$x_n = 1/0$ 分别表示这道题目是否选中。X_i 中共有 k 个 1，其他的值都为 0。从遗传算法角度看，X_i 可以看作目标试卷的一个个体（也可称之为一条染色体），或者说是问题的一个可行解，决策变量 X 则称为问题的解空间。

假设组成目标试卷要符合一定的预设条件，试卷组成问题就演变为在问题的解空间中寻找一个（或几个）符合这些条件约束的特定解。这也就是数学中常见的解的优化问题。

五、遗传算法如何解决试卷组成问题

虽然一般认为语言能力测试都要包括听、说、读、写四个部分，但大学英语考试的作文每次只写一个题目，还谈不上优化，而口语考试也是单独命题。本节为了使主要的研究问题得以简化，假设目标试卷中只包含听力理解和阅读理解这两个部分。

本研究设计出如下的遗传算法程序来解决试卷的自动组成问题，请同时参考遗传算法框图（见图 3-21）。

1）初始化设置

随机生成 M 个个体（一个个体代表一份试卷），组成一个初始的种群，经过 t 代进化后产生了符合约束条件的个体（即目标试卷）。

2）基因座的设计

假设题库中有听力理解类篇章 m 篇，阅读理解类篇章 n 篇，则可以设

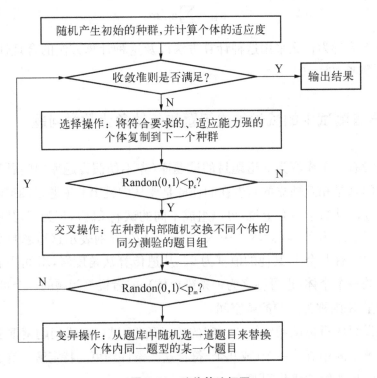

图 3-21　遗传算法框图

计一个长度为(m＋n)的基因座,在 m 和 n 之间可以设计为交叉点。

3) 适应度函数的设计

从题目反应理论(IRT)观点来看,判断一份试卷是否适应性好,主要是看它对该考试所面向的标准考生(the standard test-taker)是否提供了足够大的信息量。其中,标准考生的能力水平可以人为设定,一般可以设为试卷难度的参照点,通常也叫零点($\theta_0 = 0$)。如果是考试设定了一个及格线,θ_0就经常设在及格线附近,以达到考试在这一点上能提供最大信息量的测试目标。题目反应理论认为,试卷的信息量 $I(\theta_0)$ 等于试卷中所有题目信息量 $i(\theta_0)$ 的总和(题目块信息量也等于下属题目信息量之和),而试卷的测量误差 $SE(\theta_0)$ 就等于试卷信息量的算术平方根的倒数。这些关系用数学公式表示如下:

题目信息量:$I(\theta_0) = (P_i')^2/(P_i Q_i)$($P_i$表示能力为 θ_0 的考生答对题目 i 的概率,P_i'是 Pi 的导数,$Q_i = 1 - P_i$)

试卷的信息量：$I(\theta_0) = \sum I_i(\theta_0)$

试卷的测量误差：$SE(\theta_0) = 1/SQRT(I(\theta_0))$

因此,把试卷的信息函数设计为遗传算法的适应度函数是非常恰当的,不但试卷的信息函数跟试卷的基因表达形成了一一对应的关系,同时又是衡量试卷质量的重要指标。

4) 进化算子设计

交叉算子即在种群内部以设定的概率(p_c)随机交换不同个体的听力理解和阅读理解部分(相当于对不同分测验的题目进行全局的调配,也可以称为全局搜索。这里用的是单点交叉技术,当目标试卷不止两个模块时,将会使用多点交叉技术)。

变异算子即从题库中以设定的概率(p_m)随机选一道题目来替换个体内同一模块同种题型的某一个题目(相当于在分测验的内部进行局部优化,也可以称为局部搜索)。

选择算子即将符合语言学要求的、适应能力强(即试卷信息量大)的个体复制到下一个种群。应用轮盘赌(Proportional Model)与最优保存策略(Elitist Model)结合起来完成选择过程。轮盘赌的选择策略是个体被选中复制的概率与其适应度大小成正比。设群体的大小为 M,个体 i 的适应度为 Fi,则个体 i 被选中复制的概率为：

$$p_i = F_i / \sum F_i \quad (i = 1, 2 \cdots\cdots M)$$

可见适应度越高的个体被选中的概率越大,适应度越低的个体被选中的概率越小。为了保证适应度最好的个体肯定能复制到下一代,可以使用最优保存策略,即当前群体中的适应度最高的个体不参与交叉和变异运算,而是直接用它来替换本代群体中经过交叉、变异等遗传操作所产生的适应度最低的个体。但最优保存策略容易使某个局部最优的个体不易被淘汰掉,反而快速扩散,使得算法的全局搜索能力不强。

5) 终止准则

遗传算法的终止准则或者说收敛条件应该考虑两个方面因素：一个是适应度函数要达到试卷的测量精度的最低要求(可称之为统计学约束),另一个是试卷的内容方面的要求,包括词汇量、篇章的难度、题型、总分限制等

（可称之为语言学约束）。这些与语言学有关的约束和统计学约束相结合会形成一个综合准则。

试卷测量精度方面的统计学要求可以称为刚性约束，即选中题目组成的试卷在特定能力水平上（如 $\theta_0 = 0$ 时）的信息量 $I(\theta_0)$ 最小值要求，或者说测量标准误差达到指定的测量精度。

语言测试内容有关的要求可以称为弹性约束，即试卷的词汇量、词汇密度、语法难度、能力目标、题型、题目的曝光率等方面的要求。

相对于以前以选择题为主的考试来说，现在这种主要基于语篇的语言测试模式在语言测试内容方面有关的要求有许多特性。首先，传统试卷的题目知识内容平衡和题目的能力目标平衡问题可以不再进入刚性约束条件。因为主观题组块主要是为了测量综合的能力目标，而语篇的语言知识也非常丰富，不需要过多考虑这种平衡问题。其次，由于现在题目泄露频繁，也可以不考虑题目的曝光率问题，而是转而设定语篇在使用次数超过规定限制后自动禁用。传统的题型和试卷的总分限制也不是一个问题，因为各种测验题型是相对固定的，在语篇的框架下试卷的分数安排也具有极大的伸缩性。现在要考虑的关键问题是一个试卷中应包含的语篇数量和长度、语篇的语言质量和认知难度、语篇的语言真实性、任务的交际真实性以及题型对教学的反拨作用等。

根据实际情况，一般可以设定，当进化的群体中出现 1～5 个个体的适应度函数达到了规定的要求时，可以停止遗传计算。显然这几个个体就是自动生成的目标试卷，它们的测量精度都已达到测试设计者的要求。接着评价它们是否符合测试专家的语言学方面的要求（与语言本身和语言教学都有关），如果其中至少有一份试卷满意了，任务就算完成了，否则要重新计算。如果专家的主观判断也可以量化，语言学方面要求的判定也可以交给计算机去做，否则就只能人工判断了。笔者认为，一份重要的试卷不能完全依靠计算机来决定，如对于语言的语感、文化内涵、篇章的文风、修辞以及意识形态，计算机目前还无能为力，更别说与考试对象的那种交互影响了。这些方面的特征只有从事大学英语教学和评价的一线专家才知道合适不合适。

还需要特别注意的是，决定试卷的生成能否顺利成功的因素除了算法是否科学和有效外,更重要、更实质性的就是题库中题目的数量和质量。如果库容太小,或者其中的题目质量很差,再高明的计算机算法也是不能生成合格的目标试卷。

　　当目标试卷全部由选择题组成时,由于题目之间相互独立,而且组成试卷的题目总量大幅增加,这时遗传算法的组卷效果可以达到最佳。只是随着语言教学和测试理论的发展,这种类型的测试被广泛诟病,已不多见了,中国的大学英语考试也已进入主要基于语篇的交际语言能力测试时代。本节也是适应这一新形势提出了基于题目块的遗传算法组卷技术,但整个算法显然对全选择题试卷也完全适用。

六、应用实例

　　本研究使用了一个大约 5 000 道主观性试题的大学英语题目库,并用遗传算法来自动生成了一份目标试卷,目标试卷的结构和计算经过参见表 3-31。

表 3-31　用遗传算法自动生成一份目标试卷说明

	篇 章 及 题 型 说 明
听力理解	2 篇听力对话(选择题),2 篇学术报告(选择题和简答题)
阅读理解	1 篇综合填空(选择题),4 篇学术报告(选择题和简答题)
遗传算法运行参数设定	进化的代数:100 进化群体大小:80 交叉概率:$P_c=0.2$;变异概率:$P_m=0.05$;标准考生的临界能力值:$\theta_0=0$;测量误差:$SE<0.35$
自动生成的试卷之一(仅列出被选中题目的编号和文件名)	8964　LC057100;9008　LC061100;8521　LC005700;8526 LC006100;9273 RC020100;9582 RC048600;9978 RC081600;10062 RC088600;10728 RC144100

　　目标试卷要求有听力理解 4 篇,阅读理解篇章 5 篇,标准考生能力水平定为 $\theta_0=0$,测量误差要小于 0.35。从遗传算法运行参数设定可以看出初始

试卷一次生成了 80 份。设定的交叉概率 $p_c = 0.2$，比较大；变异概率 $p_m = 0.05$，很小。这两种概率值的不同设定表现为听力理解部分和阅读理解部分在不同试卷间被频繁调换，而在听力理解部分和阅读理解部分内部篇章的替换则非常谨慎。在经过不超过 100 次遗传进化后，实际上得到了 5 份符合统计要求的目标试卷，表中仅列出了其中的一份试卷（含机器编码和篇章文件名），根据篇章文件名命题员可以轻松获得其 Word 文件。整个计算使用奔腾 4 序列机器（256 M 内存），不到 1 分钟时间即可完成。

七、讨论

遗传算法的操作对象是一组可行解而非单个可行解，搜索的路线有多条，因此其计算具有隐含的并行性，这与人类的思维方式非常相似。遗传算法最后所得的解是多个，其中最好的几个解往往差别并不大，这对试卷组成问题来说是一种非常好的解决方案。在保证测量精度的前提下，给命题人员提供了很大的选择空间，可以让他们有更多的自由考虑诸如试卷内容效度之类的问题。遗传算法使用了概率搜索技术，选择、交叉、变异等运算都是以一种概率的方式来进行的，从而增加了搜索过程的灵活性和多样性。这种概率搜索方式也符合人类在解决问题时经常通过不断尝试来达到目标的思维特征。虽然在实际计算中这种概率特征有时会使群体中产生一些适应度不高的个体（即试卷），但随着进化过程的延续，新的群体中总会更多地产生优良的个体。理论和实践都已证明，在一定的条件下遗传算法总是以概率 1 收敛于问题最优解。当然交叉概率和变异概率等参数设定会对算法的搜索效果和搜索效率有一定影响，所以如何选择遗传算法的参数在实际应用过程中是一个比较重要的研究问题。

随着计算机技术在英语教学和测试领域的飞速发展，很多传统的经验和方法已不再适用了，基于计算机网络的教学方法和测试技术的创新已迫在眉睫。比如，计算机网上英语学习的课件设计、计算机英语语音识别、计算机对电子文本写作的自动分析和评价、计算机仿真人在英语对话训练和评价中的应用等都具有重大研究价值。对大学英语考试来说，网上考试模式将是未来发展的主流模式，支撑计算机网上考试的测量理论也急需在三个方向上有所突破，即题目库技术、基于题目库的计算机辅助自动组卷技术以及计算机自动评分技术。要想在这些技术上取得突破，首先是要有理论上的创新，而主要作为一个应用学科的语言测试专业，其理论创新的源泉经常是来自相关学科的知识交叉。本研究就是一次有益的尝试，它借鉴了认知心理学、心理测量学和计算机科学的一些最新成果，特别是 IRT 理论和遗传算法的结合直接构成了本研究的主要理论框架。虽然本研究中也包括了一个实验，但这种主要用于科研论证的计算机程序离实际应用的计算机程序还有相当一段距离。总之，本研究只是在计算机自动组卷方面进行了一次大胆的探索，希望能引发更多同行对这一重要研究领域的兴趣。

——原载于《外语电化教学》，2008(6)；作者：朱正才，杨惠中。

参 考 文 献

［1］ Bachman, L. F., Palmer, A. S. Language Testing in Practice: Designing and Developing Useful Language Tests[M]. Oxford University Press，1996.

［2］ Bachman, L. F. Fundamental Considerations in Language Testing[M]. Oxford University Press，1990.

［3］ Frank, B. B. Item Response Theory: Parameter Estimation Techniques [M]. Marcel Dekker, Inc.，1992.

［4］ Hambleton, R. K., Swaminathan, H., Rogers, H. J. Fundamentals of Item Response Theory[M]. Newbury Park, CA: Sage，1991.

［5］ Hol and J. H. Adaptation in Natural and Artificial Systems[M]. MIT Press，1925.

［6］ McCarthy, M., Ronald, C. Languageas Discourse: Perspectives for Language Teaching[M]. Longman Group UK Limited，1994.

［7］ 漆书青，戴海崎，丁树良.现代教育与心理测量学原理[M].北京：高等教育出版社，2002.

［8］ 杨惠中，Weir，C.大学英语四、六级考试效度研究[M].上海：上海外语教育出版社，1998.

［9］ 周明，孙树栋.遗传算法原理及应用[M].北京：国防工业出版社，1999.

［10］ 朱正才.大学英语考试电脑自适应测验[M].上海：上海交通大学出版社，2002.

第九节

关于机助自适应大学英语四、六级考试
——考试效度、信度和施测效率新的平衡

导读

　　本节从交际语言能力测试观和现代心理测量理论,特别是项目反应理论的角度,论述了大学英语四、六级考试如何对英语交际语言能力进行可靠测量的问题,提出建立一个基于计算机网络系统的自适应考试作为 CET 未来的发展方向。在现代科学技术的支持下,人们不但可以充分利用计算机多媒体技术来改善测试的真实性和题型的多样性,还可以大幅度提高考试的效率,达到考试信度和效度又一次新的平衡。但从现实的发展情况看,计算机自适应考试并未像早先人们所期待的那样快速发展,人们似乎更加看重考试的公平和效度问题,而对提高考试的效率表现出了足够的耐心。

一、交际语言能力是四、六级考试测量的重心

　　大规模标准化考试必须考虑的三个基本问题是考试的效度、信度和施测效率。几十年来,大规模语言测试领域中的诸多争议和变革莫不是这三者之间的相互平衡和相互妥协。但毋庸置疑的是,测试的效度是一切语言测试的基本出发点。这是因为测试效度回答的是语言测试考的是什么语言能力以及是否考到了应当考的语言能力的问题。不同的语言观和语言能力学说决定了语言测试不同的方法和内容,这是评判语言测试效度的理论

前提。

　　20 世纪 70 年代以前,在语言测试界占主导地位的是分立语言测试观。它以结构主义语言学和心理测量学为基础,认为语言能力是可以划分的,是由语音、词汇和语法等成分构成的一个离散系统。被试的语言能力则可以表达为在这些语言点上得分之和。这一时期的语言测试广泛使用了多项选择题,为开展大规模的标准化语言测验提供了可能,并在心理测量理论的支持下发展了一整套计算语言测试的信度、效度和进行试题项目分析的统计方法,使语言测试有了坚实的理论基础。

　　自 20 世纪 70 年代起,这种分立的语言测试观受到了广泛的批评。把语言构成要素进行分解,孤立地分项进行教学,会使学生缺乏在真正的语言交际生活中综合运用语言的能力。语言测试界越来越重视综合语言测试,主张通过测试在不同的语境中综合运用各种语言知识和技能的能力来全面评价学生的语言水平。这一时期采用较多的试题形式是综合填空、改错、作文等。

　　近二十年来,随着交际教学法的发展,交际语言测试日益受到重视。交际语言能力测试理论的产生和发展与语言学理论的发展密切相关。社会语言学中的语言功能、语言变异和社会文化原则,功能语言学的系统功能原则以及语用学中的言语行为原则等为这一理论的产生提供了依据。

　　但是究竟什么是语言交际能力,交际语言测试如何实施,在大规模考试中如何保证其效度和信度,这些都还处在不断探索和发展的过程之中。进入 20 世纪 90 年代后,美国应用语言学家 Bachman(1990)提出新的交际语言能力(communicative language ability)测试模式,认为语言能力就是把语言知识和语言使用的场景特征结合起来,创造并解释意义的能力。这实际上指的就是语言交际能力。这种能力由语言知识和一系列元认知策略(meta cognitive strategies)组成。语言知识由篇章结构知识和语用知识组成,这两部分还可进一步细分。元认知策略主要包括评价策略、确定目标策略、制定计划策略和执行计划策略四种。Bachman(1990:81-108)还认为,构成语言能力的各部分尽管不相同,但在使用语言的任何场合下总是相互作用,相互影响,密不可分。

　　交际语言测试既要考虑被试的语言形式知识,又要考虑其在有意义的语境中能否恰当得体地使用这种语言的能力,重点是考查在社会语言场景中恰当、有效地进行交际的能力。传统的分立式测试和综合测试中,被试都是被动地接受事先规定好的测试内容,是个"局外人"。而在交际性测试中,被试变成了一个"局内人",参与交际的过程。交际测试的内容是按语言任务而不是语言项目确定的,评分办法是将评分标准明确化,制订一个对语言交际行为进行描述的系统,而不像传统语言测试的分数总要与某个评判尺度相参照才得到解释。交际语言测试摆脱了分立式测试试图对综合性的语言行为进行分类式的归纳以及综合性测试目的不明与题目之间相互依赖的明显不足。分立式测试的优点是题目相互间具有独立性,综合性测试的优点则是语境明确,交际性测试则把两者的优点结合起来,被认为是语言测试的理想模式。

我国大学英语四、六级考试作为一种教学考试创建于 20 世纪 80 年代中后期,是一种尺度相关—常模参照考试(criterion-related norm-referenced test),根据《大学英语教学大纲》规定的教学目标考核修完大学英语四、六级课程学生的英语水平。大学英语课程的教学目的是培养学生具有较强的阅读能力和一定的听、说、写、译能力,使学生能以英语为工具获取专业所需信息,并为进一步提高英语水平打下较好的基础。这一教学目的即规定了大学英语四、六级考试的测验目的。

目前的大学英语四、六级考试语言能力结构模型中,分立语言测试、综合语言测试以及交际语言测试各占一定比例(杨惠中、Weir 1998:59-62),反映出大学英语四、六级考试设计者对语言测试各家各派优点的吸收,也能窥见语言能力观变迁留下的痕迹。大学英语四、六级考试中一直包括词汇语法部分、综合填空部分和综合改错部分,就是以分析法测试考查语言能力(前者),测量语言综合运用能力(后两者)。在听力和阅读理解部分则是将二者融为一体。

大学英语四、六级考试的短文写作和英语口语考试(CET - SET)则是一种交互式交际语言能力测试。短文写作测试的是书面交际能力,通常有很高的效度,因此四、六级考试从一开始就包括短文写作部分,1990 年起更规定为必考部分,使得全国高校更重视作文教学(杨惠中、Weir 1998:126-151)。大学英语四、六级考试口语考试则完全在一个真实的英语交际情景中进行，测试的是口头交际能力。大学英语四、六级考试口语考试项目经过长达四年的科学研究，对考试程序、评价标准、考官培训等制定了一整套科学而严格的方法，能够准确鉴定考生使用英语进行口头交际的实际能力，保证考试的信度和效度。

二、以现代心理测量理论改进四、六级考试

语言学的语言能力学说和心理学的心理测量学说是语言测试作为一门学科的两块理论基石。前者主要涉及语言测试的效度和测试的内容，后者则为达成有效而且可靠的测验提供方法和手段，尤其是统计手段。如上所述，经典心理测量理论的发展使大规模语言测试成为可能。进入20世纪90年代后，信息技术和高速计算机又带来了心理测量理论的革命。现代测量理论的发展，尤其是项目反应理论的建立，为语言测试提供了更强有力的支持，使语言学家们的许多美好设想再一次有可能转化为现实。

迄今为止，大学英语四、六级考试所采用的心理测量模型主要是经典测量理论。经典测量理论（classical test theory）又称为真分数理论（true score theory），其三大支柱是真分数假设、信度和效度。

真分数假设提出了观察分数等于真分数加上误差的数学模型 $X=T+E$。其中 X 表示观察分数，T 和 E 分别表示真分数与误差。E 是随机变量，若测量次数足够多，则 E 的均值接近于零。误差 E 与真分数 T 间的相关也为零。真分数理论还提出了一整套以信度理论为中心的观点和方法，包括试题分析的技术。这是一个至今仍有生命力且应用广泛的测试理论。为了克服经典测量理论题目参数等指标的变异性问题，心理测量学界提出了项目反应理论。题目反应理论的基本假设包括：① 潜在特质空间维度（dimensionality of the latentspace）、② 局部独立性（local independence）、③ 题目特征曲线（item characteristic function）。

潜在特质空间维度又称能力维度，指测量的测验成绩是受若干个能力 $\theta_1, \theta_2 \cdots \cdots \theta_n$ 所决定的，这一 n 维空间被称为潜在空间。假设潜在空间是一维的，即被测量的测验结果只取决于一种能力，其他能力的影响均可忽略，这就是所谓的单维性（unidimensionality）。值得注意的是，这里的潜在特质

或能力主要是一个统计概念,能力单维性也只是说所测得的数据只要用一个数学变量就可以解释了。就语言测试来说,这个变量既可能是一个单纯的语言分支能力,也可能是一个综合性很强、结构很复杂的语言能力。

所谓局部独立性,即假设某被试在某一题目上的答对概率独立于其他题目的答对概率。即有:

$$\text{Prob}(u_i=1/\theta)=\text{Prob}(u_i=1/\theta, u_1=1, u_2=1\cdots\cdots u_{i-1}=1)$$

题目特征曲线则建立被试能力水平 θ 与被试答对题目 i 的概率 $P_i(\theta)$ 之间的数学模型。目前常用的单维题目特征曲线模型主要有正态卵形曲线模型(Normal-ogive Model)和逻辑斯蒂模型(Logistic Model)。

项目反应理论完全抛弃了真分数理论的平行测验信度观念。它解决测验信度问题是直接去计算不同被试能力参数估计的标准误差。由于被试能力水平是根据测验数据用统计估计的方法得到的,估计的标准误差就同时刻划了测量的误差。因而,测验数据对被试能力估计能提供信息量的多少就从根本上决定了被试能力水平的估计标准误差,或者说决定了测验的精度或信度。测验的信息量函数是项目反应理论中一个独特的重要概念。被试能力估计的标准误差 $\text{SE}(\theta)$ 与测验信息函数的平方根是成反比例的关系:

$$\text{SE}(\theta)=1/\text{SQRT}(I(\theta))$$

其中 $I(\theta)$ 就是测验的信息函数,它等于测验中所有题目的信息函数之和,即 $I(\theta)=\sum I_i(\theta)$。因为测验中所有题目信息函数值都取决于被试的能力水平 θ,因此,同一测验对不同水平被试所提供的信息量各不相同,从而能力估计的标准误差 $\text{SE}(\theta)$ 也不同。项目反应理论就是这样动态、具体而精确地解决信度问题,不像真分数理论那样只是就被试样本在平均意义上给出一个偏差不明的信度系数下限。

题目反应模型的最大优点是题目参数和能力参数具有不变性(invariance),当所选择的特征曲线模型适用测验数据时,题目特征曲线就独立于由总体中抽取的、用来估计题目特征曲线参数的被试样本的能力分布。同理,能力参数的估计则独立于所施测的特定测验题目样本组。不管所施测的题目统计特征如何,被试能力估计值都会是其真值的渐近无偏估计。题目参数的不变性对现代测量要求建立大型题库是非常重要的,而能力参数的不变性则为测验的设计,尤其是自适应测验的设计,奠定了坚实的理论基础。

项目反应理论的三个基本假设、能力与测验分数的分布以及测验信息函数概念是项目反应理论的基本内容。与经典测验理论类似,项目反应理论也有一套自己的方法体系,主要包括参数估计技术、测量误差及信息量的估计、测验等值、题库、自适应测验等。建立在大型题库基础上的机助自适应测验处于项目反应理论应用的前沿,代表 21 世纪测验发展的方向。

为了进一步克服经典测量理论的缺陷,大学英语四、六级考试目前已完成全面采用项目反应理论的模型研究,并且已经在分数等值处理中使用,正在开发机助自适应考试实用系统,将首先在离散题中采用项目反应理论进行自适应考试,以进一步提高四、六级考试的效度、信度和施测效率。

三、以机助自适应测验发展四、六级考试

社会各方对大规模英语标准化考试给予了广泛的关注。关于选择题的使用、对语言能力结构说的怀疑、测验的真实性问题、考试形式与教学形式的关系等问题都引发了人们的思考。

以项目反应理论为数学模型建立的题库和机助自适应测验(computerized adaptive testing,CAT)最有可能为以上问题找到一个令人满意的答案,代表了未来语言测试发展的方向。

其实,在大规模标准化考试中大量采用选择题题型主要是为了保证评分的客观性和保证考试的可操作性。由于大规模标准化考试有着很高的信度,而且采用统一的试卷,从而保证了考试的公平和公正原则。大量的研究证明,选择题也有很好的测试效度(主要指能力目标效度),但前提是题目必须是高质量的,包括题目的内容、题目的选项和题目的难度、区分度参数等都要精心设计。基于 IRT 题库的 CAT 考试对大规模标准化考试进行了合理的继承和发展。它通过电脑管理的题库给考生提供优质试题(指由专家编写并经过检验证明性能良好的试题,其中也包括选择题),考生全部可以在电脑上作答(通过键盘和鼠标器),每答完一题电脑都能即时进行评分,而且还能初步判断出被试的能力水平。接着对较好的学生用一些更难的题目

施考,而对能力差的学生则给出一些更简单的题目,在考生能力范围附近选择合适的题目,逐步逼近考生的实际能力水平。考试结束后电脑给出考生能力的评价分数和测量误差。这一测试过程完全是因人施测的、量裁性的学习和评价双重过程,学生面对的考试压力也大大减小。电脑网络技术给CAT测验提供了时间和空间上的自由,而电脑多媒体技术使命题人员有可能通过虚拟现实增强考试的情景真实性,同时也为CAT提供了广阔的题型选择空间。只要题目的正确答案是确定的和有限的(不一定是唯一的),计算机都可以进行客观评分,诸如选择配对、填空填图、改错、排序等都是可供选用的题型,甚至需要综合评判的人工智能型作文自动阅卷、采用语音识别技术的口语能力自动判分等都有可能实现,并且已经见诸报道,这样就可以避免单一选择题题型的弊端。

近年来,大学英语四、六级考试在交际语言能力测试理论指导下已开发了许多主观性很强的新题型,如听力测验中的复合式听写、阅读理解测验中的简答题等。为了能给被试设置更真实的语言运用情景,以更丰富生动的语言材料和题型来激发考生的交际反应,诱发语言的运用,使测验评分更加客观和及时,全国大学英语四、六级考试委员会已完成"计算机化的大学英语自适应考试(CET-CAT)"的理论研究,并已启动实用系统的开发工作。

可以预见,开发基于IRT题库的机助自适应测验将是大学英语四、六级考试发展史上重要的里程碑。它从改善考试的效度这一愿望出发,吸收当今语言测试的最新理论和交际语言测试学说的精华,紧密结合我国大学外语教学改革的实践,采用现代计算机和信息技术,为语言测试开辟了崭新的天地。

——原载于《外语教学与研究》,2001(2);作者:朱正才,杨惠中。

参 考 文 献

[1] Bachman, L. F. Fundamental Considerations in Language Testing[M]. Oxford: Oxford University Press, 1990.

[2] 杨惠中,Weir, C. 1998,大学英语四、六级考试效度研究[M].上海:上海外语教育出版社.

第四章
语言能力量表模型

本章导读：语言能力量表说到底是一个测量工具，目的是给被试的语言能力在一个统一的量尺上确定一个位置，而且还要对这个位置所对应的语言能力水平进行比较准确的描述，典型的描述方法就是所谓"能做"描述（即具备这个等级的人能用语言做什么事情）。本章的六节都是围绕这一主题展开的，几乎涵盖了语言能力量表开发的全部研制细节，而且主要以中国英语能力等级量表为范本来进行相关问题阐述。一方面可以让读者学习语言能力等级量表的一般原理，另一方面可以让读者了解中国英语能力等级量表的内容和研制过程，包括目标语言能力构念、描述语的收集与撰写、描述语的参数框架形成、描述语的量表化技术、量表效度验证等。

　　一个具体的语言测试项目，即考试，与一个统一的语言能力量表的区别还是很大的。首先，考试除了需要报告分数之外，还需要对报告分数的意义进行科学解释,这就需要有一个语言能力量表(可以是自己独有的,也可以是统一的),这时的语言能力量表是对考生成绩进行解释的一个工具;其次,语言能力量表还可以独立工作,就是让被试直接把自己的语言行为(即说明事情)与量表的描述语进行对照,快速地确定自己在能力量表上的等级位置。当然前提是被试要有一定的自省能力,而且很诚实,此外还要能准确理解描述语的含义。量表直接测量的结果看起来似乎没有考试结果更让人信服,因为考试大多是一种强制性测量,测量结果会对被试有重大的评价意义,考试收集到的测验数据就比自测量表数据更加可靠。

制定全国统一的语言能力等级量表的原则与方法

导读

目前我国外语教学层次复杂,外语考试种类繁多,相应的教学与考试大纲对语言能力的描述和等级划分也存在分歧,给语言教学的组织和考试分数的解释带来诸多不便。而制定全国统一的语言能力等级量表可以使语言教学组织更科学,语言测试结果更透明,更容易理解。笔者认为,制定统一语言能力量表应遵循如下原则:要以交际语言能力理论为基础,对听、说、读、写能力要分别描述,对语言能力要进行"能做"描述,语言能力等级描述要根据实际需要详略得当,统一的语言能力等级量表要便于理解和使用。制定统一的语言能力量表包括一些基本的必要步骤,如确定语言能力构念,确定语言能力描述的参数,建立描述语库,使语言能力的描述量表化等。对于具体的语言测试项目可以采取"专家判断"和"对比考试"相结合的方法来建立起自身与统一量表上等级之间的对应关系。总之,本节可以说是研制统一语言能力量表的一个总的理论框架和指导原则,可以作为关于语言量表的某种入门读物。

一、制定全国统一的语言能力等级量表问题的提出

(一) 语言能力等级量表

对语言能力进行科学的描述或评价,区分高低不同的水平等级,这是制

定语言能力等级量表的主要任务。从心理测量学角度来看,编制心理测量量表一般包括三项基本内容:设定量表的参照点、设定量表的量度单位、设定量表总长度(张厚粲 1988,Brennan 2006)。制定语言能力等级量表也不例外。

(1) 设定量表的参照点。语言能力等级量表的等级必须参照实际运用语言的某种能力程度来设定。在语言能力等级量表上,这个参照点设在哪从理论上说可以是任意的。参照点确定之后,可以据此确定其他等级在量表上的位置。尽管语言能力等级量表上的参照点可以任意设定,但实际上这个参照点的设定必须考虑实际需求情况,即参照点所代表的语言能力应该能够满足社会对学习者语言能力的基本要求。一般来说,语言能力在量表参照点上下的学习者人数应当是相对多的。由于参照点在量表上是确定其他等级的基准,因此必须对参照点所表示的语言能力进行精细而清晰的描述,以便为确定其上和其下的语言能力等级提供有效和可靠的参照。

(2) 设定量表的量度单位。语言能力等级量表要对高低不同的语言能力水平进行描述,就必须设定量表的量度单位,即确定语言能力等级的跨度大小及等级之间的分界。如果不同量表上的量度单位长短不一,那么所测结果就很难直接进行比较。

设定语言能力等级量表的量度单位需要解决两个问题:一是如何确定量度单位的大小,二是等级之间的跨度是否等距。确定语言能力量表上的量度单位的大小跟实际需要和可操作性有关。首先,量度单位的大小跟精度有关。量表的量度单位越大,同一跨距(即量表所描述的语言能力全距)内的等级数就越少,描述或测量的结果就越粗略;反之,量度单位越小,同一跨距内的等级数就越多,描述或测量的结果就越精细。划分多少等级才合适应根据实际需要来确定。其次,量度单位的大小又跟构造量表的可操作性有关。为了使描述或测量的结果达到更高的精度,就需要将语言能力水平划分为更多的等级。语言能力等级区分越细,量表的精度越高,但区分不同等级的可操作性就越差,保证测量信度的困难也随之加大。因此,设定语言能力等级量表上的量度单位的大小面临着测量精度和可操作性之间的矛盾,既要从实际需要出发确定适当的量度单位,使测量精度满足实际需要,又要兼顾可操作性。

为了便于用户理解和使用以及语言教学的组织和管理,语言能力量表上的等级跨度最好是等距的。如何使不同等级之间的跨度做到等距需要精心设计和严密论证。在这方面 North(2000)构造等距量表的方法值得参考。

(3) 设定量表总长度。量表的总长度跟描述和测量的语言能力跨距有关。如果把人们的语言能力看成从极低到极高的连续体,对这个连续体整体进行描述就会得到一个最长的语言能力等级量表。但构造这样大而全的量表并不一定实用。因为在语言交际活动中,极低的语言能力几乎不能解决什么交际问题,一般的交际场合又不需要极高的语言能力。语言能力等级量表上的低点和高点应当根据实际需要来设定。当然可以先人为地设定低点和高点,再将中间划分为等距的等级。但用这种先设定两头的方法所制定的量表是封闭的,不利于根据实际需要调整量表的总长度。从更加实用、灵活、可操作的角度考虑,可以根据社会对语言能力描述和测量的需求情况,首先通过需求分析确定需求量最大的语言学习者人群,从描述和测量这个人群的语言能力开始向两端延伸,直到不再需要描述和测量的语言能力水平为止。这样构造出的语言能力量表两端是开放的,可以根据需要适当延伸。这种方法的可操作性和实用性更强。

(二) 统一的语言能力等级量表研制的国际背景

语言教学是一种大规模的教学活动,每年涉及千百万学生。为了适应不同层次的教学需要,人们制定了各种不同的教学大纲。有教学就有测试,于是就有各种不同的测试项目和不同的考试大纲。但这些大纲对语言能力的描述和等级划分具有分歧,这不利于语言教学和测试的相互交流,不利于通过测试对学生的语言能力进行统一的认证,不利于用户对测试结果的使用。因此,许多国家和地区纷纷展开制定统一的语言能力等级量表的研究。

在欧洲,欧洲委员会的语言政策部门提出了语言教学分级的要求,希望把语言教学过程划分成若干个较小的、能独立授予学分的单元,建立一个能得到欧洲各国相互承认和采用的共同的参照标准,使语言教学和测试具有透明度。经过二十多年的努力,最后形成了欧洲语言能力等级共同量表(CEFR)(Council of Europe 2001;杨惠中、桂诗春 2007)。

近年来,亚洲外语(主要是英语)教学与测试领域希望建立共同的语言能力等级量表的呼声也逐渐高涨(郑新民 2006)。杨惠中和桂诗春(2007)更加具体地讨论了制定亚洲统一的英语语言能力等级量表的原则和步骤。

我国也有人不断呼吁外语教学实现"一条龙"(戴炜栋 2001),其前提也是要有统一的语言能力等级量表。制定统一的语言能力等级量表可以在语言教学中起到"量同衡"的作用,使语言教学与测试的讨论具有共同的基础。

可见制定统一的语言能力等级量表是当前语言教学和测试领域共同的发展趋势。

(三) 制定全国统一的语言能力等级量表的迫切性

我国的语言教学环境和教育体制与其他国家和地区存在着或大或小的差异。这些差异决定我们不宜直接采用或照搬其他国家和地区现成的语言能力等级量表。由于我国目前各种语言教学和测试还缺乏统一的参照标准,各种考试对语言能力的定义或描述缺乏统一性,结果就难免产生下列问题:①语言能力描述参数设置不一,如有的教学或考试大纲在描述口头交际能力时,有对口头交际策略的描述,有的则对此不作描述;②语言能力描述的精度不一,如有的考试对各等级听力材料的语速、阅读速度等方面都提出了定量的要求,有的则没有此项要求;③语言能力(水平)的等级划分不一,如少的只设两三个等级,多的则设有 11 个等级。杨惠中和桂诗春(2007)分析了现有一些量表或大纲在描述语言能力或设计考试分数体系方面所存在的经验性、相对性、主观性等特点。因此,立足我国的语言教学与测试的实际,研究制定符合我国语言教学与测试需要的全国统一的语言能力等级量表(以下简称"统一量表")势在必行。

(四) 制定统一量表的长期与近期目标

我国是语言教学大国,外语教学和测试、汉语和各少数民族语言作为外语或第二语言的教学和测试在规模、制度、等级等方面纷繁复杂。理想的统一量表不仅要满足描述各种外语能力水平的需要,而且要满足描述国内各种语言作为第二语言能力水平的需要。这是制定统一量表的长期目标。

制定统一量表必须从实际出发。目前国内的外语教学与测试规模最大的无疑是英语教学与测试。除了大学、中学和小学开设不同层次的英语课之外，还有各种培训机构开设的各级各类英语课程。英语测试品种繁多，全国性的大规模考试就不下十余种。就我国当前的语言教学与测试的现状而言，迫切需要制定全国统一的英语能力等级量表。从研究现状来看，我国外语教学界在英语教学、学习与测试等方面的研究也具有一定的广度和深度。这些研究为制定全国统一的英语语言能力等级量表做了很好的理论准备。因此，制定统一量表可以从描述英语能力（特别是关键等级的英语能力）入手，首先制定统一的英语语言能力等级量表。这可以作为制定统一量表的近期目标。

二、制定统一量表的原则

制定统一量表的目的是服务语言教学与测试的实际工作，因此，制定这一量表的根本原则就是从社会需求出发，注重科学性、实用性和可操作性。这一总原则具体化为以下五个方面。

（一）以交际语言能力理论为理论基础

语言教学的主要目的是培养学生的交际语言能力，使学生能够以语言为工具满足未来的交际需要。相应地，语言测试也应当以评估和测试考生的交际语言能力为基础。

Bachman(1990)认为，交际语言能力可以描述为语言知识和在一定的交际场景中得体地运用这些知识进行语言交际的能力。Bachman 的交际语言能力模型将交际语言能力分为外部世界知识（knowledge of the world）和语言能力（language competence）两大部分，其中语言能力又分为语言组织能力和语用能力，语言组织能力和语用能力又由若干方面构成。North(2000)比较了 Canale、VanEk 和 Bachman 各自关于交际语言能力的模型，认为三种模型的基本结构及其包含的主要参数项目大同小异，都有语言知识、社会语言能力、语篇能力、策略能力等组成部分，各组成部分里包含的内容也基本一致。交际语言能力模型反映了人们对交际语言能力基本共同的认识。构造统一量表应以获得广泛认可的交际语言能力理论为背景，并根据语言能力描述的实际需要提出适当的语言能力描述框架与参数项目,并对各具体的参数项目进行详细、清晰、有梯度的描述。

（二）分别描述听、说、读、写能力

在语言教学和测试实践中,人们通常从听、说、读、写等不同的方面对交际语言能力进行描述,许多语言教学大纲对听、说、读、写等项技能分别提出了具体的规定和要求,语言教学机构也分别设置了听力课、口语课、阅读课、写作课等。

从语言使用的实际情况来看,人们对交际语言能力的要求往往在不同的方面有所侧重。比如,科技人员因为要阅读大量的科技文献,对阅读能力有较高的要求,而导游员则须在口头表达方面有更高的要求。当然也有些人,如语言教师,在听、说、读、写等方面都需要达到较高的水平。

因此,在制定统一量表时应对语言能力从听、说、读、写等方面分别进行描述与分级。测试机构可以根据一定的测试用途设计相应的测试产品,测试听、说、读、写等技能中的某一方面或某几方面,确定对某方面要求的权重,并依据量表对听、说、读、写等方面的描述对考生的表现进行评价。

（三）对语言能力进行"能做"描述

语言主要是作为交际工具而产生和存在的,可以说工具性功能是语言的核心功能。当然强调语言的工具性功能,并不排斥语言作为文化载体的功能。社会语言文化的成分是交际语言能力模型中的重要组成部分。从语言交际实践来看,要准确地理解语篇和话语的含义,得体地表达思想,也都离不开社会语言文化知识。就我国当前外语教学形势而言,绝大多数人学习外语的目的主要是为了获得使用外语进行交际的能力。据调查（张雅萍2004）,有96.8%的大学生学习英语的目的是为了加强运用英语的能力,即使用英语进行交际的能力。

既然学生学习语言是为了运用语言,掌握交际工具,培养学生运用语言进行交际的能力就是语言教学的中心任务,描述或评价语言能力也自然应该着眼于学习者能用语言完成怎样的交际任务。所谓"能做"描述

(can-do statement)，就是对语言能力直接进行描述的一种方法，直观地说明具有某种语言能力的学习者能用语言完成怎样的交际任务。

就语言测试而言，对不同等级水平的语言能力进行直观的"能做"描述便于用户理解和使用考试成绩，能更有效地发挥语言测试对评价考生语言交际能力的作用。对语言能力的描述与评价应该从定性和定量两个方面来进行，一般可以从语言使用者接收的语言材料、产出的结果、接收或产出的过程等方面着手。人们能够接收的语言材料（即能听懂或读懂的语言材料）和产出的结果（即说出的话语或写出的语句、篇章等）都直接反映了语言使用者的语言能力，因此在构造语言能力量表时必须对这些方面进行准确的描述。语言的接收或产出过程涉及语言的使用策略，也反映出使用者的语言能力水平，可以而且应该作为语言教学的重要内容，这一点在"能做"描述中也应当得到适当的体现。

（四）语言能力等级描述的详略

统一量表在描述各个等级的语言能力时，应根据社会实际需要来决定对不同能力等级描述的详略程度。对社会需求程度高的关键等级的描述应该精细、充分，以满足各种不同的需要，对极低或极高的语言能力等级可以暂且不进行精细描述。对于英语能力等级量表的研制，一方面，二十多年来大学英语考试在国内的英语教学界产生了巨大的影响。目前每年一千多万考生的规模说明大学英语四、六级考试，尤其是四级所测的语言能力的社会需求程度很高，因此特别需要对其所测试的语言能力水平进行具体、细致、准确的描述。另一方面，围绕大学英语考试的效度和信度已开展了相当规模的研究（杨惠中、Weir 1998，杨惠中 2000，杨惠中、金艳 2001，朱正才 2005）。多年来，大学英语考试积累了丰富的效度证据和适当的保证信度的措施，这些材料为描述相应等级的语言能力水平提供了必要的、可靠的依据。因此，对大学英语四、六级考生英语能力进行充分且准确的"能做"描述不但符合社会需要，而且也可以以此为参照点再向两端延伸，为描述更高或更低的英语能力等级奠定基础。从适应社会需求的角度而言，对远离关键等级的语言能力水平的描述可以相对概括、抽象甚至模糊一些，因为极低或极高等级的语言能力的社会需求程度都较低。

（五）统一量表须便于理解和使用

统一量表是为语言教学、学习和测试实践服务的,故其等级划分和描述必须便于理解和使用。只有这样才能发挥它应有的作用。多年来,国内外一些语言教学与测试机构已经制定出各种用于教学或测试的标准或大纲。在制定统一量表时,这些标准或大纲对语言能力的描述语可以作为建立描述语库的重要来源,也可供制定统一量表、划分语言能力等级时参考。这样有利于统一量表与现有的标准和大纲衔接起来,便于学习者和用户理解、接受和使用。

三、制定统一量表的方法

（一）确定语言能力描述的参数

在对听、说、读、写等分项技能进行描述时要确定具体的描述参数。具体参数的确定首先要依据交际语言能力理论,其次也可以参考有影响的语言教学和测试机构对语言能力等级的界定和描述。交际语言能力理论提出了语言能力的基本参数。比如,Bachman(1990)将语言能力先分为语言组织能力和语用能力两大项目,再细化为语法能力、语篇能力、功能能力、社会语言能力等中层参数项目,最后落实到句法、词法、语音、修辞、达意、得体等更具体的参数。一些有影响的语言教学或测试大纲(如《大学英语教学大纲》)对英语语言能力等级都进行了规定和描述,根据这些规定和描述也可以归纳出一些参数项目,如话语中的词汇量、话语中的语法结构范围、交际功能项目、准确性、流利程度、熟练程度、说话的得体性等。

在确定语言能力描述的各具体参数项目时应明确各层次上的具体参数项目的含义以及相互间的关系。对各项参数的描述应采用定量和定性描述相结合的方法,并且优先采用定量描述的方法,即对可能进行定量描述的参数(如在阅读方面应掌握的词汇量、阅读速度、听力材料的语速等)尽量进行定量描述,难以进行定量描述的参数(如话语的得体性)则进行定性描述。

描述不同的语言技能所涉及的具体参数项目不尽相同。比如,在描述阅读理解能力时涉及词汇量、语法结构、阅读材料难易度和语体特点,需要描述阅读速度、理解事实和细节的能力、把握作者观点和态度的能力、推测隐含意义的能力等参数项目;而在描述书面表达能力时涉及词汇、语法结构和文字的准确性和丰富性、语篇结构的合理性、表情达意的清楚程度及得体性等参数项目。

(二) 建立描述语库

对各等级的语言能力进行描述时需要相当数量的足以区别听、说、读、写等方面不同等级语言能力的描述语,因此有必要构造各参数项目下的描述语。为了使描述语能够用来对各等级的语言能力进行充分和全面的描述,就有必要建立符合交际语言能力理论的、具有一定的逻辑结构的描述语库。

构造描述语的主要途径一是由研究人员根据交际语言能力理论和实践经验进行编写,二是收集各种有影响的语言教学或测试大纲中的描述语,三是收集富有经验的语言教师评价学生语言能力的描述语。通过不同途径得到的描述语相互补充,共同构成原始的描述语库。

构造描述语应遵循以下要求:①描述语须便于理解和使用,避免含糊或歧义,像"能读懂语言难度一般的普通题材的文章"之类的描述语中的"难度一般""普通题材"等含义都比较模糊,描述也不够明确;②每一条描述语只描述一个参数项目,描述语相互独立,在现有的大纲中有些描述语涉及多个参数项目,如"能就一般或专业性话题较为流利、准确地进行对话或讨论"这条描述口语表达能力的描述语涉及流利程度和准确性两个方面,在收入描述语库时应将其分为两条,归在不同的参数项目之下;③不用否定的描述语,描述语库所收录的描述语都应是肯定的,即从表述形式上看,描述语不带有"无""不"或"没有"之类的否定词语(如"语句结构不完整"之类);④描述语不重复,有些描述语出现在不同的大纲里或同一大纲的不同等级里,这样的描述语在描述语库中只收录一次,有些描述语(如"能理解所读材料的主旨大意"和"能掌握所读材料的中心大意")所描述的能力是相同的,但描述语的表述形式有所不同,这类描述语也只酌收一条。

建立描述语库时可先将原始的描述语按其对听、说、读、写等不同技能的描述分门别类,再将各门类下的描述语按其描述的具体参数项目归类。

比如,"发音准确""表达意思清楚"等可用来描述口语表达能力,属于口语表达准确性范畴,可以将其归入口语表达能力描述的准确性参数项目之下。

（三）语言能力描述的量表化

收入描述语库的描述语所描述的某方面的语言能力是有等级差异的。比如,《大学英语教学大纲》对一级到六级水平阅读材料中包含的词汇量分别进行了描述。要对不同能力等级上学习者的语言能力进行描述,就必须在描述语库的基础上,基于经验和实证,对语言能力描述进行量表化处理,主要是对描述语库中各个参数项目下的描述语进行排序,并根据排序的结果划分语言能力等级,初步形成语言能力等级量表。

对描述语库中的描述语进行排序可以采用基于专家经验和专家群体调查验证相结合的方法。所谓基于专家经验,就是由研究人员根据描述语在语言能力结构中的位置对语言能力描述语库中的各个参数项目下的描述语进行初步的排序。比如,下边几条描述语可以作为对书面表达准确性的描述：A.表达意思基本清楚;B.语法基本正确;C.表达意思清楚;D.表达形式正确。这四条描述语实际上描述了准确性的两个侧面,即正确性(B,D)和清楚程度(A,C)。就正确性而言,表达形式正确(D)比语法基本正确(B)要求更高,表达意思清楚(C)自然要高于表达意思基本清楚(A)。一般来说,表达正确是表达清楚的前提。因此,以上四条描述语可以临时排序为 B→D→A→C。

基于专家经验对每个参数项目下描述语进行的临时排序尽管经过仔细推敲和斟酌,但仍难以避免主观性。在这种情况下采用专家群体调查验证的方法是降低主观性的一条途径。比如,邀请相当数量（如 100 位）富有经验的语言教师分别判断被试达到每条描述语所描述水平的程度。根据教师对描述语的使用情况,每条描述语都可以得到一个难度水平指标。基于这些数据,运用一定的统计手段（如 Rasch 模型）可以计算出每条描述语的难度水平系数,再根据难度系数的大小对基于经验的专家排序进行验证,也为描述语的最终排序提供了数据支持。具体的技术处理细节可参考 North(2000)。

根据对专家的群体调查所得的描述语难度的数据指标,并考虑语言能力等级划分的实际需要,可以对已经排序的描述语序列进行基本等距的等级划分(如分为六级或八级)。至此语言能力等级量表基本形成。

这一初步的等级量表还需要进行大规模的效度验证。根据基本形成的语言能力等级量表对各个等级的语言能力的描述设计能够测试相应等级语言能力的试卷,再用这些试卷去组织测试,测试的结果将反映语言能力等级量表的信度和效度。比如,根据量表上对六级语言能力的描述,编制能够测试六级语言能力的试卷,安排语言能力估计为六级的考生(如 1 000 名)参加考试。考生是否具有六级语言能力可以由教师将自己所了解的学生语言能力和量表的描述相对照来确定,也可以根据学生参加过某次难度相当于六级语言能力考试的结果来确定,这样的考生在语言能力水平上有较高的同质性。考生参加六级语言能力考试的结果与教师对学生评价的相关性,或与考生参加某次难度相当的考试结果的相关性可以作为语言能力量表对六级语言能力描述的效度证据。也可以请考生的任课老师对考生的语言能力进行详细的"能做"描述与判断,这种描述与判断的材料可以作为语言能力等级量表的效度和信度证据之一。当然也可以组织一定规模的考生对自身语言能力作出判断和自我报告,这种材料可以作为效度验证的参考和补充。

统一量表在形成初稿甚至定稿之后仍需要不断地收集资料(包括测试结果、教师评价和用户意见等),对量表进行验证,并进行必要的修正,使其更加准确。量表的效度验证是一个长期的、不断完善的过程。

四、统一量表与具体的语言测试项目之间的关系

在具体的语言测试项目所测量的语言能力与统一量表所描述的语言能力之间建立起对应关系,这是制定统一量表的主要目标之一。当前我国大规模的英语考试数量众多,有普通高等学校招生全国统一考试(英语)、大学英语考试(CET)、英语专业考试(TEM)、全国公共英语等级考试(PETS)等,这些考试的分数报告方式和等级设置都各有特点。制定出统一量表之后就可以采取适当的措施使其与现有的各种测试项目关联起来,这样便于人们通过统一量表的描述直接理解考试结果,也为用户对不同测试项目所报告的考试成绩进行比较和解释提供便利的条件。

　　具体测试项目所测量的英语能力与统一量表所描述的语言能力之间的对应关系可以采取专家判断和对比考试相结合的方法。

　　(1) 专家判断。这种方法要求一定数量的专家(包括语言测试专家、富有经验的语言教师等)对取得某项考试某个等级的一定数量(如 1 000 名)考生的语言能力进行判断,并按照交际语言能力描述的参数项目对考生的语言能力作"能做"描述。收集、整理这些"能做"描述,并将整理的最后结果与统一量表上某个最接近等级的"能做"描述相比对,这样就能得知某项考试的某个等级大致对应着统一量表上的哪个等级。

　　(2) 对比考试。这种方法的基本思路是先将一个作为标杆的考试铆定在统一量表上,然后将其他考试项目与这个标杆考试进行等值,从而也被定位在统一量表上。比如,组织同一批考生同期参加 A、B 两种考试,A 考试为能够测试统一量表上某个等级语言能力的考试(即已经铆定),B 考试为需要确定其所设等级与统一量表上某个等级对应关系的考试。如果通过 A 考试某个等级的考生和通过 B 考试某个等级的考生基本相同,而且考生成绩高度相关,那就证明 B 考试的某个等级相当于 A 考试的某个等级。换言之,B 考试的某个等级对应着统一量表上的某个等级。

　　专家判断和对比考试应该结合起来,这是因为专家判断往往具有一定的主观性,对比考试的数据则可以弥补这种缺陷。通过对比考试确定某项考试所设的某个等级正好与统一量表上的某个等级相当,这是理想的状况。实际上可能会出现某项考试所设的等级与统一量表上的等级并不一一对应的情况。在这种情况下就更需要采用专家判断和对比考试相结合的方法来确定某项考试所设等级与统一量表上的等级的对应关系。

　　必须指出的是,制定统一量表并非要统一全国的语言教学模式或语言测试研发工作。参照这个统一量表,各语言教学机构可以根据语言学习的不同需求设计不同的教学大纲,组织各种形式的教学,各语言测试机构仍可以根据各种用途组织研发不同的测试。

五、小结

　　目前我国外语教学的规模越来越大,研发并投入使用的语言测试品种繁多。每年参加各类考试的考生多的达到上千万人。如何保证这些测试产品的质量,增强语言测试的透明性,实现不同测试所报告的分数的可比性,制定全国统一的语言能力等级量表有助于解决这些现实问题。

统一量表必须建立在科学的交际语言能力理论基础之上。语言能力描述基本框架的建立,语言能力参数项目的确定,各参数项目下描述语的构造,无不应该在交际语言能力理论的指导下进行。定性分析与定量描述相结合是制定语言能力等级量表的根本方法。听、说、读、写等技能的量化描述及量表化处理,统一量表的效度和信度验证,这些方面的工作都需要在对大量的数据进行定量统计分析的基础上进行。

统一量表应该与具体的语言教学和测试实践联系起来,使统一量表所描述的不同等级的语言能力与具体的教学大纲所规定的教学任务相对应,与具体的语言测试项目所测量的语言能力水平相对应,以便用户使用。

总之,制定全国统一的语言能力等级量表是一项基于社会需求,涉及语言教学、学习、测试和语言教育政策等方面的综合性很强的工作,需要得到众多语言教学单位、测试机构和语言教育管理或权威部门的支持。如何使全国统一的语言能力等级量表的制定工作既符合科学的原则,又满足实用的需求,是一项十分繁重而艰巨的任务。

——原载于《现代外语》,2008(4);作者:方绪军,杨惠中,朱正才。

参 考 文 献

[1] Bachman, L. F. Fundamental Considerations in Language Testing[M]. Oxford: Oxford University Press, 1990.

[2] Brennan, R. L. Educational Measurement (Fourth Edition)[M]. National Council on Measurement in Education, 2006.

[3] Council of Europe. Common European Framework of Reference for Languages: Learning, Teaching, Assessment[M]. Cambridge: Cambridge University Press, 2001.

[4] North, B. The Development of a Common Framework Scale of Language Proficiency [M]. New York: Peter Lang, 2000.

［5］《大学英语教学大纲》修订工作组.大学英语教学大纲(修订本)[M].上海：上海外语教育出版社;北京：高等教育出版社,1999.

［6］戴炜栋.构建具有中国特色的英语教学"一条龙"体系[J].外语教学与研究,2001(5)：322-328.

［7］杨惠中,Weir,C.大学英语四、六级考试效度研究[M].上海：上海外语教育出版社,1998.

［8］杨惠中.从四、六级考试看我国大学生当前的实际英语能力[J].外语界,2000(1)：46-52.

［9］杨惠中,金艳.大学英语四、六级考试分数解释[J].外语界,2001(1)：62-68.

［10］杨惠中,桂诗春.制定亚洲统一的英语语言能力等级量表[J].中国外语,2007(2)：34-37.

［11］张厚粲.心理与教育统计学[M].北京：北京师范大学出版社,1988.

［12］张雅萍.大学生对英语学习的根本需求与课堂教学[J].北京教育学院学报,2004(1)：56-60.

［13］郑新民.多元化下的共识：亚洲英语教学发展的新动态、新趋势——北京 Asia TEFL 第 3 届年会述评[J].外国语,2006(2)：72-79.

［14］朱正才.大学英语四、六级考试分数等值研究——一个基于锚题和两参数 IRT 模型的解决方案[J].心理学报,2005(2)：280-284.

关于我国英语能力等级量表描述语库建设的若干问题

导读

　　描述语库建设是研制语言量表的关键环节。一方面,描述语库的参数体系是语言能力构念的系统化和具体化,需要大量艰苦的理论论证和反复讨论与修改,而且这项工作属于量表研制工作的基础性工程;另一方面,描述语的撰写、收集和整理本身也是一项艰巨的工作,直接决定了量表的整体质量。本节的讨论内容里有几点值得大家深思:

　　(1) 语言能力的心理结构模型是人们对语言能力的一种理论设想,看不见摸不着,关键是看它对语言现象(语言行为)的解释力强不强,而语言现象都是看得见的。至于如何测量和如何描述这种抽象的语言能力,又是另一回事,这是心理测量模型的事情。心理测量模型能否测量到抽象的能力概念是需要论证的,即效度论证。有时候人们会发现测量没有问题,是能力构念出了偏差,那就只有修改能力假设了。

　　(2) 描述语所描述的对象只能是可观察的语言行为,而不是抽象的语言能力。

　　(3) 语言认知过程是看不见的,但结果就是语言行为,所以,认知过程并不适合描述。认知量表这个概念其实指的是量表的目标能力是人的认知能力(包括语言能力),是用认知科学来解读人的语言行为的意思,不是说量表描述的是认知过程。

（4）一项语言活动需要多种认知能力支持，包括语言能力和其他基础性的认知能力（如记忆力、注意力、推理能力等），而且彼此根本无法分开来。比如，"听英文广播"这项典型的语言活动，你说它能测量人的多少认知能力？但我们只把一种整体表现称为人的"听力"——即这项语言活动是人的听力的表现。

（5）量表的等级是通过罗列这一等级的人所具有的典型语言行为表现来锚定的，或者说来识别人的能力水平的。显然这种罗列是一种有限的抽样，不是一种全面的描述。

（6）描述语在描述人的语言行为表现时使用的是一种叫"能做"的描述范式。所谓"能做"并没有程度上区别，就是完全做得到的意思。对能做某一件事情的描述包含三大要素：做什么事情，在什么条件下做，做所达到的标准是什么。

以上这些问题都是量表构念形成阶段的重大理论问题，构念效度取决于我们能否建立起关于语言量表的真正科学的、先进的理论设想，并在它的指导下开展后续的工作。如果语言能力理论或者量表制作原理上出现大的偏差，制作工艺再好又有什么用呢？

我国英语能力等级量表的研制是国家外语能力测评体系建设的一项基础性工程（高靓 2014）。这项工程大致可以分为五个阶段：①构念阶段，界定量表所适合的我国英语学习者群体及英语能力模型，还有一些与量表的制定工作密切相关的其他认知、心理和社会语言学假设；②量表架构的设计阶段，确定量表的横向英语能力目标分类和纵向等级，确定量表的心理测量结构模型等；③描述语库的建设阶段，收集、整理、修改、撰写和审定足够多的描述语，对我国英语学习者的英语能力进行全面而细致的分级描述；④描述语的量表化阶段，通过大样本的调查数据评估描述语的难度和品质，保留最有典型意义和最有代表性的描述语，并按其难度值排列在一个统一的英语能力等级量表上；⑤量表的效度验证阶段，通过广泛的调查和验证评估英语能力等级量表的有效性和量表对教学、考试的影响，对量表进行修订。在这五个阶段中，描述语库的建设是一个中心环节，它上承量表构念，下启量表验证，工程量浩大，几乎没有回头路可走。因此，本节着重探讨与描述语库建设有关的几个重要问题，以期对后续研究有所启发和借鉴。

一、我国英语能力等级量表的语言能力模型

有关量表的全部工作起始于我国英语学习者英语能力构念，构念的核心是关于中国人英语能力的社会心理语言学模型。本量表总的英语交际能力模型主要参照韩宝成教授提出的英语语言运用模型（见图4-1）（教育部考试中心，2014）。刘建达教授明确提出，听、说、读、写、译、语法、语用七个项目组的英语能力细化模型可以据此进行扩展，但最好不要违反此总模型。

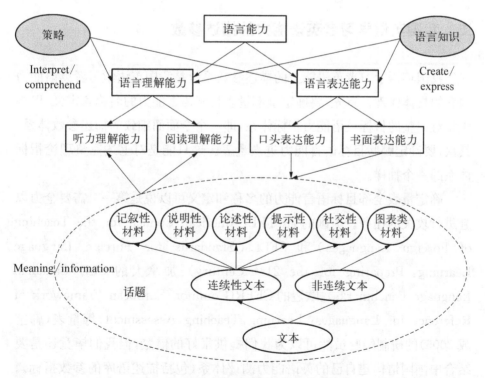

图4-1　韩宝成提出的英语语言运用模型

笔者认为,理解此总模型的要点有五个:

第一,语言能力主要包括听、说、读、写、译这五个基本的语言技能(体现在相应的语言活动当中),语言能力又离不开语言知识和策略的运用。因此,语言知识、语言活动和策略就成为描述量表目标语言能力的三条最基本路径。

第二,语言理解(听力和阅读)就是对输入文本(关键是文本的意义信息)的认知处理。

第三,语言输出(口头和书面表达)就是对输出文本(关键也是文本的意义信息)的认知处理。

第四,翻译包含了语言输入和输出的双向认知处理。

第五,文本的难度主要由文本话题和体裁等变量决定。

这个总英语交际能力模型是关于语言运用能力的一个简略框架,模型用认知科学的信息处理观解释了语言运用的过程,认为认知处理的对象就是文本。因此,可以说这个模型既基于语言运用,也基于认知和文本。

二、我国英语学习者英语能力的描述参数

我国英语学习者英语能力的描述参数系统是我国英语学习者英语能力构念的具体体现。首先,要确定全部量表目标语言能力的名称和定义,以构成相对完整的目标英语能力指标体系,即一个全面而细致的描述参数体系。其次,要确定哪些目标语言能力进入量表。这只能是对上述完整理论指标体系的一个抽样。

确定量表全部目标语言能力的名称和定义可以说是第一个需要全力以赴进行攻关的任务。美国的 ACTFL(American Council for the Teaching of Foreign Languages)和 SFLL(Standards for Foreign Language Learning:Preparing for the 21st Century)、加拿大的 CLB(Canadian Language Benchmarks)、欧盟的 CEFR(Common European Framework of Reference for Languages:Learning,Teaching,Assessment)等量表(韩宝成 2006)的研制经验虽然可以为我们提供很好的借鉴,但我们毕竟还是要结合中国国情构建自己的英语能力测评体系(包括描述语库的参数指标)。表 4-1 是一个经过初步讨论完成的我国英语学习者英语能力描述参数体系

范例(仅列出语用能力和说的能力部分,接下来还需要进一步完善),其中斜体字表示语言行为的概括性特征,加黑的字体表示典型语言活动,加下划线的表示语言策略。从表 4-1 可以看出:

表 4-1 我国英语学习者英语能力描述参数体系(部分)

一级参数	二级参数	三级参数	四级参数
英语能力	语用能力	总体语用能力	
		话语能力	*灵活性* *话轮掌控* *主题陈述* *连贯性和一致性*
		功能能力	*自如度* *精确度*
		社会语言能力	*交际得体性*
	说	总体口头表达能力	
		口头表达	*广度* *准确度* *流利度* *交际有效性* **聊天** **讨论** **事务性交谈** **访谈** **对听众讲话** **描述个人经历** **辩论**
		口头表达策略	<u>规划</u> <u>执行</u> <u>评估</u> <u>补救</u>

(1) 对于语用能力,三级参数把它分解为话语能力、功能能力和社会语言能力。在四级参数里,话语能力进一步被分解为灵活性、话轮掌控、主题陈述、连贯性和一致性;功能能力则被分解为自如度和精确度,显然这不是

在对语言功能进行分类,而是在对语言功能发挥的良好程度(即典型的概括性特征)进行评测。社会语言能力只使用了一个细分量表,就是交际得体性。加上总体语用能力,这一部分共八个细分量表,全部是语言特征量表,没有语言活动和语言策略量表。

(2) 对于说的能力,这个方案综合使用了三类描述,既有典型特征描述(广度等四个量表),也有丰富的典型语言活动描述(聊天等七个量表),同时对口头表达还增加了语言策略的描述(表 4-1 中只划分出了口头表达的四个阶段,未明确各阶段具体的策略名称)。世界各国主要英语能力等级量表都对口语能力进行了最为详尽的描述,显然这是口语对于语言交际的重要性所决定的。笔者非常赞同我国英语等级量表也对口语能力进行全面细致的描述,以凸显对口语能力的高度重视。

三、描述语库的心理测量结构模型和规模

我国英语能力等级量表的描述语库有两个维度:一个是横向的语言能力目标分类,一个是纵向的能力等级。描述语库的心理测量结构模型主要包括行为锚定等级量表(behaviorally anchored rating scale,BARS)模型、累进量表模型和 Rasch 多面分析模型。限于篇幅,本节不对这些模型作详细介绍,只讨论与项目研究密切相关的三个重要问题。

(一) 为什么不能把交际情景、话题和文本等语言活动变量设计为量表的维度

由于横向参数中的语言活动已经包含了交际任务、情境(含角色)、话题、文本等重要变量,因此不能再把这些变量设计为量表的横向细分维度,否则就会形成交叉重复的局面,量表将不堪其繁。与此同时,交际任务、情境(含角色)、话题、文本等变量的变化已经体现在各等级描述语的限制成分当中,因此也就不能再出现在量表的目标语言能力分类当中。

(二) 何谓行为锚定等级量表和累进量表

行为锚定等级量表认为人的英语能力等级可以用若干典型语言行为表

现来锚定它,即不同等级的人拥有的用语言能做之事是不一样的(通过教师和专家投票可以具体确定这些事)。这直接导致了"能做"描述系统的产生,可以说是基于语言运用一类量表主要的心理测量学结构模型。BARS 对于我国英语能力等级量表可谓关系重大,因为它可以解答各等级的描述语彼此之间是什么关系,一个等级内部的多条描述语彼此之间是什么关系,应该如何选择,如何排列等诸如此类的问题。

我国英语能力等级量表是一个累进量表,即上一个等级的人肯定具备或者超过下一等级所描述的语言行为表现或语言能力,而且等级之间不会重复描述相同的语言行为。

（三）如何估算描述语库的规模

比如,对口语描述语库的确定,假设最后有 15 个分量表,与初步确定的 9 个等级交叉得到 135 个交叉网格(grids),假设平均每个网格最后要有两条描述语(来自 CEFR 的经验)(Council of Europe 2001),平均共需要 270 条描述语。由于数据验证过程要淘汰掉大约一半(也是来自 CEFR 的经验)(North 2000),口语描述语库最终应该收录至少 540 条描述语。假如再考虑到描述语入库有高达 70% 的淘汰率,则要预先准备多至 1 800 条描述语。根据项目总体设计规划,量表的每个网格最后要保留 1～5 条描述语,再考虑到数据验证的 50% 淘汰率,描述语库的每个网格就要收录 2～20 条描述语(具体数目要根据这个网格的重要性来确定)。这是一项非常艰巨的任务。如果想减少在描述语上的工作量,就必须在描述语质量上下功夫,要尽可能减少描述语入库和数据验证这两步的淘汰率。

四、描述语的"Can-Do 模式"及语言规范

（一）描述参数分类

我国英语能力等级量表的细分目标语言能力也叫描述参数,主要包括三个类别。

(1) 典型语言特征是对语言行为或语言运用特征的一种概括性描述,

主要适合于语法和语用(即语言知识运用概括性特征),同时也适合于听、说、读、写、译。例如,在口语、写作中就会对语言输出的流利性、词汇丰富性、得体性等语言行为特征进行概括性的描述。而听和读则是要描述所能处理的输入文本的特征,如文本的词汇、句法等语言难度特征,或话题、知识领域、文体类别等语言知识以外的其他认知思维难度特征等。翻译更复杂,不但有语言输入,还有语言输出,同时还牵涉两种语言的译入与译出。因此,要遴选出有限的几个最具典型意义又最重要的特征描述参数绝非易事。

(2) 典型语言活动主要适合于听、说、读、写、译。英语交际的语言活动是不可穷尽的,典型活动就是那些我们认为最重要的、最有实用价值(从交际功能看)的语言运用,最好还具有较好的可外推性,即学会了这个活动类型就能举一反三,触类旁通。例如,写作中的写信(含 E-mail)、写学术论文,听力中的听广播、听报告、听英语对话等都是非常重要的语言活动。如何才能筛选出最典型的语言活动呢? 一靠经验判断,二靠理论分析,三靠社会调查。

(3) 典型语言策略主要适合于听、说、读、写、译。一般认为,语言策略运用主要包含在语言活动中,它可以合理调配认知资源,最完美、最经济、最有效地完成交际任务。语法、语用知识的运用当然也有策略,但一个策略是否重要到可以进入量表需再三斟酌。

(二) 描述语的语义结构

全部描述语的语义结构都要参照 Can-Do 模式。

(1) Can 是指一种完全的掌握或者熟练状态,没有程度的问题,否则就要降一个等级去描述。因此,Can-Do 模式不是靠程度副词来区分等级,而是靠用语言能做不同的事情来区分等级(再次强调等级之间并不描述相同的语言行为)。但也不要死板地认为,描述语在任何句法位置上都不允许出现程度副词,只是不靠它来区分等级而已。还要尽量回避使用那些意义模糊的程度副词。

(2) Do 是一个认知动词,不同的认知动词显示一个人语言能力等级的高低,或者说这个人能用语言完成交际任务的难度,因此使用不同的认知动词就已经体现了等级差异。这里可以运用布鲁姆教育目标认知分类理论

(Bloom 1956)把语言的学习和掌握大致划分为三个基本的认知层次：识别/提取、概括/分析和批判/评价，每个认知层次都有对应的认知动词。所以，听、说、读、写、译等不同语言能力在不同等级上所使用的认知动词会有很大的不同，而且这些认知动词还必须通俗易懂，彼此之间差别明显，对语义差别不大的认知动词最好只选用其中最好懂的那一个。韩宝成教授多次提出 CEFR 没有明确定义 Do 的内涵，我们提出这样理解 Can-Do 描述主要就来自他和王淑花的思想（王淑花 2012）。

（3）Do 后面是一个要处理的文本（Text），不同的文本描述也显示了这个要处理的交际任务的难度。它和认知动词相互配合，体现量表纵向上的等级差异。笔者认为，不要把文本的变化设计到量表的横向目标语言能力分类中去，一个变量不可能既在横向又在纵向都作为变量，厘清这一点非常重要，否则量表会杂乱无章，不堪其繁。影响文本难度的变量有文本的话题、语速语调（语音文本）、体裁、学科领域等。因此，从语义结构上看，描述语的这个文本说明语段里可以包含有很多限定成分，可以限制话题、题材、知识领域、语速等，有时还可以对全句有条件限制，主要是限制语境。

（4）在典型语言行为特征描述和典型语言活动与策略描述中，Can-Do 描述的表达方式可能会稍有不同，前者可以对语言行为特征进行直接描述，并不一定要出现"能做"这样的字眼（有时给人感觉是在描述做的怎么样），后者则是一个标准的"能做"描述语语义结构。

（5）描述语的句法形式可以非常灵活，而且尽可能口语化。笔者不主张设定一个统一的句法格式来规范全部描述语，那样会让描述语失去的生气和活力。

为了更好地理解 Can-Do 描述语的语义结构特征，笔者随机抽取 CEFR 的几个交叉网格内的全部描述语（Council of Europe 2001）进行说明。

例 1. CEFR 语法能力（grammatical competence）量表，参数类型是语法知识，B1 级，共用了三条描述语：

（1）在熟悉的语境下能比较正确地表达；

（2）虽然明显受母语的影响，但总体看语法掌握尚好；

（3）语法有错，但基本意思清楚。

这三条描述语描述的是 B1 级的人在全部语言行为中对语法知识运用

的典型特征(概括性描述)。句(1)是个简单句,对语境进行了限制,句(2)和(3)没有出现"能做"字样,都采用了复句结构,以便于补充说明(含有部分否定语义)。

例2. CEFR话语能力量表,话轮掌控(Turn-taking),参数类型是语用知识,B2级,共用了四条描述语:

(1) 能在讨论中用适当的方法和适当的语言介入;

(2) 能有效遵守话轮顺序,知道如何得体地开始讲话,展开话题和结束发言;

(3) 知道选择适当时刻开始讲话或者插话,并能在需要时结束发言,尽管有时显得不自然;

(4) 知道使用固定表达法,如"这不是一个简单问题",以赢得思考时间,把持话语权。

这四条描述语描述的是B2级的人在全部语言行为中语用知识运用的典型特征(概括性描述),出现了"能做"字样:"能介入""能遵守""知道"等。

例3. CEFR听力量表,听广播和录音(Listening to audio and recordings),参数类型是语言活动,C1级,只用了一条描述语:

能听懂绝大多数录音盒电台播音材料,即使语言不标准也无妨,能捕捉到一些微妙的细节,如对话人的言外之意和对话人之间的关系等。

使用了"能听懂"字样,紧接在后面的是要处理的文本描述:"绝大多数录音盒电台播音材料,即使语言不标准也无妨",再后面的两个句子是对"能听懂"的补充说明,并且使用了举例法(部分肯定),目的是让描述语的语义更加清晰。

例4. CEFR理解策略量表,发现线索并推理(identifying cues and inferring(spoken&written)),参数类型是语言策略,B1级,用了两条描述语:

(1) 对自己专业和兴趣内的主题能根据上下文猜认生词;

(2) 对自己熟悉的主题能根据上下文立即猜词悟义。

出现了"能做"字样:"能猜认"等,并有一定的条件限制:"根据上下文",对要处理的文本主题也进行了限制:"对自己专业和兴趣内的主题"和"对自己熟悉的主题"。

（三）如何编辑、修改和撰写描述语

全部描述语都要有一个共同的语义结构，即 Can-Do 语义结构，而描述语的句法结构则可以非常自由（单句、并列句、条件复合句等复句类型均可）。一般来说，通过社会调查得到的来自一线教师和用户所使用的描述语句型会非常丰富。笔者认为并不需要专家改写为某种统一的句法结构，那样反而有损其通俗性和生命力，专家要审核和修订的是语义结构是否符合 Can-Do 描述语范式和一些其他语言规范。描述语除了要符合 Can-Do 语义结构外，还需要遵守一些语言规范。对于描述语的语言规范，North 的博士论文（North 2000）和杨惠中教授的国家社科基金项目成果专著（杨惠中、朱正才、方绪军 2012）都进行了很好的归纳和论述：

（1）使用肯定描述，描述语要使用肯定句，但是可以包含部分否定，也可以列举，即部分肯定（参见例 2 的（3）、（4），例 3 的（1））。

（2）满足单维性假设，一句描述语只描述一种目标语言能力。单维性这个概念本来主要是一个心理测量学上的概念，它对于随后的 Rasch 模型数据分析非常重要。我们务必要区分开心理统计学上的单维性与心理语言学上的单维性之间的差异，有时统计上满足单维假设，语义上却可能是一个复合型的语言技能，如听写能力就可以包含听力理解、概括能力、语言表达能力等多种心理成分，描述语也因此会很长，在这种情况下我们不能认为描述语不符合单维性的要求。

（3）满足独立性假设，指描述语彼此之间既不相互依赖，也不相互矛盾，一条描述语就可以独立作为教学目标，不一定非要参照其他指标。独立性和单维性是相辅相成的，一般来说，满足了独立性，自然就满足了单维性。

（4）语义清晰、通俗易懂，这个要求很容易理解，就是描述语要让广大的教师、学生、教育机构的工作人员、普通老百姓都能看得懂。

总之，为了保证量表的质量，描述语库在经过专家审核和数据验证后，剩下的都是最好的描述语。为了达成这个目标，笔者认为，在审核、编辑、撰写任何一条描述语时必须要做到：

（1）心中要有清晰的英语能力构念，即量表的每个目标语言能力的表述一定要为大家准确理解，并且烂熟于心。

（2）心中要有清晰的学生语言行为表现作为描述对象，一条描述语是为哪一个层级的、什么样的学生写的要清清楚楚。我们不能为想象的客观上不存在的学生写描述语，因为既然是测量，对象首先要客观存在，否则量表就纯粹是规定性的。如果只凭想象工作，结果将不可预料。笔者认为，采样法是最可靠的描述语收集方法，尽管成本高，可能无法大面积实施，但做一些试点研究还是非常有必要的。

（3）心中要有清晰的描述语 Can-Do 语义结构，每一条描述语所描述的都是学生的语言行为表现，语义结构要符合前述的 Can-Do 描述模式，而且语义要具体、清晰，符合总的英语交际语言能力模型。

五、描述语中的社会文化和意识形态问题

我国英语学习者的英语能力是一种外语交际能力，即中国人用英语来参与国际化交际活动的英语运用能力。要有意识地构建关于中国英语能力量表的话语体系，即用中国的语言、中国人的思维方式和价值观来阐释关于中国英语能力等级量表的一系列观点和方法。当代中国社会文化格局的主要特征是"一主多元"，即坚持主流文化主导与多元文化并存相统一的原则，就是要发挥社会主义核心价值体系在和谐文化建设中的引领和主导作用。这种政治与文化观与美国、加拿大和欧盟的多元文化多元语言观有很大的区别，也是英语等级量表建设中最主要的意识形态问题。显然这些问题已经超越了语言的工具性层面，而是与语言的内容有关，绝对不能在描述语本身的内容和描述语对英语学习内容的规范这两点上犯意识形态方面的错误。

——原载于《中国考试》，2015（4）；作者：朱正才。

参 考 文 献

［1］高靓.我国首个国家外语能力测评体系建设工作正式启动［N］.中国教育报，2014-10-31（1）.

［2］教育部考试中心.中国英语能力等级量表工作手册［R］.北京，2014.

［3］韩宝成.国外语言能力量表述评［J］.外语教学与研究,2006(6)：443.

［4］Council of Europe. Common European Framework of Reference for Languages：Learning, Teaching, Assessment［M］. Cambridge：Press Syndicate of the University of Cambridge，2001.

［5］North，B. The Development of a Common Framework Scale of Language Proficiency［M］. New York：P. Lang，2000.

［6］Bloom，B. S.，Engelhart，M. D.，Furst，E. J.，Hill，W. H.，& Krathwohl，D. R. Taxonomy of Educational Objectives：The Classification of Educational Goals. Handbook 1：Cognitive Domain［M］. New York：David McKay，1956.

［7］王淑花.中国学生英语理解能力量表的构建及验证研究［M］.北京：知识产权出版社,2012.

［8］杨惠中,朱正才,方绪军.中国语言能力等级共同量表研究——理论方法与实证研究［M］.上海：上海外语教育出版社,2012.

第三节
中国英语能力等级量表描述语量表化的可行性方案探讨

导读

　　描述语的量表化过程中测量和统计的技术含量比较高,何况中国英语能力等级量表(简称 CSE)的描述语规模又是空前巨大。核心问题有四个:

　　(1) 如何获取一个对全体中国英语学习者具有较好代表性的学生样本,这就涉及抽样方法、样本量大小以及抽样方案的具体设计问题;

　　(2) 如何获取用描述语来评判学生的调查数据,这要设计问卷与分发问卷、锚题安排、评分标准及评分培训,尤其是如何保证评分员彼此之间的评分一致性;

　　(3) 如何通过等值设计把全部描述语链接起来,再通过等值计算把它们的难度参数标刻在一个统一的量尺上;

　　(4) 如何确定量表的等级数、零点位置和等级分界线。

　　中国英语能力等级量表的描述语量表化工作是基于多级评分的 Rasch 模型(IRT 模型的一种)而完成的,本节的报告并不完善,实际操作时还有很多技术细节,如数据模型拟合检验、锚题稳定性检验等。

一、引言

　　英语能力等级量表描述语量表化是英语能力等级量表研制的关键环节,

直接关系到量表的科学性和可操作性。本节在主要参照《欧洲语言共同参考框架：学习、教学、评估》(Common European Framework of Reference for Languages：Learning，Teaching，Assessment，CEFR)等世界著名语言能力量表研制和国内外众多语言能力标准制定经验的基础上，结合我国的实际情况，尝试对中国英语能力等级量表描述语的量表化提出一整套解决方案，以期为国家外语能力测评体系建设提供智力支持。

二、描述语的分类和能力等级确定

描述语量表化的基本程序是：第一步，描述语的撰写者、收集者或者改写者在讨论的基础上凭经验确定描述语的分类和能力等级；第二步，对描述语广泛征集各方意见，进行问卷调查和调查数据的分析；第三步，综合调查数据的分析结果以及专家意见，最终确定每条描述语适合的类别以及能力等级。

（一）抽取有代表性的学生语言行为样本

心理学的能力连续统(continuum)假设认为，人的任何一种心理特质(包括语言能力)从总体上看分布都是连续的，从极端的无能到完美的熟练，呈现一种正态分布形态。中国英语学习者的英语能力也应该符合这个假设，从低端的、很有限的英语能力到高端的专业翻译能力，中间是连续的正态分布。

描述语量表化的第一步需要有一个足够大的、有代表性的学生语言行为样本。如果能从中国英语学习者(或使用者)总体中抽取一个很大的样本，并且使用科学的抽样方法，这个样本的代表性就会很高。这样就有可能通过这个样本对中国英语学习者的英语能力表现进行全面而细致的描述验证。

中国英语能力等级量表的适用对象主要是中国教育系统的英语学习者，故可以在中国各级各类学校中分层随机地抽取学生样本，其他英语教育系统和英语自学群体则只要抽取少量学生样本作为补充数据。不同层级的学生组成比例要符合两个原则：第一，在校学生数多的层级相应地要抽取更多的样本；第二，社会迫切需要描述其英语能力的学生层级也要抽取更多的样本，因为针对这部分群体相应的描述语也会更多。

如何确定合适的样本大小呢？这主要看项目的真实需要和可行性，两个方面要达到平衡。假设需要数据验证的量表数目有 100 个,每个量表 9 个等级,那么将形成 900 个交叉描述语网格。如果每个网格最后平均需要两条描述语(这里参考了 CEFR 的经验,中国英语能力等级量表可以更多),则共需要 1 800 条描述语。再假设数据验证过程要淘汰大约 30% 的描述语,最终应该有 2 500 条左右描述语需要收集调查数据。将 50 条描述语组成一份问卷(暂不考虑锚题),共产生 50 份问卷。根据 IRT 多级评分模型,题目难度参数估计要求的一个比较低的样本容量是 100 人。按照这个最低要求,每份问卷要调查 100 人,则至少需要 5 000 名学生。这就是样本量的一个下限,实际执行时只能多不能少。

在抽取学生时要按照班级抽,好、中、差兼顾,比如一个市只抽三所学校,一定要好、中、差各一所;抽两所学校时,好、差各一所;抽一所学校时,抽中等的。在抽取班级时,同时要考虑英语任课教师必须是连续两年以上负责该班教学的有责任心的教师,因为填写调查问卷的是教师。在抽取学生时,建议参考 CEFR 中 North 的做法,要求教师先将自己熟悉的学生(也可能来自不同班级)按平时英语成绩和课堂表现从高到低排序,然后再从中抽取 10~20 人(其中差生 1~2 名,中下生 2~3 名,中等生 3~4 名,中上生 3~4 名,最好的学生 2~3 名)。但 North 发现这样做得到的学生样本代表性也不是很好,因为不完全随机。而如果不这样要求,教师就倾向于只抽好学生,样本代表性会更差。

(二) 收集描述语和学生语言行为表现的匹配数据

有了学生语言行为样本,接下来要做的是将描述语和语言行为匹配(matching)在一起,也就是收集描述语和语言行为的匹配数据。目前国际上主要有三种做法:教师评判法、学生自评法和专家评判法。

(1) 教师评判法:就是由最了解学生的任课教师来评价学生。教师了解所教学生的英语能力行为表现,能够比较准确地把描述语和每个学生的英语能力匹配起来。笔者认为,中国英语能力等级量表应该主要采用这一方法收集数据。

(2) 学生自评法:由学生自己评价自己。这一方法存在弊端:第一,小学生还没有自我感知能力,而且不一定看得懂描述语;第二,学生可能会撒谎,不会的也说会。因此,学生自评数据的可靠性无法保证,笔者建议中国英语能力等级量表可少量收集自评数据作为效度研究的补充,不能作为主要依据。

（3）专家评判法：用文档、录音、录像等收集学生的语言行为表现(包括课堂表现、试卷、竞赛、答辩、演说等),专家通过观看这些资料完成描述语的匹配。这一方法的优点是：第一,专家有专业素养,评判数据的可靠性高;第二,资料可以复制,允许多人反复评判,能显著提高描述语匹配数据的可靠性。但专家评判法的缺点也是明显的,收集学生的英语能力行为样本费力费钱,无法实现大样本的数据收集。因此,笔者建议中国英语能力等级量表可以少量收集这类数据作为大规模调查数据校验用。

（三）设计带锚题的描述语调查问卷

1. 问卷设计

设计描述语调查问卷是描述语量表化的又一个关键环节。如何将全部描述语科学而合理地分配到不同的调查问卷中? 先来看 North 在 1994 年瑞士项目中的做法。North 先将能力等级和英语学习者群体进行了大致的关联(见表 4-2)。针对每个不同层次学生所用的问卷,所含描述语是最适合目标学生群体的,在组卷时要依据给描述语预设的三方面信息来分配它们,即描述语的临时等级、描述语适合的目标群体以及描述语的难度。North 把全部 280 条描述语分成 7 份问卷,每份问卷含 50 条描述语、10 道锚题。口语任务 24 条,理解 4 条,交互策略 7 条,口语质量 12 条,写作任务 3 条。7 份问卷中,W1 和 W2 是平行问卷,T1 和 T2 是平行问卷,含平行锚题。不同等级问卷之间交叉重叠少部分题目,即含垂直锚题,其中 B 与 W1 交叉,W2 与 T1 交叉,T2 与 I 交叉,I 与 E 交叉。

表 4-2　North 在瑞士项目 1994 年调查中的能力等级与目标学生群体对应关系

问卷编号(等级名称)	目 标 学 生 群 体
B(Breakthrough)	初中以下学生为主
W1(Waystages)、W2	中学生为主

问卷编号(等级名称)	目标学生群体
T1(Threshold)、T2	剑桥第一证书水平的人
I(Independence)	文科中学毕业水平的人
E(Effectiveness)	剑桥高级证书水平的人

　　中国英语能力等级量表的问卷调查可基于上述原理,设计 50 份问卷,每份问卷 50～60 条描述语,含 10 道左右的锚题,可以分配为听力 10 条,口语 8 条,阅读理解 10 条,写作 8 条,翻译 4 条,语言知识运用 5 条,语用知识运用 5 条,可行方案见表 4-3。其中同一个层级的是平行问卷,含一组平行锚题,如 A1-1 和 A1-2 是平行问卷。相邻层级之间是垂直问卷,含一组垂直锚题,如 A1-1 和 A2-1 交叉,A2-2 和 A3-1 交叉,A3-2 和 B1-1 交叉,B1-2 和 B2-1 交叉,B2-2 和 B3-1 交叉,B3-2 和 C1-1 交叉,C1-2 和 C2-1 交叉,C2-2 和 C3-1 交叉。

表 4-3　中国英语能力等级量表问卷等值设计方案

等级		问 卷 编 号
高 ↑ 低	C3	C3-1,C3-2
	C2	C2-1,C2-2,C2-3
	C1	C1-1,C1-2,C1-3,C1-4
	B3	B3-1,B3-2,B3-3,……,B3-8
	B2	B2-1,B2-2,B2-3,……,B2-10
	B1	B1-1,B1-2,B1-3,……,B1-8
	A3	A3-1,A3-2,A3-3,……,A3-8
	A2	A2-1,A2-2,A2-3,A2-4,A2-5
	A1	A1-1,A1-2

2. 问卷分发

描述语调查问卷可以通过互联网发送给教师,教师在网上填写。为保证调查数据的数量要求,同时保证被评学生有良好的代表性,问卷分发时应满足以下要求:①每份问卷只评测对应的同一层级的学生;②每份问卷至少评100名学生,如果每位教师评20名学生,那么每份问卷就要至少被随机地分发给5位不同的教师;③每位教师至少要评完一份问卷(即用一份试卷分别评20名左右的学生),如果时间精力允许的话,一位教师也可以评多份平行问卷。

按照听、说、读、写、译、语言知识运用等语言能力分类的描述语应在同一个学生样本上完成问卷调查。这样各类描述语的难度参数在经过等值后,其量表零点在同一个位置上,即在被调查学生样本的能力均值上。这无疑会给后面的量表等级划分带来极大的方便。否则各类描述语得到的是相互独立的量表体系,需要有一个把难度参数标定(calibrating)到一个新的共同量表上的环节,由于误差累积效应,会严重影响描述语难度参数的估计精度。

3. 锚题组设计

锚题可以从描述语库内各位专家公认为好的描述语中选出。平行等值的锚题组含全卷15%～20%的题量,无论是结构上还是题目质量上,都是所在问卷的代表性题目。

垂直等值的锚题组由高一级问卷中较易的题和低一级问卷中较难的题组拼起来,难度在两个等级中间,结构上对上下两个层级问卷都要有一定的代表性。

4. 教师评判松紧度问题的解决方法

描述语与学生的语言行为表现的匹配程度通常用5点里克特(Likert)量表评分,用0表示描述语对学生的语言行为表现是不适合的,学生肯定达不到描述语所描述的水平,用4表示学生的语言表现水平肯定达到或超过了描述语所描述的水平,用2表示描述语相对学生的语言行为来说是中等程度的符合。1介于0与2之间,3介于2与4之间。

通常教师在对学生进行评定时,对于描述语与学生符合程度的判断,在松紧度(severity)的把握上会有很大差异。每个人所评分数会围绕分数量表的中心点（即量表的参照点或者称零点）上下移动。为了不让这个零点在评分时任意"飘移"（floating），有必要对全体评分员进行培训，以统一评分的松紧度。

North 的瑞士项目采取看录像打分的培训程序，值得借鉴。瑞士项目 1994 年做的主要是口语及互动量表（含写作），因此 North 的录像中录的是学生的口语表现，一个考官、两个水平相当的学生，共 11 个录像，不同录像里面的学生水平都不一样。North 为每个录像编了一组描述语（5~7 条），不同等级录像的描述语还有交叉的锚题（比如 2 题），这样全部录像里的描述语难度参数后续就可以直接等值。North 要求参加描述语问卷调查的教师先浏览一遍描述语，再看录像，同时试着给每条描述语评一个临时分数，看完录像后反复核对全部评分情况，看看是否都合适，个别学生成绩是否要修改，最后确认自己的评分。

在此程序基础上，North 提出两种解决教师评分松紧度的方法：①行为观察量表法（behavior observation scales，BOS），根据录像培训所得数据可以估计每个教师评分的松紧度参数，教师无须改变自己的评分习惯就可以开始评分。后续在估计每条描述语的难度参数时，计算模型会根据评分教师的松紧度对描述语的难度参数进行相应调整。②行为描述量表法（behavior summary scales，BSS），经过培训后的教师把自己评分的松紧度主动调整到一个给定的统一标准上。显然这里需要制定一个统一的评分标准。

很多研究都发现 BSS 量表法行不通。因为教师经过培训后，评分松紧度有的改了，有的改不了。更多的评分员可能是开始改了，后来又回到原来的习惯。因此，鉴于中国英语能力等级量表的评分松紧度问题，推荐用 BOS 量表法解决。

North 的 1994 年瑞士项目只包括口语与互动，他大概认为作文与口语评分具有共通性，因此在培训评分松紧度时只用了口语录像资料。但如果是听力和阅读描述语评分，松紧度问题又如何解决呢？是否教师的评分松紧度在口语录像培训上统一后就可以自然地迁移到听力、阅读评分上去，还是松紧度本来就和量表类别关系不大？评分员评分时常有趋中现象，这是否也需要有一个事后的统一调整呢？这些问题都有待进一步研究。

三、数据分析和描述语的最后审核

调查问卷的数据分析在两个层面上进行：一个是数据的集中分析层面，一个是数据的分组分析层面。集中分析要解决的问题是用模型分析的方法剔除全部数据中不合适的描述语和不合适的学生数据，然后分析描述语的分类在各组之间是否有不合理的情况，全部描述语的难度估计和等值，全部学生的能力水平参数估计和等值，描述语的等级划分和量表的等级划分等。分组分析要解决的问题有描述语的分类在组内是否有不合理的情况，描述语的难度估计及排序，描述语的等级划分，其他与量表构念效度、描述语效度有关的诸多问题。

描述语分类验证的数据分析方法主要有因子分析法、聚类分析法、卡方分析法、IRT 模型分析等。描述语分级验证的数据分析方法主要有 FACETS 分析、聚类分析法等。读者可参考相关专业文献。

综合全部数据分析结果，再加上专家的集体审核意见，不合适的描述语将会被大量删除，初步估计删除比例将在 30% 左右。有些描述语可能需稍作修改便可留用。保留下来的描述语应该能力目标清晰、语言简洁易懂、语义结构符合"能做"描述规范，而且难度参数在整个能力量表上都有分布，而不是挤在某几个等级里面。Alderson 和 North 都曾对 CEFR 的编制工作（包括描述语的审核和分级等）做过细致的总结和评论，其中很多经验之谈值得借鉴。

——本文发表于《中国考试》，2016(4)；作者：朱正才

--------- **参 考 文 献** ---------

［1］林蕙青.深化考试招生制度改革，加强国家外语能力测评体系建设[J].中国考试，2015(1).

［2］刘建达.我国英语能力等级量表研制的基本思路[J].中国考试，2015(1).

［3］杨惠中.关于我国外语能力测评体系建设的几点思考[J].中国考试，2015(1).

［4］朱正才.关于我国英语能力等级量表描述语库建设的若干问题[J].中国考试，2015(4).

［5］American Educational Research Association，American Psychological Association，National Council on Measurement in Education. Standards for Educational and Psychological Testing［M］. Washington, DC：American Educational Research Association，1999.

［6］American Educational Research Association，American Psychological Association，National Council on Measurement in Education. Standards for Educational and Psychological Testing［M］. Washington, DC：American Educational Research Association，2014.

［7］Council of Europe. Common European Framework of Reference for Languages：Learning，Teaching，Assessment［M］. Cambridge：Press Syndicate of the University of Cambridge，2001.

［8］North, B. & Schneider, G. Scaling descriptors for language proficiency scales［J］. Language Testing，1998，15(2)：217-263.

［9］North，B. The development of a common framework scale of language proficiency［M］. New York：P. Lang，2000.

［10］方绪军,杨惠中,朱正才.制定全国统一的语言能力等级量表的原则与方法［J］.现代外语,2009(4)：380-387.

［11］刘骏,傅荣,译.欧洲语言共同参考框架：学习、教学、评估［M］.北京：外语教学与研究出版社,2008.

［12］Bachman，L. F. Fundamental Consideration in Language Testing［M］. Oxford：Oxford University Press，1990.

［13］Bachman，L. F. & Palmer，A. S. Language Assessment in Practice［M］. Oxford：Oxford University Press，2013.

［14］Hughes，A. Testing for Language Teachers［M］. Camebridge，UK：Cambridge University Press，1989.

［15］Hymes，D. On communicative competence［C］. Pride，J. B.，& Holmes，J. (Eds). Sociolinguistics. Harmondsworth：Penguin，1972：269-293.

［16］Jin，Y. & Wu，Z. Developing the Common Chinese Framework of Reference：Challenges at Macro and Micropolitical Levels［C］. Paper presented at the 36th Language Testing Research Colloquium. Amsterdam，the Netherlands：VU University，2014.

[17] 杨惠中,朱正才,方绪军.中国语言能力等级共同量表研究——理论方法与实证研究[M].上海：上海外语教育出版社,2012.

[18] 杨惠中,桂诗春.制定亚洲统一的英语语言能力等级量表[J].中国外语,2007(2)：34-37.

[19] Thomas, P. Psychological Testing：A Practical Introduction［M］. Hoboken, NJ：John Wiley & Sons, Inc.（Second Edition）, 2007：155-205.

[20] 张厚粲,龚耀先.心理测量学[M].杭州：浙江教育出版社,2012.

[21] Figueras, N., North, B., Takala, S., Verhest, N., & Avermaet, P. Relating Examinations to the Common European Framework：A manual［J］. Language Testing, 2005, 22(3)：261-279.

[22] Jones, N. Background to the validation of the 2005. ALTE "Can-Do" project and the revised Common European Framework［J］. UCLES Research Notes, 2000(2).

[23] Kane, M. T. Validating score interpretations and uses［J］. Language Testing, 2012, 29(1)：3-17.

[24] Weir, C. J. Language Testing and Validation：An evidence-based approach［M］. Houndgrave, Hampshire, UK：Palgrave-Macmillan, 2005.

[25] 陈宏.在语言能力测验中如何建立结构效度[J].语言教学与研究,1997(2)：77-92.

[26] 杨惠中,Weir,C.大学英语四、六级考试效度研究[M].上海：上海外语教育出版社,1998.

[27] Linacre, J. M. A User's Guide to Facets［M］. Chicago：MESA Press, 1989.

[28] Arbuckle, J. L. Amos 4.0 User's Guide［M］. Chicago：SPSS Inc., 1995.

[29] Thissen, D. MULTILOG User's Guide［M］. Chicago：Scientific Software, Inc., 1991.

[30] 杨惠中,朱正才,方绪军.英语口语能力描述语因子分析及能力等级划分——制定语言能力等级量表实证研究[J].现代外语,2011(2)：151-161.

[31] 朱正才.语言测试的能力结构与因子分析法[J].外语教学,2014(5)：50-54.

[32] 杨志明,张雷.测评的概化理论及其应用[M].北京：科学出版社,2003.

［33］ Alderson，C. The CEFR and the need for more research［J］. The Modern Language Journal，2007，91(4)：659-663.

［34］ North，B. The CEFR in Practice［M］. Camebridge，UK：Cambridge University Press，2014.

第四节
中国英语能力等级量表效度研究框架

导读

    本节尝试为中国英语能力等级量表的效度研究构建一个完整的理论框架。第一，界定量表效度研究的基本内容，并对比量表效度与考试效度研究的异同，加深对效度问题的理解；第二，从时间维度区分"即时效度研究"和"延时效度研究"；第三，从科学与道德的视角论述"构念效度研究"与"公平效度研究"的内涵和相互联系；第四，从英语教育与社会生活层面论述"教育反拨效度研究"与"社会影响效度研究"的重要性。决策效度，因为其对一个测量工具具有根本性、实用性、整体性等特征，被作为量表的最高一级效度指标。本节所建立效度验证构架与西方为数众多的效度理论相比，还是具有显著的中国特征，但本质上并不矛盾，只是在表述上尊重中国人的文化价值理念和表达方式，采取了比较中国化的话语体系来对一些核心概念进行中国式的阐释。

一、语言能力量表效度研究的内涵

    中国英语能力等级量表是一个实用的国家语言能力等级量表，它关于中国英语能力的"构念"（construct）以及对语言能力进行分级分类"能做"描述（Can-Do Statements）的方法将会影响到未来十年甚至更长时间的中国英语学习、教育和测评活动。一个效度不高的量表会把中国英语教学引向歧路,一个效度没有得到充分论证的量表不能在英语能力测评中大规模使用。因此,效度论证工作无疑应该是中国英语能力等级量表项目的重要研究内容之一。

什么是语言量表的效度呢?

首先要承认语言量表是一个测量工具,这就像工人手里的一把尺子一样,是测量工具就必然有测量的对象。尺子的测量对象是物体的长度,语言量表的测量对象是人的语言能力。因此,可以把一个语言量表的效度界定为量表能测量到目标语言能力的程度。所谓目标语言能力可以是人的总体语言能力,也可以是人语言能力的一部分。比如,口语量表的目标语言能力就是人的口头交际能力,写作量表的目标语言能力就是人的书面表达能力。

一把尺子能测量到物体的长度似乎无须论证,但一个语言量表能否测量到目标语言能力并非一望便知,而是需要一个艰苦的论证过程。其一,语言量表的测量对象是一个抽象的心理概念(或心理特质),看不见摸不着,而且其意义或内涵长期以来会随着人类认识水平的提高不断改变。如果目标语言能力究竟是什么这个问题不解决,其他工作都难以开展,这便是语言量表效度研究中的第一个难题,即能力构念问题。其二,即使定义好了目标语言能力,还要继续解决如何通过可观察的语言行为去推断相应的语言能力水平这个问题。这些推断所依据的原理和方法必须科学而符合逻辑。这是语言量表效度研究中的第二个难题,即效度建构中的推理逻辑问题。其三,信度会严重干扰效度的论证逻辑。假如一个测量被事实证明很不好,那么是量表效度有问题,还是测量误差太大造成的? 只有把测量信度控制住后,才有可能把测量结果归因在效度上。以上三点构成了量表编制和效度研究的最基本内容。

国际测量界对量表效度的研究非常普遍而且规范(Alderson 1998; Aryadoust 2013; Dandonoli 1990; Jones 2000),但是国内的效度研究则是最近二十年才逐渐受到重视,如大学英语四、六级考试效度研究、汉语水平考试(HSK)效度研究等(杨惠中、Weir 1998;杨惠中、朱正才、方绪军 2012;郭树军 1995)。目前可以查到的许多文献多是关于测验效度的,量表效度研究的文献并不多见(刘登堂、徐一峰 2008)。测试的效度研究和量表的效度研究又有何不同呢?

　　首先,语言测试包含有能力构念、题目设计、施考、评分和分数解释等诸多环节,而和量表直接相关的是评分这个环节。因此,一个测试项目的效度研究比量表的效度研究要复杂得多。其次,量表的效度一旦得到充分论证,就可以供许多测试直接使用,这无疑会极大地利于测试项目的开发和测试的多样化。最后,许多语言测试项目都有自己专门的分数量表来解释报告成绩,必要时才把自己的报告分数和某个统一量表进行关联,可以让自己的分数获得额外的含义。比如,欧盟的欧洲语言共同参考框架:学习、教学、评估量表(CEFR)就是一个共同语言能力量表(Council of Europe 2001、2003;North 2000)。现在很多欧盟和美国的语言测试项目都主动把自己的分数和 CEFR 进行关联(Figueras et al. 2005;Tannenbaum & Wylie 2005、2008;Alderson 2007;Taylor & Jones 2016)。中国英语能力等级量表也应该具有这种与诸多的测试项目进行关联的功能(刘建达 2015)。对于这样的应用,共同量表的效度必须得到充分的论证。

　　共同语言能力量表还有另外一种应用模式,即用于语言学习者自评,学生直接把量表的描述语与自己的语言行为(自我感知的语言表现)进行比对,然后确定相应等级。假如有教师(或专家)对学生的英语能力表现非常熟悉,也可以据此进行他评。人们通常不把量表效度和测验效度作区分,这显然是忽略了自评或他评中的测量误差。根据 CEFR 的经验,共同语言量表的这种应用还非常普遍,其效度论证也是必不可少的(Alderson et al. 2006;North 2014)。

二、量表效度研究的框架

(一) 量表效度研究的时间构架

　　如前所述,对任何一个心理量表来说(包括语言量表),效度是一个比信度更重要的概念。量表效度实则从量表设计之初就已埋下了伏笔,而且贯穿于量表研制的始终(Messick 1989;Kane 2006、2012)。把效度研究前移至量表和测验的开发期,而不是仅满足于事后验证,这已是国际同行的共识。Kunnan 于 1997 年提出的考试公平性研究规划就主张把公平理念贯穿于测试研究的全过程（Kunnan 2000）。Weir 把效度证据按测试发布的时间节点划分为事前效度证据和事后效度证据（Weir 2005）。Bachman 提出了一个语言测试 AUA 框架（assessment use argument），主张从保证效度和公平的理念出发来开展语言测试项目的开发工作。因此，从时间维度看，如果把来自量表编制阶段的效度证据统称为即时效度证据（immediate validity evidence）非常合适。

一个语言量表正式发布后，在教学、测评和社会应用的各相关领域里都会产生大量的反馈信息，有正面的、负面的。量表的效度证据因此会越来越丰富，尤其是那些负面证据会对量表的修订产生巨大影响。从时间维度看，可以把这些延后的反馈信息统称为延时效度证据（delay validity evidence）。

在量表发布后的一段比较短时期内（1～2 年）所收集到的效度证据对量表的意义最大，是量表能否进一步全面施行的关键决策依据。笔者认为，应该把这一段时间内的效度证据也纳入即时效度证据当中。

近年来，笔者在测试效度研究的实践中还发现有一种效度磨损（validity attrition）现象，很值得引起重视。效度磨损就是一个测验在开发期和刚开始使用的一段时间内效度很高，随着时间的推移，开始有人寻找这个考试的软肋，目的主要是为了投机（特别是应试教学和作弊）。时间一长，如果没有得力的措施阻止，测验的效度就会越来越差，直至损耗殆尽。目前国内外对这一效度历时演化现象的研究还很不够。

（二）量表效度研究的理论构架

1. 科学与道德——量表效度研究的新视角

要建立一个科学、先进而且相对完善的语言量表效度研究构架绝非易事，但笔者还是想尝试提出一个量表效度研究的新视角——科学与道德的理论视角。

我们经常讲一个考试首先要科学、公平、公正，这里的科学与公平（fairness）其实都和测量效度有关。试想一个测验如果从设计原理上就不科学，不符合基本的思维逻辑，怎么可能会有好的效度呢？如果一个测验连最基本的公平都不能保障，谁还愿意进一步去谈效度呢？因此，对于中国英语能力等级量表来说，首先要保证设计理念的科学性以及道德上的公平原则,这是这项工作的两个最高的价值观。

　　科学与道德这两个哲学范畴在人类的思想史上可谓源远流长,而且举足轻重。一方面,正如马克思所言,科学技术的进步总是在不断地推动人类社会生产力水平的提高;另一方面,生产力水平的提高又会不断地改变人类社会结构形态和人们的思想意识形态,包括道德伦理观念(如公平理念)。从人类历史的发展进程看,道德进步经常会采取更加保守和更为稳健的进化策略,其前进脚步常常会落后于科学的进步。比如,核能的发现就曾让很多人类的智者感到痛苦和迷茫,而今天的互联网、人工智能和基因技术又让人们几乎迷失于伦理的天空。在心理测量领域我们何尝没有同样的困惑。当我们真的能洞察人心的时候,甚至还不知道该如何去使用这些测验结果。如何才能让科学和道德在心理测量活动中和谐相处呢?这个问题无疑要纳入效度研究的视野当中。对一个语言量表来说,语言能力构念就是一个与科学密切相关的问题,它与语言学、心理测量学和社会学诸多学科相关联,而公平则属于道德范畴。笔者认为,对一个全国性的英语能力等级量表来说,科学是成功的关键,公平则是道德的底线。而公正这个问题则要比公平问题还要复杂得多。因为所谓公正是要让每个人都得到其应得的权益,但如何确定这个应得的权益却是个千古难题,必须要引入更高的价值观来参与评判,这显然不是考试力所能及的。比如,高考加分本来是要落实国家层面的正义原则(即部分地解决高等教育权中的公正问题),有些人(如少数民族、归国华侨、烈军属等)应该得到加分,那是他们应得的权益。但给谁加分,加多少分,必须要有一个已取得共识的价值判断,目前这只能由国家权威部门来主持商定。因此,笔者认为,量表研制只能在测量学范畴内解决公平问题,它解决不了测验成绩使用环节的公正问题。厘清这一点对量表效度研究至关重要,否则我们就会在许多价值观问题上纠缠不清,捉襟见肘,从而招致严厉的社会批评。这就是量表道德底线的边界。

　　总之,对量表中科学与道德问题的关注和思考必然会引出构念效度和公平效度这两个概念。前者与量表的科学性有关,后者与量表的公平性有关。笔者把量表效度研究纳入了人类统一的思想和价值体系当中,也为不熟悉效度研究这个交叉学科领域的人们解读量表效度的研究成果提供了一条熟悉的思想路径。

1) 构念效度

构念效度(construct validity)这个概念早在 1955 年就由 Cronbach 首次提出,但国际学术界对其内涵和外延仍争议不断(Bachman & Palmer 2013;Cronbach & Meehl 1995;Bachman 1990;Thomas 2007),国内也曾有过热烈的讨论(张凯 1998;陈宏 1997)。20 世纪 90 年代,Messick 提出影响深远的一元化效度(unified validity)理论,认为完整的构念效度应该包括测验的内容、实体、内部结构、概化、外推、后效六个方面,也就是说,所有效度概念本质上都是基于构念的(Messick 1996)。1999 年,美国教育研究协会、心理学协会和教育测量学会对其 1985 年版的《教育与心理测量标准》进行了修订,接受这个一元效度观,提出用构念效度来概括 1985 年版的三个效度概念:结构效度(construct validity,这里译为结构效度是遵循 20 世纪八九十年代国内学术界的翻译传统)、内容效度(content validity)和效标关联效度(criterion-related validity)。在 2014 年标准的最新一次修订时,这一观点仍得以保留(American Educational Research Association et al. 1999、2014)。在继承 Messick 等学者效度论证思想基础上,Kane(2006,2012)提出并逐步完善了他的基于证据的效度论证框架,已然成了效度研究的主流模式。Weir 建立的用于听、说、读、写测试效度验证的社会认知模型可以算是对 Messick 等人效度论证框架一次成功的应用。笔者认为,只能把与能力构念有关的结构效度、内容效度归并到新的构念效度研究范畴内,即构念只能针对语言能力,不能针对公平。因为公平理念来自测量的另外一个视角——道德视角。构念效度与公平效度应该并行不悖。效标关联效度由于其与外部决策有关,可以作为决策效度的一种研究方法而加以保留,这一点后文还有详述。

如何界定中国英语能力量表的构念效度呢?还是要先解决语言能力构念问题。所谓语言能力构念,就是量表设计者关于语言能力内部心理结构和语言能力与诸多外部影响变量关系的假设(Cronbach, Meehl 1995;Hughes 1989;朱正才 2015)。因此,语言量表的构念效度就可以简单界定为能测量到目标语言能力构念的程度。具体到中国英语能力量表来说,目标语言能力构念就是对中国人的英语能力这个核心概念的理解和表述,既有整体的,也有细分的。显然这个定义中的语言能力构念完全可以包含有关测试内容的假设,这样传统的内容效度就很自然地被构念效度覆盖了。

　　一个构念效度良好的语言量表能为编制一个好的语言测试提供必要条件,但并不能保证基于这个量表的语言测试效度就一定高,因为一个测验还包含了许多其他环节。而一个构念效度有问题的语言量表肯定会导致基于这个量表的测验效度不高。

　　构念效度研究有许多经典的范式,大致可以分为理性和实证两大类。前者主要是从一些公理和已被证实的科学结论出发,通过演绎、归纳、类比等推理方法来论证假设(即构念),后者则是用实验或调查数据来对假设进行证实或证伪。量表构念效度研究似乎永无终结之时,但随着效度证据的不断丰富,人们对语言能力的认识会不断深化,真理被一步步逼近,但总也达不到完美的程度。

　　为了把构念效度研究这个问题讲得更清楚、具体,笔者再举个例子来进行说明,不妨就以英语口语量表的效度实证研究为例。

　　第一步,要构建一组关于英语口语能力的假设(claims),一次效度实证研究最好只求证其中的一两个问题。比如:

　　(1) 口语能力是可分的,不是一个内部不可辨识的心理综合体;

　　(2) 口语能力与人的大脑语音听辨能力和短时记忆容量有关;

　　(3) 口语能力在性别上没有差异,但和人格类型(内向、外向)有关;

　　(4) 口语能力与人的一般世界知识和语用知识有关;

　　(5) 口语能力与语言知识运用和人的交际策略运用水平有关;

　　(6) 听力好的人口语也好;

　　(7) 听力不好的人口语肯定不好;

　　(8) 广泛的阅读量有助于提高口语能力。

　　……

　　第二步,一定要用有待验证效度的英语口语量表来测量被试的口语能力,再用其他已经被证明是可靠的测量工具来测量其他研究变量,如人格类型、记忆容量、阅读量等。

　　第三步,选择合适的研究方法(定性、定量或二者混合)来证实或者证伪研究假设。如果假设被证实,就得到正面的、积极的效度证据,否则就是负面的、消极的效度证据。假若量表是有效的,测量数据应该支持这些假设

（正面的、积极的效度证据），否则，要么量表有问题，要么假设有问题。如果选择相信假设，那就一定是量表有问题（负面的、消极的效度证据）。

2）公平效度

自从人类社会走出黑暗的封建时代以来，公平理念就一直成为人类不懈的追求，也是现代国家稳定的基石，其重要性无须多言（斯密 2010；罗尔斯 2009；陈少峰 2009）。本节提出的公平效度（fairness validity）概念就是从人类公平性原则演变而来的，其含义是量表满足公平性原则的程度。所谓量表的公平性原则，就是在量表设计的各个方面、各个环节对所有测量对象一视同仁，没有任何偏差或歧视（bias），而且每一个被试在目标能力构念上都要有充分展现的机会，即对每个被试来说，目标能力的可达性（accessibility）都要足够好。由于公平总是相对的，公平效度从来没有一个绝对的标准。对一个具体的语言量表来说，公平效度具体体现在三个方面：第一，由于任何一个语言量表都不可能包括全部的语言能力目标，即不可能对量表能力构念全域（construct domain，指所有目标语言能力的集合）进行普遍的测量，而只能对目标语言能力的一个代表性样本进行测量，因此，量表在确定自己的测量目标时要保证能力目标样本的代表性，要严格控制构念无关变量（construct irrelevance）进入量表；第二，量表的任何一条描述语不能有性别、种族、宗教、文化等方面的偏见或歧视；第三，量表在使用过程中要保证操作的客观性、一致性和标准化。

构念效度和公平效度彼此独立，又相互关联。许多研究表明，一个测验结果的不公平大多是能力构念出了问题，或者是测验过程中混入了构念无关变量，结果导致了测量目标的偏离甚至转向，或是让有些被试的才华难以充分施展（Kunnan 2000；Xi 2010）。一个经典的例子就是英语网考，对于那些来自偏远农村和特别贫困家庭的孩子来说，可能会由于计算机和网络操作的不熟练而影响到英语能力的正常发挥，这对他们来说就是不公平的。当然有时构念和量表设计在公平方面没有问题，但在操作环节上却出了问题。比如，考生信息不对称，有人故意干扰考生答题，存在歧视性语言刺激，不按标准操作程序施测，监考、主考、评分人员不负责任等，这些不恰当的操作行为也会导致测量的不公平。

总之，在所有事关考试公平的地方都要特别小心，效度验证也必不可少，而且最好引入社会学的研究视角（Mcnamara 2006；Mcnamara，Roever 2006；杨惠中 2015；杨惠中、桂诗春 2015）。我们不但要保障公平，还要分析造成不公平的原因。原教育部考试中心主任杨学为（2003）就特别重视考试公平问题，他曾说："在中国长期的考试历史中，考试认识论的水平，决定了考试质量的高低，而考试社会学的是非，却决定了考试的存废。"

2. 决策效度

无论是具体的考试项目还是共同的语言等级量表，决策效度（decision validity）都是根本性和决定性的。因为决策效度指的是一个考试或者量表作为测量工具，其结果能帮助人们进行有效决策的程度。比如，要挑选一个英语好的人来当外贸员，如果根据测量结果来做决策达到了目的，量表就是有效的，否则就是无效的。人们甚至问都不问有关量表构念的问题。从这个意义上说，对测量结果的解释和使用比对能力构念的阐释更为重要。这显然是一个非常实用主义的观点，但它对量表来说，差不多是一票否决。

本节的决策效度这个概念其实就脱胎于以前的效标关联效度。效标关联效度的经典研究方法是计算测验结果与某个外部效标（即可靠决策）的关联程度。由于可靠的外部效标非常难找，多数情况下要借助于专家的主观判断或者一个效度已经得到论证的测量结果。笔者认为，效标关联效度这个概念看上去更像一种效度研究方法，它没能抓住决策效度问题的本质。决策效度研究的根本目的其实是要验证测量结果对人们进行相关决策的有效性，"决策"这个词才是关键词。故笔者提出用决策效度来替代以前的效标关联效度，并把它作为量表效度的最高一级指标。现在人们已经发明了许多比计算更复杂的决策模型，如概化模型、数理决策模型、模糊决策模型等，这也为决策效度研究开辟了广阔的发展空间（杨志明、张雷 2003）。

由于语言量表对各种社会决策（也包括教育系统的决策）产生的影响是间接的，中间隔着语言教学和评测活动。也就是说，社会决策直接受测验结果的影响，而测验结果要受量表的影响。因此，有必要区分量表决策效度和考试决策效度这两个概念，前者是后者的必要条件，但不是充分条件。可以把量表和考试关联时产生的决策效度称为间接决策效度，而把语言量表直接用于自评和他评时产生的决策效度称为直接决策效度。

3. 教学反拨效度和社会影响效度

语言能力量表与教学和社会的影响关系应该按量表的目的不同分两种类型来讨论。一种情况是量表只为某一个具体的语言教学设计,其目的是为完成了此项教学的学生确定一个学业等级,并提供相应的"能做"说明,即各等级能用所学语言做什么事。这种情况下量表的制定要服从于教学目的和要求,评测内容则来自教学大纲所规定的内容(知识、能力目标等)。因此,量表的教学反拨效度(teaching backwash validity)可以定义为量表对教学能产生积极引导作用的程度。

还有一种更高层次的语言能力量表,即国家统一语言能力量表,它超越了具体的语言教学,是国家语言战略和语言规划的一部分,它为实现国家人才战略、提高国家软实力,甚至保障国家安全服务。这种语言能力量表不依赖于任何具体的语言教学大纲和教学活动,其构建理念和价值观来自社会各界对国家应该具有什么样的语言能力这个问题所达成的共识以及执政党的治国理念。中国英语能力等级量表正是这样一种语言量表。教育部副部长林蕙青指出:"加强外语能力测评体系建设是实现新时期国家发展战略的需要。""英语是我国主要外语语种,外语能力测评体系建设首先应该从英语能力等级量表的研制开始。"(林蕙青 2015)因此,中国英语能力等级量表并不会依附于任何一个英语教学大纲和任何一个具体的英语教学活动,它对中国人的英语能力从国家战略层面提出科学构想,然后基于这些构想对中国英语学习者的英语能力水平进行分类、分级的描述。它与众多的教学和考试项目一起为社会各界提供全方位的英语教学和测评服务,并影响社会各界对于国家外语能力这个问题的观点和看法。因此,能否正确引导中国英语教学、评价活动向国家战略目标靠拢是中国英语能力等级量表至关重要的效度目标。可以把这类效度研究统称为社会影响效度(social impact validity)研究,当然其中也包含了一部分教学影响效度研究。

本节循着量表研制的进程,通过理论上的条分缕析构建了中国英语能力等级量表效度研究的基本理论框架,主要包括以下几个核心概念:构念效度和公平效度、决策效度以及教学和社会影响效度(见表 4-4)。如果用最简洁的一句话来概括就是测验(或量表)应该科学、公平,对相关决策有效,对英语教学和社会生活具有积极的影响。因此,可以把这个量表效度研究框架总称为量表效度的社会、教育认知模型，其中认知是模型的核心。因为全部的英语能力构念都是在认知科学，尤其是与语言能力有关的认知理论基础上得到解释的，它决定了量表的质量，是决定量表性质的内因，而社会、教育系统是量表效度的外部影响因素，它决定了量表的存废，是决定量表性质的外因。

人们还经常会使用表面效度(face validity)这个概念来指一个量表给人的直观感受是否有效。这不是一个严格的科学定义，由于这种主观的感受来自普通人，而且主要基于经验和直觉，比之于经科学研究而得出的结论，其严密性、可靠性要大打折扣，但也仍不失其社会学意义。表面效度与上述几个效度概念逻辑上不是并列关系，而是一种表面的浅层状态。比如，人们可以通过表面观察就能感受到量表是否公平，但如果认真研究下去，会发现自己的直觉或许并不可靠。

三、量表效度证据的类型

笔者完全赞同 Messick 的效验即举证思想。中国英语能力等级量表的有关效度证据收集要从量表构念阶段开始，然后按量表的进程一步步累积。笔者把这些效度证据按量表研制的步骤分为六种类型(见表 4-4 列 3)。

表 4-4　量表效度的分类和研究方法(即时效度研究阶段)

时间进程①	效度类型	效度证据类型	效度研究方法和范式
能力构念阶段	构念效度(包含了传统的结构效度、内容效度)和公平效度。	与量表语言能力构念有关的效度证据；与描述参数有关的效度证据；公平效度证据；描述语效度证据及等级划分效度证据。	定性研究：问卷调查，田野调查；录像视频分析，出声思维，心理学实验，认知实验(眼动，ERP，MRI 等)；因子分析，结构方程建模，多特质—多方法矩阵，相关分析，大数据分析；DIF 研究；IRT 模型分析(含 Rasch 模型分析)，FACETS 分析，等等。
量表编制阶段			

① 此表时间进程仅包含即时效度研究阶段。在延时效度研究阶段也包括了类似的效度类型和效度证据类型，且时序性不明显。效度磨损现象则是跨越即时和延时两个效度阶段的历时效度演化特征。

续 表

时间进程	效度类型	效度证据类型	效度研究方法和范式
量表应用阶段（考试项目关联，量表自评和他评）	决策效度（包含了传统的效标关联效度）：直接决策效度和间接决策效度。	与量表用于决策的相关证据——"直接决策效度证据"和"间接决策效度"证据。	相关分析、方差分析、概化理论研究范式、多种决策模型研究范式等。
社会反响调查阶段	教学反拨效度和社会影响效度（对教学影响也可以包含在内）。	社会影响和教学反拨效度证据，包括来自教育管理者、教师和学生的意见调查证据：来自政府、企业以及舆论界的意见调查证据：来自家学者的见调查证据。	访谈、新闻资讯、网络论坛调查与批判性话语分析、问卷调查、田野调查、课堂录像分析、方差分析、大数据分析、概化理论研究范式等。

（一）与语言能力构念和描述参数有关的效度证据

量表效度证据的收集要从能力构念阶段开始，能力构念尽管非常复杂，但是一些核心问题必须要包括，如英语能力可分不可分，如何分，量表是描述语言行为还是要兼顾语言知识（语音、语法、语用知识等），如何理解语言活动的交互性和综合性，量表的描述性和规范性如何平衡，如何保证公平等等。要确保这些理论假设的科学性，当然主要靠理论研究来完成（如文献研究、观点的分析与概括、价值观批判与决策理据分析等），也可以使用实证研究。但我们终究不可能在一个如此狭小的学科领域里求证人类语言可能会涉及的诸多科学假设。我们应该做的是从这些广泛的相关学科中直接汲取营养，以完成中国英语能力的构念和相关论证。

量表的描述参数其实就是语言能力构念的具体化，或者说一种数学上的抽象。构念的科学性决定了描述参数体系的科学性。在实际的语言测试活动中，构念还要考虑到可行性的问题，因为再科学、再先进的构念如果无法操作都是枉然。

（二）与描述语有关的效度证据

如果把语言量表和语言测试进行一个类比，语言量表中的描述语就相当于语言测试中的题目。题目效度对于一个测试的重要性不言而喻，因此也就不难理解描述语效度对量表的重要性。

（三）与等级划分有关的效度证据

中国人的英语能力这个心理变量应该是分布在一个能力连续统上，对其进行适当的等级划分还是有必要的。等级的划分要遵循科学、实用的原则。最终的等级划分到底合理不合理、效度高不高也需要收集相关证据（Zieky，Perie，Livingston 2008）。对于这类效度研究通常需要设计专门的心理实验或者开展广泛的社会调查来完成，如采用田野调查等。

（四）与公平有关的效度证据

公平问题是社会和谐的基础，也是教育领域道德的底线，尤其是大规模考试，道德风险很高。因此，中国英语能力等级量表要做到对所有英语学习者一视同仁，机会和权益均等。特别是能力描述语，不能有性别、种族、文化、家庭出身、专业背景等方面的歧视。量表一旦定型，应该立即开展有关公平效度的论证工作，取得有力的证据，取信于民，取信于社会。

（五）与教学和测试反拨作用有关的效度证据

一个语言量表对于语言教学和测评活动来说就是一个共同的质量标准和理论框架。如果量表出了问题，必然会引起混乱。因此，随时随地收集量表的效度证据，并及时修正其中的错误和偏差对于教学评测活动和量表本身来说都是至关重要的。

（六）与决策有关的效度证据

一个语言量表在研发过程中能收集到许多与教学、测评和社会决策有关的效度证据。因为研发过程同时也是量表的试用过程，很多实证研究本身都是大规模的田野调查，数据可靠性很高。比如，中国英语能力等级量表的分级数据验证工作就可能会在全国近 100 所学校里展开,被调查的学生可能多达数千人。如果再配以教师问卷调查,完全有可能收集到足够多的相关决策效度证据。更重要的是,在量表研制完成后应立即组织大规模的决策效度验证工作,为量表的全面实施提供关键依据。

　　综合以上六个方面的效度证据,再结合社会各界的意见和新闻界、学术界对量表的评价,就会对中国英语能力等级量表的早期即时效度做到心中有数,并期望这些效度证据能为高层决策提供学术上的支持。

四、量表效度研究的方法

　　从量表效度研究的方法论看,不同效度类型有不同的研究方法和范式(Weir 2005)。比如,"因子分析法"经常用来发现和验证试卷或量表内部的语言能力结构。"结构方程模型"则擅长验证语言能力与"结构方程建模"各种影响变量的因果关系。"多特质-多方法矩阵"可以通过分析方法和特质相关矩阵的收敛和发散特征来验证结构效度(Zhang, et al. 2014)。DIF(differential item functioning)研究更适合于题目和描述语的偏差分析。限于篇幅,本节对这些研究方法和研究范式不进行详细介绍,只把它们按效度研究的时间进程列示于表 4-4 中(见表 4-4 列 4),供读者参考。

　　　　　　　　　　　　　——原载于《中国考试》,2016(8);作者:朱正才。

参 考 文 献

[1] Alderson, J. C. New Procedures for Validating Proficiency Tests of ESP? Theory and Practice[J]. Language Testing, 1988, 5(2): 220-232.

[2] Aryadoust, V. Building a Validity Argument for a Listening Test of Academic Proficiency[M]. Cambridge, UK: Cambridge Scholars Publishing, 2013.

[3] Dandonoli, P, Henning G. An Investigation of the Construct Validity of the ACTFL Proficiency Guidelines and Oral Interview Procedure[J]. Foreign Language Annals, 1990(23): 11-22.

［4］Jones, N. Background to the Validation of the ALTE "Can-Do" Project and the Revised Common European Framework［J］. UCLES Research Notes, 2000(2).

［5］杨惠中,Weir C.大学英语四、六级考试效度研究［M］.上海：上海外语教育出版社,1998.

［6］杨惠中,朱正才,方绪军.中国语言能力等级共同量表研究：理论、方法与实证研究［M］.上海：上海外语教育出版社,2012.

［7］郭树军.汉语水平考试(HSK)项目内部结构效度检验：汉语水平考试研究论文选［C］.北京：现代出版社,1995.

［8］刘登堂,徐一峰.思维、语言和交流评定量表(TLC)的效度和效度研究［J］.上海精神医学,2008(4)：229-233.

［9］Council of Europe. Common European Framework of Reference for Languages：Learning, Teaching, Assessment［M］. Cambridge, UK：Cambridge University Press, 2001.

［10］Council of Europe. Manual for Relating Language Examinations to the Common European Framework of Reference for Languages：Learning, Teaching, Assessment（Preliminary pilot version）［M］. Strasbourg, France：Council of Europe, 2003.

［11］North, B. The Development of a Common Framework Scale of Language Proficiency［M］. New York, NY：Peter Lang, 2000.

［12］Figueras, N., North, B., Takala, S., et al. Relating Examinations to the Common European Framework：A manual［J］. Language Testing, 2005, 22(3)：261-279.

［13］Tannenbaum, R. J, Wyliee E C. Mapping English Language Proficiency Test Scores onto the Common European Framework［R］. Princeton, NJ：Educational Testing Service, 2005.

［14］Tannenbaum, R. J, Wylie E C. Linking English Language Test Scores onto the Common European Framework of Reference：An Application of Standard-setting Methodology TOEFL IBT Research Report［R］. Princeton, NJ：Educational Testing Service, 2008.

［15］Alderson, C. The CEFR and the Need for More Research［J］. The

Modern Language Journal，2007，91(4)：659-663.

[16] Taylor，L.，Jones，N. Cambridge ESOL Exams and the Common European Framework：Cambridge ESOL Research Notes[R/OL]. (2006-05-24) (2016-04-04). http：//www.cambridgeenglish.org/images/22627-re-search-notes-22624.pdf.

[17] Educational Testing Service. Mapping the TOEFL Junior TM Standard Test onto the Common European Framework of Reference：Executive Summary[EB/OL]. [2016-04-04]. http：//www.ets.org/s/toefl_junior/pdf/mapping_toefl_junior.pdf.

[18] 刘建达.我国英语能力等级量表研制的基本思路[J].中国考试，2015(1)：7-11.

[19] Alderson，C.，Figueras，N.，Kuijper，H.，et al. Analysing Tests of Reading and Listening in Relation to the Common European Framework of Reference：The Experience of the Dutch CEFR Construct Project[J]. Language Assessment Quarterly，2006，3(1)：3-30.

[20] North，B. The CEFR in Practice[M]. Cambridge，UK：Cambridge University Press，2014.

[21] Messick，S. Validity[M].//LINN R L. (eds.). Educational Measurement. Macmillan Publishing Company，1989.

[22] Kane，M. T. Validating score interpretations and uses[J]. Language Testing，2012，29(1)：3-17.

[23] Kan，M. T. Validity[M].//LINN R L. (eds.). Educational Measurement. New York：National Council on Measurement in Education，American Council on Education，2006.

[24] Kunnan，A. Fairness and Validation in Language Assessment[M]. Oxford，UK：Oxford University Press，2000.

[25] Weir，C. J. Language Testing and Validation：An Evidence-Based Approach[M]. Houndgrave，Hampshire，UK：Palgrave-Macmillan，2005.

[26] Bachman，L. F，Palmer A S. Language Assessment in Practice[M]. Oxford，UK：Oxford University Press，2013.

[27] Cronbach，L. J，Meehl，P. E. Construct Validity in Psychological Tests

[J]. Psychological Bulletin，1955(52).

[28] Bachman，L. F. Fundamental Consideration in Language Testing[M]. Oxford，UK：Oxford University Press，1990.

[29] Thomas，P. Psychological Testing：A Practical Introduction[M]. Hoboken，NJ：John Wiley & Sons，Inc.，2007：155-205.

[30] 张凯.关于结构效度[J].语言教学与研究,1998(4)：104-115.

[31] 陈宏.在语言能力测验中如何建立结构效度[J].语言教学与研究,1997(2)：77-92.

[32] 陈宏.结构效度与汉语能力测验——概念与理论[J].世界汉语教学,1997(3)：30-41.

[33] Messick，S. Validity and Washback in Language Testing[J]. Language Testing，1996，13(3).

[34] American Educational Research Association，American Psychological Association，National Council on Measurement in Education. Standards for Educational and Psychological Testing[M]. Washington，DC：American Educational Research Association，1999.

[35] American Educational Research Association，American Psychological Association，National Council on Measurement in Education. Standards for Educational and Psychological Testing[M]. Washington，DC：American Educational Research Association，2014.

[36] Hughes，A. Testing For Language Teachers[M]. Cambridge，UK：Cambridge University Press，1989.

[37] 朱正才.关于我国英语能力等级量表描述语库建设的若干问题[J].中国考试,2015(4)：11-17.

[38] 亚当·斯密.道德情操论[M].谢宗林,译.北京：中央编译出版社,2010.

[39] 约翰·罗尔斯.正义论[M].何怀宏,等译.北京：中国社会科学出版社,2009.

[40] 陈少峰.正义的公平[M].北京：人民出版社,2009.

[41] XI，X. How Do We Go about Investigating Test Fairness[J]. Language Testing，2010，27(2)：147-70.

[42] Mcnamara，T. Validity in Language Testing：The Challenge of SamMessick's Legacy[J]. Language Assessment Quarterly，2006，3(1)：31-51.

［43］Mcnamara，T，Roever C. Language testing：The Social Dimension［M］. Oxford，UK：Blackwell，2006.

［44］杨惠中.关于我国外语能力测评体系建设的几点思考［J］.中国考试，2015(1)：12-15.

［45］杨惠中,桂诗春.语言测试社会学［M］.上海：上海外语教育出版社,2015.

［46］杨学为.考试社会学问题研究［M］.武汉：华中师范大学出版社,2003.

［47］Davison，M. L.，Davenport，E. C.，Chang，Y.，VUEK，SU，S. Criterion-related Validity：Assessing the Value of Subscores［J］. Journal of Educational Measurement，2015，52(3)：263-279.

［48］杨志明,张雷.测评的概化理论及其应用［M］.北京：教育科学出版社,2003.

［49］林蕙青.深化考试招生制度改革,加强国家外语能力测评体系建设［J］.中国考试,2015(1)：3-6.

［50］Papageorgiou，S.，XI，X.，Morgan，R. Developing and Validating Band Levels and Descriptors for Reporting Overall Examineeperformance［J］. Language Assessment Quarterly，2015，12(2)：153-177.

［51］Zieky，Y. M. J，Perie，M，Livngston，S. A. Cutscores：A Manual for Setting Standards of Performance on Educational and Occupational Tests ［R］. Princeton，NJ：Educational Testing Service，2008.

［52］朱正才.语言测试的能力结构与因子分析法［J］.外语教学,2014(5)：50-54.

［53］Zhang，L. D.，Jin，R.，Walter，L. L.，James，S. A. Additive Models for Multitrait-Multimethod Data With a Multiplicative Trait-Method Relationship：A Simulation Study［J］. Structural Equation Modeling：A Multidisciplinary Journal，2014(21)：68-80.

语言能力"能做"描述的原理与方案：以 CEFR 为例

导读

在当代语言教学与测试领域，人们开始提倡对语言能力进行全方位、多侧面、分等级的"能做"描述。这方面欧洲语言能力等级共同量表(CEFR)堪称典范。本节以 CEFR 为范例，讨论对语言能力水平(包括汉语能力水平)进行"能做"描述的原理与方案，具体包括如何处理"能做"描述科学性和实用性的关系，如何对"能做"描述进行量表化处理，如何构造"能做"描述的框架并对参数进行描述等问题。

汉语是世界第一大语言(使用人口最多)，加之近年来随着中国日益强大，国际影响力也在进一步扩大，全世界都出现了学习汉语的热潮。因此，建立一个汉语作为外语的语言能力等级标准(或者等级量表)无疑对推动全球汉语学习意义重大。但这件事情，是学习汉语的各国学者自己做，还是由中国学者来牵头统一做呢？很值得深思，不可鲁莽行事。显然，不同的研制者队伍和不同的价值观、出发点，做出来的东西是不一样的——我们不能硬做一些最后被证明是没用的东西。

我国是一个多民族国家，少数民族学生一直把汉语作为第二语言来学习，他们学习汉语的要求明显要高于外国人把汉语作为外语来学习的要求。因此，把汉语作为二语是否也需要单独研制一个汉语二语能力等级量表呢？笔者的答案是肯定的，而且这个量表比汉语外语量表更重要，肯定要由中国汉语母语学者来主导完成。

> 汉语母语更应该有一个统一的能力等级标准，主流当然是汉语普通话，但地方方言也可以由各方言区自己独立研制地方语言标准。这些为数众多的汉语能力量表形成一个庞大的汉语能力量表体系。这是一个巨大的文化工程，也是一个巨大的政治动议。欧盟当初提出研制 CEFR 的第一动机就是想通过统一欧盟内部的语言标准来推动欧盟的语言学习，以加快欧盟内部的文化交流与民族融合，最终在欧洲消灭战争。

一、背景

语言能力是语言教学和语言测试工作的出发点和立足点，为了做好语言教学和语言测试工作，人们必须明确地说明语言能力是什么，必须对语言能力进行描述。从总体上说，描述语言能力的方法不外乎定性和定量描述两种。定性描述往往比较抽象、概括，而定量描述则是在定性描述的基础上对其中的各方面指标进行细化、量化，往往是语言教学和测试的直接依据。比如，在结构主义语言学看来，语言是由语音、词汇、语法等构成的系统，语言能力就是人们分别掌握语音、词汇、语法等要素（使用书面语还涉及文字），在听、说、读、写等活动中表现出的技能水平，这是对语言能力的定性认识。在这种认识的支配下，对语言能力进行定量描述就是具体描述作为教学和测试内容的语音、词汇、语法、文字等语言知识以及这些知识在听、说、读、写等活动中的运用情况。但在交际语言能力理论看来，语言能力不仅仅指人们掌握语音、词汇、语法、文字等要素的程度或水平，还包括社会语言能力、语用能力、策略能力、语篇处理能力等方面（Hymes 1972；Bachman 1990；North 2000）。在这种定性认识的支配下，对语言能力进行定量描述就不仅要描述不同水平等级上语音、词汇、语法和文字等语言知识的掌握情况与指标，而且要具体描述各水平等级上社会语言能力、语用能力、策略能力、语篇处理能力等方面的表现。

20 世纪 70 年代以来，自 Hymes(1972)提出交际能力概念之后，Canale 和 Swain(1980)、Bachman(1990)等在发展交际语言能力理论方面与其观点是一脉相承的，Ek 和 Alexander(1975)、Wilkins(1976)、Munby(1978)、North(2000)、Council of Europe(2001)等在基于交际语言能力理论的大纲设计或量表制定等方面的贡献也具有里程碑意义。

交际语言能力理论十分重视人们运用语言完成交际任务的能力，但由于交际功能与语言形式之间的关系错综复杂，人们描述交际语言能力的具体方法不尽相同。Bachman(1990)分析了两种具有代表性的且有着广泛影响的描述交际语言能力的方法：一种是基于真实生活的方法（real-life approach，简称 RL 方法），另一种是描述语言交际所需语言能力的方法（Interactional ability approach，简称 IA 方法）。两种方法各有优、缺点。

RL 方法是直接描述人们在真实生活中使用语言能够完成怎样的交际任务。判断一个人具有怎样的语言能力只需考查其语言行为或所完成的语言交际任务，将一定的语言交际任务项目与某个语言能力水平等级之间建立对应关系，通过语言使用者参与或完成的语言交际任务项目来推测其语言能力水平。鹿士义和王二平(2010)通过对国际汉语学习者较大规模的调查分析，列出了初级、中级和高级等不同水平的汉语学习者需要从事的交际任务的重要程度、难度等。用这种方法来描述抽象的语言能力很直观，但这种方法在具体的语言交际任务项目与某个语言能力水平等级之间建立对应关系比较困难。实际上，交际能力并不完全等同于语言能力。从操作的层面上说，列出包括所有交际任务项目的清单也不现实，判断每项交际任务的难度也有一定的困难，而且人们在语言行为中所采用的语言形式与所要完成的交际任务也很难建立起严格的一一对应关系。这些局限性导致对用 RL 方法所描述的语言能力结构与内容进行构念效度和内容效度验证产生了很大困难。

IA 方法结合语言交际活动把语言能力分为掌握和运用语言知识的情况（包括语音、词汇、语法、文字等知识的掌握与运用）、语用能力和社会语言能力等方面分别加以描述。现有的一些语言教学或测试大纲往往对不同水平等级上掌握和运用语音、词汇、语法和文字等方面知识的情况进行具体描述，如《汉语水平词汇与汉字等级大纲》（国家对外汉语教学领导小组办公室汉语水平考试部 1992)、《汉语水平等级标准与语法等级大纲》(国家汉办汉语水平考试部 1996)。这种描述便于对语言能力水平的各方面进行等级划分以及定量描述,因此对制定分等级的语言教学大纲,安排适合不同等级水平学习者学习的内容,对测试不同等级或不同方面的语言能力水平都很方便,操作性强,这些是优点。但 IA 方法所描述的语言能力应该包括哪些方面,各个方面又该包含哪些内容,不同方面之间是什么关系,不同方面的相对重要程度(权重)如何确定等问题都不是很容易确定,需要验证。

针对 RL 和 IA 方法各自的特点,Bachman(1990)主张将二者结合起来,取长补短,形成一种综合的方法。这种基于交际语言能力理论,面向语言教学和测试实际情况的思想对语言能力描述和大纲设计工作影响很大。这一方法对语言能力所进行的描述在语言教学和测试中能够满足与语言学习、教学和测试有关各方面的需要,包容性和实用性较强。

欧洲语言能力等级共同量表(Common European Framework of Reference for Languages,简称 CEFR)对语言能力进行的"能做"描述就体现了这种综合的方法。CEFR 所描述的各等级的语言能力实际上就是在交际语言能力理论框架下运用综合、实用的方法,采用"能做"描述语对交际语言能力进行分层次、分技能、分等级的多方面描述。CEFR 运用综合的方法主要表现在它对语言能力进行的"能做"描述,并不仅仅是描述某个水平等级上的学习者能用语言参与或完成怎样的交际任务项目,而且描述了各水平等级学习者所能接收和产出语言的语言学特征,如语音、书写形式、词汇、语法、话语组织等各方面的特征。CEFR 对语言能力各方面进行分层次、分等级描述,有的描述比较概括抽象,有的描述细致入微,这样可以满足跟语言学习、教学和测试有关的各方面人士的实际需要。CEFR 不仅在欧洲语言教学与测试领域影响巨大,对世界其他国家与地区的语言教学与测试工作也产生了直接或间接的影响(Tannenbaum et al. 2005;杨惠中、桂诗春2007)。

随着汉语在国际交流中使用领域和范围的扩大,国际汉语教学规模和影响也不断扩大,在汉语学习、教学和测试研究领域人们对汉语能力描述的要求也越来越科学化、国际化。研究人员纷纷提出借鉴 CEFR 的经验对汉语能力进行分层次、分技能、分等级的多方面"能做"描述,以适应汉语学习、教学、测试等不同方面的需要(周守晋 2007；方绪军 2007；白乐桑、张丽 2008；刘壮 2009)。史有为(2009)提出"最小语言平台"的思想，并讨论了这种思想与 CEFR 的相通之处，这也显示 CEFR 的思想对国际汉语教学与测试工作具有很好的借鉴作用。中国国家汉办发布的《国际汉语能力标准》(国家汉语国际推广领导小组办公室 2007)也明确表示该标准在制定过程中借鉴了 CEFR 的成果。新汉语水平考试的各等级也与 CEFR 的各水平等级挂起钩来(国家汉办/孔子学院总部 2010)。

CEFR 在形成过程中主要是以欧洲语言使用为基础的，它的主要目的也是为欧洲语言教学、学习和测试服务的。而国际汉语教学、学习和测试在任务、内容、形式等方面都有一定的特点，很难直接采用 CEFR(白乐桑、张丽 2008)。因此，汉语教学与测试工作应该针对汉语教学、学习和测试的需要，借鉴国际上成功的、有影响的语言能力等级量表(包括 CEFR)制定的经验，对各水平等级的汉语能力进行具体的"能做"描述。

目前汉语教学领域对汉语能力进行"能做"描述的工作才刚开始，许多基本问题还有待解决，如何构造汉语能力"能做"描述的框架，如何处理"能做"的科学性与实用性的关系，如何确定描述语，并使其量表化等。本节以 CEFR 为例讨论对语言能力水平(包括汉语能力水平)进行"能做"描述的原理与方案，包括"能做"描述的实用性考量、"能做"描述的量表化、"能做"描述的框架与参数描述等方面。

二、语言能力描述的实用性考量

(一) 面向不同人群的语言能力等级量表

描述语言能力并进而制定语言能力等级量表是为语言教学、学习和测试服务的。不同的人群对语言能力等级量表的要求有所不同。Alderson (1991)认为，语言能力等级量表可以分为三类：一是面向用户的(user-oriented)，二是面向评价者的(assessor-oriented)，三是面向教学与测试设计者的(constructor-oriented)，这三种量表对语言能力的描述有明显差异。

面向用户的量表主要描述各水平等级的语言学习者的典型语言行为，

描述他们能做什么,即能用语言完成怎样的交际任务,描述语一般是肯定的形式。这种量表通常是对语言能力进行综合(holistic)描述,也有一些是分技能描述的,但比较简略。

面向评价者的量表是对语言使用或学习者的语言能力水平进行评价的指南。这种量表往往描述语言能力的各个方面,注重评价语言能力表现是怎样的,而且经常采用否定性的描述语。有些是对语言能力进行综合描述,有些是进行分析(analytic)描述(如描述口语水平时分别从语言使用范围、准确性、流利性等方面对口语行为表现进行描述)。

面向教学与测试设计者的量表是针对具体的学习者人群安排教学内容,针对某个语言能力水平等级设计适当测试指南的依据。这种量表对语言能力的描述往往比较详尽,具体描述学习者需要学习用语言做什么,注重描述考生能用语言参与或完成怎样的交际任务。

North(2000)在上述三种量表的基础上进一步区分了五类量表,即报告总体水平的简要综合量表、报告不同领域语言使用水平的量表、具体的综合评分量表、具体的分析评分量表,以及作为各阶段教学大纲和测试标准的指导纲领。

CEFR 是一份旨在指导语言教学、学习和测试的综合的纲领性文件,体现了 Alderson(1991)和 North(2000)区分面向不同使用人群或不同用途的语言能力等级量表的思想,它对语言能力的描述既有面向用户和评价者的,也有面向教学与测试设计者的。将这些面向不同人群的语言能力等级量表按照一定的组织结构汇集在一起构成了 CEFR 对各等级语言能力水平的全面、具体、分层级、分侧面的描述,以满足各方面的不同需要。

(二) 各等级描述有详有略

对不同水平等级上的语言能力进行"能做"描述应根据实际需要来决定描述的详略程度。就语言使用者语言能力水平高低的实际情况和社会需求程度而言,极低水平的语言能力能够完成的语言交际任务有限,极高语言能力水平一般的学习者很难达到,而且一般的交际活动也不需要极高的语言能力水平,因此,对极低水平和极高水平的语言能力进行"能做"描述就可以相对简略、概括甚至模糊一些。而对社会需求程度高的关键等级进行"能做"描述就应该精细、充分,以满足各种不同的需要。

　　CEFR 的形成是基于之前对一些重要等级的语言能力描述所做的大量研究。Ek 和 Alexander(1975)对入门级(threshold level)语言能力进行了深入而具体的研究,描述了达到这一水平等级的学生在实际生活中用语言能做什么,也包括需要掌握的相应语言知识和技能。Ek、Alexander 和 Fitzpatrick(1977)以及 Ek 和 Trim(1997)又分别对较低一级的初级(waystage level)和较高一级的良好级(vantage level)语言能力进行了具体的描述。为了满足更低水平等级起步级(breakthrough)和更高水平等级熟练级(effective operational proficiency)、优秀级(mastery)的教学与测试需要,人们又对这些等级的语言能力进行了描述。可见 CEFR 提出的六个等级不是一次划分出来的,而是以一批语言教育专家对各等级语言能力描述的长期研究为基础,从入门级(即 B1 级)描述开始逐步向低端和高端延伸而成的。这样的形成过程实际上也是不断地使语言能力描述适应语言教学与测试需要的过程。从 CEFR 对 B1 级能力各方面的描述可以看出这一等级的语言能力满足基本交际的能力。具备 B1 级所描述的能力可以满足日常生活、旅行、学习和工作场合的基本需要。因此,可以说这个等级是语言能力量表上的关键等级。从实用的角度出发,CEFR 对这个关键等级及其上下等级(即 B2 和 A2)的描述都十分具体、详细,而对距离关键等级较远等级(如 A1 和 C2)的描述就相对简略一些。CEFR 对各等级语言能力描述的详略区别明显地表现在以下两方面:①在描述语言能力各方面时,对 A2、B1、B2 级(特别是 B1 级)进行了详细描述,在有些方面还将这些等级分别再分为高、低两档进行描述,这些等级的描述语也相对丰富,但对 A1(最低端)和 C2(最高端)的描述就比较简略,在有些方面对这些等级甚至不进行描述[①];②CEFR 在描述语言能力各个方面时,对 A2,B1,B2 级都分别进行了具体描述,以显示这些重要等级之间的区别,即这几个等级的描述语之间是不重复的,但在有些方面对 A1,C2 甚至 C1 的描述只是采用与它们相邻等级完全相同的描述语[②]。

　　CEFR 对不同等级的语言能力进行详略不同的描述是与人们对不同水

---

① 没作描述的等级在描述列表中注明 no descriptors available。

② 这时,在描述列表中注明"As A2""As B2"或 A 是 C1 的字样。

平等级语言能力描述的不同需求相适应的。A2、B1、B2 级所代表的语言能力是人们进行语言交际活动的基本能力,对语言教学、学习和测试都十分重要,因此需要详加描述和区分。而就一般的语言交际活动而言,A1 级能力过低,达到 C2 级能力的人又极少,所以从实用的角度出发,对极低或极高的语言能力水平都可暂不进行精细的描述。

三、对"能做"描述的量表化

(一)"能做"描述语

对语言能力进行多方面、分等级的"能做"描述,最终形成语言能力等级量表,其重要前提之一是构造大量的"能做"描述语(descriptor)。"能做"描述语是对各水平等级上的语言能力各方面所达到的水平进行描述的语句。将构造的描述语定位在语言能力等级量表上的适当位置就是对"能做"描述的量表化。

CEFR 中的描述语是经过广泛的收集、整理、提炼,再经过反复的定性和定量研究之后形成的。在构造描述语时 CEFR 有如下几项基本要求:

(1) 肯定(positiveness),描述语从肯定的角度说明语言使用者能做什么,避免从否定的角度说明使用者不能做什么。比如,可采用"能使用基本的有关事物、地点、人际关系的词语"之类的描述语,而避免使用"掌握的词语十分有限,不能与他人交流"之类的描述语。从描述语的数量上说,肯定的描述语数量相对有限,而否定的描述语数量则是无限的。从教育和学习心理方面说,肯定的描述语能更好地发挥鼓励学习者的作用。

(2) 确定(definiteness),描述语应描述具体的语言能力特征、语言使用者能够完成的具体任务以及能够达到的技能水平,避免模糊不清,尽量不用"一些""有些""大量""相当""一系列"等表达不确定数量的表述,因为人们对这些表述所表示量的理解往往有分歧。

(3) 清晰(clarity),描述语应该清晰易懂,语句含义清楚明了,表述具有逻辑性,避免使用过多的专业术语或晦涩难懂的语句,这样便于更多的人理解与使用。

（4）简洁（brevity），描述语应该简洁，避免使用冗长的表述。收集到的未经加工的许多描述语来自各种量表和大纲，有些较为简短，有些则较为复杂冗长。使用评分量表的评分实践和描述语使用情况的调查表明，评分者和教师倾向使用表述简洁的描述语。一些结构复杂的描述语往往包含对多方面语言能力特征的描述，而学习者语言能力可能具有其中的某方面特征，而不具有另一方面的特征，采用简洁的描述语便于描述不同个体语言能力之间的各种差异。在整理、构造描述语时可将复杂的描述语拆分为多个简短的表述。

（5）独立（independence），一条描述语可以视为一个学习、教学和测试的指标，采用各自相对独立的描述语便于设定具体的目标。为了便于使用和判断，每一条描述语在形式和内容上相互独立，避免描述语之间纠缠不清。

（二）"能做"描述语量表化的方法

为描述各方面语言能力而收集、构造的"能做"描述语要用来从各方面描述不同水平等级的语言能力，因此需要按照每条描述语所描述的语言能力水平的高低及语言能力方面对其进行量表化处理。对描述语进行量表化通常有三种方法。

（1）直觉法（intuitive methods）主要是根据专家个人或群体的经验，参考各种可以利用的语言能力量表、教学大纲和考试大纲，收集整理描述不同等级、不同方面语言能力的描述语，在专家根据各自的经验讨论、审议达成基本共识的基础上形成初步的量表。初步量表通过试用或调查收集有关人员（如有经验的教师）的意见，再对量表进行完善和修订。

（2）定性法（qualitative methods）主要是研究者对有关人员（如教师、测试研发人员）进行调查研究，并对所收集的材料进行定性分析。比如，组织一些语言教师作为调查对象，请他们根据自己的判断（判断的依据可以是自己所教学生的水平或代表一定等级语言水平的典型语言行为样本）对初步形成的描述语进行排序，并对描述语进行评价、取舍，说明各自排序的原因，指出哪些关键概念对其排序有帮助。

（3）定量法（quantitative methods）主要是对大量关于描述语的调查数

据进行统计分析,并对数据进行适当的解释。比如,请一些有经验的教师估计语言使用者或学习者达到各条描述语所描述的语言能力水平的难度,采用项目反应理论的 Rasch 模型计算各条描述语的相对难度,从而标定各条描述语在语言能力等级量表上的位置,据此可以对描述语进行等级划分,形成语言能力等级量表。

现行的各种语言能力等级量表或大纲大多数是采用直觉或定性的方法制定出来的。制定语言能力等级量表最好采用直觉、定性和定量研究三者相结合的方法。直觉经验是构造描述语和对描述语进行量表化处理的前提,是定性研究和定量研究的基础。定性和定量研究的结果也应该与直觉相符,至少不违背直觉。定性研究需要定量研究提供数量的支持和验证。

在制定语言能力等级量表过程中将直觉法、定性法和定量法三者相结合,既立足于语言学习、教学和测试的实际经验,又以一定的语言能力理论为背景,并且依靠定量手段获得数据支持,这样制定出的语言能力等级量表能够满足多方面的要求,能够经受多方面的检验,可达到较高的信度和效度,也较容易得到各方面的认可。CEFR 就采用了将三者相结合的方法,同时对各种具体方法的运用有所选择,有所侧重。

必须认识到无论采用哪种方法,制定语言能力等级量表都需要具备两个前提条件:①一定数量的、有代表性的、能够体现不同等级语言能力水平的语言行为样本,代表着某个量表的适用对象;②足够的、满足描述语要求(肯定、确定、清晰、简洁、独立)的、能够区别不同等级能力水平的、关键特征明显的描述语决定着不同等级语言能力水平的意义,它们是对语言能力等级量表上不同水平等级的直接解释。

四、"能做"描述的基本参数及描述

(一)"能做"描述的基本框架及参数

当前人们对语言能力进行"能做"描述大体基于交际语言能力理论,描述的基本框架也体现了交际语言能力模型,CEFR 也是如此。

CEFR 采用面向行动的方法(action-oriented approach)来描述语言能

力。这种方法把语言使用者和学习者看成在具体的环境或场景中以特定的语言行为完成交际任务的社会角色(social agents)。语言使用就是人作为个体或某种社会角色在一定的能力(包括普通能力和交际语言能力)支配下的语言行为活动,人们在各种情境、条件下的语言行为主要表现为在一定的语言活动领域内产出或接收与各种话题有关的语篇和话语,以及为了完成某种交际任务而采取适当的策略等。描述人的语言能力在某种程度上就是描述语言使用的过程和结果,涉及普通能力、交际语言能力、语言活动、语言活动领域、策略、任务、语篇等方面。虽然这些方面在语言使用过程中错综交织在一起,但这些方面是语言能力描述的基本参数,对语言能力进行"能做"描述可以对这些方面分别加以描述。

CEFR 对这些基本参数作了简要说明:

(1) 普通能力(general competences)。语言使用/学习者的普通能力由他所具有的一般知识(即通常所谓"陈述性知识",包括从社会实践经验中所得到的和经过学习所得到的知识)、技能(即所谓"程序性知识")、固有特性(包括人的特点、个性、态度)和学习能力构成。

(2) 交际语言能力(communicative language competences)。交际语言能力主要由语言知识、社会语言能力和语用能力构成。语言知识不仅包括关于语音、文字、词汇、句法、语义等方面的静态知识,还包括对这些方面的组织、储存、提取的心理过程。社会语言能力是指人对语言使用的社会文化条件的掌握和适应的能力。语用能力涉及对一定的语言形式表达某种功能的理解与运用、使话语和篇章衔接与连贯等方面的能力。

(3) 语言活动(language activities)。语言活动包括接收、产出、交互和中介。接收不仅包括听和读,也包括观看影视、浏览网页等。产出包括口头和书面表达。交互是指至少由双方参与的、互动的交际活动,在交互活动中,参与交际的各方不仅仅需要接收和产出,还需要掌握并运用适当的交际策略,如掌握运用话轮转换的技巧与策略。中介是指在交际双方无法直接完成语言交际任务的情况下,第三方作为中介所进行的翻译、解释、转达等活动。

(4) 语言活动领域(domains,以下简称"领域")。领域是语言活动的环境。语言活动的环境很难用有限的几个使用环境来概括,CEFR 出于实用的考虑,把语言活动领域分为公众领域、个人领域、教育领域和职业领域四类。

（5）策略（strategies）。策略指人们参与活动或完成某种任务的有组织、有意识、有规则的行为方式。

（6）任务（tasks）。任务泛指人们有意识从事的各种活动，包括各种语言和非语言活动。

（7）语篇（text）。语篇是与一定的领域和任务有关的口头或书面形式的话语或篇章。

"普通能力"是语言能力的生理和心理基础，非语言能力本身，"任务"中的"非语言活动"不直接体现人的语言能力，除了这两项之外，CEFR 对其他各项与交际语言能力有关的各个基本参数（包括交际语言能力、语言活动、领域、策略、任务、语篇等）都在 A1、A2、B1、B2、C1、C2 等六个水平等级上分别作了描述。

语言能力的描述参数可分为不同的层次，各基本参数下还包括一些更具体的参数。比如，"交际语言能力"是一项基本参数，它下面又包括"语言知识""社会语言能力"和"语用能力"三个次级参数，这些次级参数又包含一些更为具体的参数，如"语言知识"包括语音、文字、词汇、句法、语义等方面。这些位于不同层级的参数构成了语言能力描述的参数网络，描述这个网络上的各级参数就是对语言能力进行总体或具体的描述。

（二）总体描述

为了满足与语言学习、教学、测试各方面的不同需求，"能做"描述既要对各等级的语言能力进行综合的总体描述，又要对各个具体的方面进行分项描述。

为了便于普通语言学习者、教学人员和评价者的理解和使用，CEFR 的综合量表（globalscale）分三等六级对语言能力进行了最概括的"能做"描述。如对 B1 级[①]的总体描述为"能理解在工作、学校、休闲等场合经常遇到的熟悉的、清晰的材料的要点，能应对旅行过程中大多数口语交际场合，能组织连贯的、简单的话语，就熟悉的话题或与个人有关的话题进行表达，能

---

① B1 级是 CEFR 的关键等级，因此本节讨论 CEFR 对某方面语言能力的描述，均以 B1 级为例。

描述经历、事件、梦境、希望、理想,并能简单说明原因,解释观点和计划"。

CEFR 对语言能力的总体描述大体包括交际场合、话题范围、语言的复杂性、交际任务项目等基本要素。这种描述大体相当于 Alderson(1991)提到的面向用户的量表对语言能力的描述,比较概括、抽象,很少涉及具体的语言知识(包括语音、书写形式、词汇、语法等)的掌握和运用情况。

(三)具体描述

安排语言教学(包括设计教学大纲、确定教学内容、制定教学计划、组织教学活动等)、研发语言测试(包括设计测试大纲、设计试卷、编制试题等)都需要对语言能力进行比较详尽的描述,即不仅要从总体上描述基本的参数,而且要描述更具体的参数项目。在对基本参数项目所包含的次级参数项目的描述方面,CEFR 对语言交际活动①和交际语言能力中包含的具体参数描述最为详细。

1. 语言交际活动描述

CEFR 把语言交际活动分为接收(包括口语理解、视听理解、书面理解)、交互(包括口头交互、书面交互)和产出(包括口语表达和书面表达)三大项,包括七个分项,在这些分项下面又分出更具体的交际活动项目。

CEFR 先对每个分项都进行了总体描述(如对总体听解、总体阅读理解、总体口语交互的能力描述),再对更具体的交际活动项目加以描述。如对 B1 级总体听解能力描述为"当所听话语发音清楚、口音熟悉时,能听懂与日常生活和工作有关话语直接的事实信息,包括辨别大体含义和具体细节"。

在对 B1 级听解能力进行总体描述之后,又分听母语使用者对话、听现场讲话、听通告和指令、听有声媒体和录音等更具体的项目加以描述。如对 B1 级听母语使用者对话的能力描述为"在所听到的谈话发音清楚、标准的条件下,能基本理解谈话要点"。对 B1 级听通告和指令的能力描述为"能听懂简单的技术说明,如日常使用设备的操作说明,能听懂具体的操作指令"。

2. 交际语言能力描述

关于交际语言能力,CEFR 分别从掌握语言要素的能力、社会语言能

---

① 即前文的语言活动。

力、语用能力等方面加以描述。

　　对掌握语言要素能力的描述是从广度和深度两个维度进行的。描述掌握语言要素的广度主要是描述掌握语言要素的范围（range），CEFR 描述了一般的语言使用范围和词汇范围。如对 B1 级一般的语言使用范围描述为"掌握足够的语言要素，用以描述未知的情景，能比较准确地说明想法或问题的要点，能就抽象的、有关文化的话题（如音乐、电影）发表意见"。对 B1 级词汇范围的描述为"对于有关日常生活（如家庭、兴趣爱好、工作、旅行、时事等）的多数话题，掌握足够的词汇用以表达，但有时表达啰唆"。

　　在描述掌握语言要素的深度方面，CEFR 主要是描述掌握语言要素的准确程度（accuracy），分语法的准确性、掌握词汇的情况、发音情况、书写情况等四方面加以描述。如对 B1 级语法的准确性描述为"在熟悉场景交际时语法基本正确，但有较明显的受母语影响的痕迹，有语法错误，但表意清楚"。对 B1 级掌握词汇的情况描述为"能很好地运用基本词汇，但在表达复杂思想或遇到陌生的话题和场景时有词语使用错误"。对 B1 级发音情况描述为"发音清楚，但外语口音有时较明显，偶尔有发音错误"。对 B1 级书写情况描述为"能进行连贯的书面表达，通篇基本可读，拼写、标点和布局基本符合规范"。

　　关于社会语言能力 CEFR 主要描述了社会语言使用的得体性。如对 B1 级的描述为"语言使用能发挥和应对广泛的交际功能，话语体现中性语域特征，知晓语言使用的礼貌习俗，行为举止得体，知晓并特别注意有关社会群体与自己所在群体之间在行为习惯、风俗、行为态度、价值观、信仰等方面的明显差异"。

　　关于语用能力 CEFR 分为交际情境适应性、话轮转接、话题展开、关联与衔接、表达意义的清晰程度、口语表达的流利性等方面分别加以描述。如对 B1 级交际情境适应性描述为"能使用适当的表达形式以应对非日常的甚至比较棘手的交际情景"。对 B1 级话轮转接能力的描述为"就熟悉的或与个人有关的话题能发起、展开或结束一段简单的对话"。对 B1 级话题展开能力的描述为"能比较流利地讲述线性发展的事件或描述线性展开的要点"。对 B1 级关联与衔接能力的描述为"能将一连串简短的、分散的片段按照一定的顺序连接起来"。对 B1 级表达意义清晰程度的描述为"能传递简单、直接的即时信息,突出自己认为最重要的信息,让人听懂自己要表达的主要信息"。对 B1 级口语表达的流利性的描述为"表达基本自如,虽然有些话语组织困难,导致停顿或'卡壳',但在没有帮助的情况下能有效进行表达"。

3. 语言交际策略描述

与语言交际活动相对应,CEFR 对语言交际策略的描述也分接收、交互和产出三个方面。

关于接收的策略,CEFR 描述了辨别线索并推导的能力。如将 B1 级的描述为"能理解熟悉领域和与个人感兴趣话题有关的语境中不熟悉的词语,在熟悉话题的情况下,能根据语境推测生词的词义,并推知语句的意义"。

关于交互的策略,CEFR 分别描述了话轮转接、合作等策略的运用能力。如将 B1 级合作策略的运用能力描述为"能部分重复对方的话语以确认相互理解,使交流得以继续,能要求别人参与讨论"。

关于产出的策略,CEFR 分别描述了计划、补偿、监控与修补等策略的运用能力。如将 B1 级话语产出计划策略的运用能力描述为"能练习、尝试使用新的词语组合和表达形式,以期得到反馈信息"。将 B1 级话语产出补偿策略的运用能力描述为"能用简单的、意义相近的词语来代替自己想要表达的概念,希望得到他人的修正"。将 B1 级话语产出监控与修补策略的运用能力描述为"能就所用的某种形式是否正确征询他人意见,交流失败时能使用不同的策略重新开始"。

4. 语篇处理能力描述

关于语篇处理能力,CEFR 主要描述了听讲座、参加专题讨论等活动时记笔记、语篇信息处理的能力。如将 B1 级记笔记能力的描述为"在讲座话题熟悉,发言人语言简单、有条理且发音清楚、标准时,能边听边记录要点"。将 B1 级语篇信息处理能力的描述为"能对多方面的简短信息加以整理,并能向他人转述,能用原文的词语按一定的顺序简单地讲解短小的书面语段"。

以上是 CEFR 对 B1 级语言能力水平从语言交际活动、交际语言能力、交际策略运用、语篇处理等方面所做的描述,由此可以大体看出 CEFR 对各等级语言能力水平描述的基本框架与层次结构。

五、结语

国际汉语教学与测试情况复杂,教学机构和考试机构繁多,不同地区、不同阶段、不同种类、不同目标的教学和测试在关联、衔接与连贯方面存在许多困难。这就需要制定性质类似于 CEFR 的指导文件,对汉语能力的不同方面按照一定的参数项目和层次结构进行分等级具体的"能做"描述。对汉语能力水平进行分等级、多侧面"能做"描述,CEFR 的经验无疑值得研究与借鉴。比如,"能做"描述跟真实的语言交际任务联系在一起,描述不同水平等级上的语言使用者能用语言完成怎样的交际任务,既有对语言能力的综合描述,又有对人们完成交际任务所使用的语言要素(包括语音、文字、词汇、语法等)、接收、交互与产出活动、交际策略、语篇处理能力等方面的分项描述。CEFR 基于语言能力量表各方面研究的综合成果,吸收了现有各种量表及大纲的经验,所采用的"能做"描述语是在广泛收集、验证的基础上,从数千条描述语中提炼出来的,适用于描述各类学习者(包括高、中、低等级,职业教育和成人教育的语言学习者)的语言水平,可以满足语言学习者、教学与测试机构和人员的不同需求,为语言教学与测试提供了重要的参考标准。

不过也应该认识到,CEFR 本质上是一份关于语言学习、教学和测试工作的指导文件,虽然有长期的研究积累,其理论依据具有广泛共识,其所构造的"能做"描述语及水平等级划分也得到了大量的数据支持,但语言教学和语言测试工作实际情况毕竟是复杂的,CEFR 用于具体的语言教学和测试工作还有一些需要改进、补充或完善之处。

在构造"能做"描述语时,CEFR 有一条原则要求描述语含义确定,避免模糊不清或理解分歧,尽量不用"一些""有些""大量""一系列"之类表达不确定数量的表述,但在其实际采用的描述语中仍有 some, sometimes, generally, a series of 等表示不定量的词语。这些表述如果没有明确的定义,人们在理解时就容易产生分歧。

从 CEFR 目前对各等级、各方面的语言能力水平的描述来看,一些较高等级和较低等级缺少描述语,有些描述语还缺少定量数据的支持,这些都是需要加以充实和完善的。

　　CEFR 是面向多语种的,在对各水平等级上掌握的语言知识进行描述时没有涉及具体的语言项目(如功能意念项目、具体词汇、语法项目等),而这些都是具体的语言学习、教学和测试活动切实需要的。在 CEFR 基础上,面向具体的语言教学和测试工作,还需要制定用于教学和测试的大纲,对各等级、各方面涉及的语言项目或语言点进行更具体的描述。CEFR 的早期研究,如 Ek 和 Alexander(1977)就详细列出了某个等级的交际场景、功能项目、具体词汇及基本句型句式。史有为(2009)也提出在"最小语言平台"上应该有最基本的交际情景、最低量的基础词汇和最基本的语法项目。实际上,汉语教学与测试领域也早有这方面的研究实践和重要成果,如《汉语水平等级标准与语法等级大纲》(国家汉办汉语水平考试部 1996)、《汉语水平词汇与汉字等级大纲》(国家对外汉语教学领导小组办公室汉语水平考试部 1992)。只是随着汉语教学与测试形势的发展变化,这些标准和大纲需要改进和完善,以适应复杂的国际汉语教学新形势发展的需要。

　　国家汉办近年来已经公布《国际汉语能力标准》(国家汉语国际推广领导小组办公室 2007)、《国际汉语教学通用课程大纲》(国家汉语国际推广领导小组办公室 2008)等类似 CEFR 的国际汉语教学和测试工作的指导文件。在教学和测试实践中,这类标准和大纲本身需要进行效度验证,这是一个长期的过程。对各等级汉语能力水平进行"能做"描述,制定各地区各机构共同使用的水平等级量表,须遵循一定的原则和规范,按照一定的步骤和方法,使"能做"描述和量表制定的过程科学、透明。只有这样,所进行的"能做"描述及所制定的量表才能经得起科学的效度验证,才能有效地指导、规范汉语教学和测试工作。

　　　　　　——原载于《世界汉语教学》,2011(2);作者:方绪军,杨惠中,朱正才。

-------------------------------- **参 考 文 献** --------------------------------

［1］白乐桑,张丽.《欧洲语言共同参考框架》新理念对汉语教学的启示与推动——处于抉择关头的汉语教学[J].世界汉语教学,2008(3).

［2］方绪军.CEFR 对汉语测试研发的启示[J].世界汉语教学,2007(2).

［3］国家对外汉语教学领导小组办公室汉语水平考试部.汉语水平词汇与汉字等级大纲［M］.北京：语言文化大学出版社,1992.

［4］国家汉语国际推广领导小组办公室.国际汉语能力标准［M］.北京：外语教学与研究出版社,2007.

［5］国家汉语国际推广领导小组办公室.国际汉语教学通用课程大纲［M］.北京：外语教学与研究出版社,2008.

［6］国家汉办汉语水平考试部.汉语水平等级标准与语法等级大纲［M］.北京：高等教育出版社,1996.

［7］国家汉办/孔子学院总部.新汉语水平考试大纲［M］.北京：商务印书馆,2010.

［8］刘壮.语言能力和国际第二语言教学 Can-do 理念［J］.语言文字应用：2009(1).

［9］鹿士义,王二平.汉语作为第二语言教学和评估任务的工作分析［J］.世界汉语教学：2010(1).

［10］史有为.最小语言平台与思维功能习得——兼议 CEFR 欧洲框架［J］.对外汉语研究：2009(5).北京：商务印书馆.

［11］杨惠中,桂诗春.制定亚洲统一的英语语言能力等级量表［J］.中国外语：2007(1).

［12］周守晋.《欧洲共同框架：语言学习、教学、测试参考标准》与对外汉语教学［J］.汉语教学学刊：2007(3).

［13］Alderson, J. C. Bands and Scores［M］. In J. C. Alderson & B. North (eds.), Language Testing in the 1990s：The Communicative Legacy, 76-86. London：Macmillan Publishers Limited, 1991.

［14］Bachman, L. F. Fundamental Considerations in Language Testing［M］. Oxford：Oxford University Press, 1990.

［15］Canale, M. & M. Swain. Theoretical bases of communicative approaches to second language teaching and testing［J］. Applied Linguistics 1, 1-47, 1980.

［16］Council of Europe Common European Framework of Reference for Languages：Learning, Teaching and Assessment ［M］. Cambridge：Cambridge University Press, 2001.

［17］Ek, J. V.&J. M. Trim. Vantage Level. Strasburg：Council of Europe, 1997.

[18] Ek，J. V. & L. G. Alexander. Threshold Level English—in a European Unit/Credit System for Modern Language Learning by Adults [M]. Oxford：Pergamon Press，1975.

[19] Ek，J. V.，L. G. Alexander & M. A. Fitzpatrick Waystage English—An Intermediary Objective Below Threshold Level in a European Unit/Credit System of Modern Language Learning by Adults[M]. Oxford：Pergamon Press，1977.

[20] Hymes，D. On Communicative Competence[M]. In J. B. Pride & J. Holmes (eds.)，Sociolinguistics，269 - 293. Harmondsworth：Penguin，1972.

[21] Munby，J. Communicative Syllabus Design：A Sociolinguistic Model for Defining the Content of Purpose Specific Language Programmes [M]. Cambridge：Cambridge University Press，1978.

[22] North，B. The Development of a Common Framework Scale of Language Proficiency[M]. New York：Peter Lang，2000.

[23] Tannenbaum. R. & C. Wylie. Mapping English Language Proficiency Test Scores onto the Common European Framework [M]. Princeton. New Jersey：Educational Testing Service，2005.

[24] Wilkins，D. A. Notional Syllabuses [M]. Oxford：Oxford University Press，1976.

英语口语能力描述语因子分析及能力等级划分
——制定语言能力等级量表实证研究

导读

　　本节是一个国家社科基金项目(编号：06BYY027)科研成果的一部分。用65条英语口语能力的描述语编制成一份问卷,进行了较大规模的评价调查,目的在于检验科研小组所提出的语言能力等级量表设计原则和方法的科学性与可行性。本节使用因素分析的方法来验证描述语的分类合理性,用聚类分析的方法来验证描述语分级的合理性,很值得借鉴。这样可以形成大规模调查数据分析结果与专家主观评判意见的相互验证,使得量表效度得到较好的保证。

一、引言

　　制定语言能力等级量表涉及大量描述语的收集、整理和量表化。North(2000)从理论和实践方面对此进行了深入的研究。Council of Europe(2001)则是对语言能力描述语进行量表化并进而形成语言能力等级共同量表的具有广泛影响的文献。在我国语言教学和测试领域对语言能力水平等级划分和描述的情况复杂,制定语言能力等级共同量表势在必行(戴炜栋2001;杨惠中、桂诗春2007;方绪军、杨惠中、朱正才2008)。

　　制定语言能力等级共同量表工程浩大。考虑到我国目前语言教学和语言测试在组织、机构、层次等方面种类繁多,规模庞大,实际情况复杂,要毕其功于一役是不现实的。一条可行的途径是先从局部做起,分阶段逐步实现制定共同量表的目标。比如,当前可以先着手制定我国英语能力等级共同量表,这既十分迫切,也具有现实可行性,并且在研究原则和方法上可以作为一种先行尝试。我们采用方绪军、杨惠中、朱正才(2008)提出的原则和方法,对英语口语能力的描述和分级进行了一次较大规模的实验研究,以验证其科学性和可行性。

制定口语能力等级量表首先需要一套大家一致认可的口语能力描述语,这样才能准确、客观地描述学习者或考生口语能力水平的高低。语言能力描述语是语言测试和语言教学工作中对语言能力进行描述的基本操作工具,是语言测试和语言教学工作中用来描述语言能力的基本规范用语。一套系统的语言能力描述语是一定的语言能力理论的具体体现,它们为语言测试和语言教学在内容上提供基本的参考依据和框架。

从交际语言能力理论(Bachman 1990;杨惠中 1999;Luoma 2004)的观点看,口语能力通常包括语言要素的运用能力(语音、词汇、语法结构方面使用的准确性和丰富性)、话语组织能力(关联词语之类的连接手段的使用、连续话语的长度、语句和语段之间在语义上的连贯性)、社会语言能力(口语表达的得体性、有效参与口语交际活动的范围大小、口语交际策略的运用能力)。要对口语能力进行比较全面的描述,就应该从这些方面着手,构建口语能力描述的基本框架。确定了口语能力描述的基本框架后,就可以着手建立描述语库。广泛收集口语能力描述语,分析原描述语,并标定其描述参数,合并内容重复的描述语,统一描述语的表述形式或风格,最后将描述语初步排序。这样建立了一个包括 65 条描述语的英语口语能力描述语库。

采用上述方法建立的描述语库中的描述语能否有效描述英语学习者或考生的口语能力还需要进行大规模的调查验证,以获得实验数据支持。为此我们进行了一次较大规模的描述语使用情况的调查实验。本节报告并分析本次调查实验的部分研究结果。

二、研究设计

调查描述语的使用情况可用多种方式,如使用给定的描述语,由评定者来评定考生的语言能力水平,教师评定所教学生的语言能力水平,用人单位评定员工的语言能力水平,考生自评,学生互评等。本实验的基本方法是选择有代表性的 10 名考生的口语考试录像,邀请、组织相当数量有经验的英语教师作为评定者,用给定的描述语对考生的英语口语能力逐一进行评定,然后根据评定结果调查描述语的使用情况,检验各条描述语的有效性,并根据量化处理的结果对英语口语能力进行等级划分。本研究将经过整理、提炼的 65 条描述语分为三个方面,按一定的顺序编码排列如下:

P101~126:共 26 条描述语,用以描述语言使用的准确性、丰富性。

P201~215:共 15 条描述语,用以描述话语的衔接、意义的连贯性。

P301~324:共 24 条描述语,用以描述表达的灵活性、得体性、有效性。

这样分类主要是依据全国大学英语四、六级考试委员会(1999)提出的口语能力结构模型,也是 CET‑SET 的评分模型。我们用这 65 条描述语组成问卷,邀请上海、南京、西安、武汉等 22 所高校共 183 位英语专业或大学英语教师作为评定者对评定对象的英语口语能力水平进行评定。评定对象是参加 CET‑SET 的 10 名考生的录像资料,其中成绩为 A+ 的有 3 人,成绩为 B 的有 2 人,其他等级都是 1 人。问卷上不出现考生的成绩。

评定过程中,评定者用问卷提供的 65 条描述语分别对 10 位考生的口语能力水平进行评定,评定者观看考生的考试录像(如果需要,可以反复观看),并根据问卷指定的考生在录像中的口语表现,判断问卷中所提供的每条描述语用来描述该考生口语能力的合适程度,合适程度分为五个等级,要求评定者选择唯一一项。各程度等级的含义为:

①未达到;②勉强达到;③基本达到;④较好达到;⑤完全达到

本实验主要研究以下两个问题:

(1)用因子分析的方法探索 65 条描述语可以分为哪几个大的方面来描述和评价口语能力?

(2)用聚类分析方法求证 65 条描述语所描述的考生(指全部 1 830 组考生数据)的口语能力水平划分为几个等级比较合适?

三、研究结果

(一) 三个公因子

口语能力评分是主观性判断,不同评定者用一套相同的描述语来描述相同考生的口语能力水平时,在判断描述语的合适程度方面必定会有一定的差异。因子分析有助于了解描述语所描述口语能力的本质属性,有助于了解评定者使用描述语来描述和评价考生口语能力水平合适程度时产生差异的原因。因子分析发现 65 条描述语中包含了三个公因子,这似乎意味着这些描述语是从三个大的方面来描述考生的口语能力的。

由 183 位评定者根据 10 名考生的英语口语能力表现水平进行评定,在 65 条描述语上共产生 1 830 组数据(10×183=1 830),表 4-5 的 KMO and Bartlett's Test 显示 65 条描述语之间存在相关性,符合因子分析的统计学要求。

表 4-5 KMO and Bartlett's Test

Kaiser-Meyer-Olkin Measure of Sampling Adequacy.	.992
Bartlett's Test of Approx. Chi-Square	197 148.721
Sphericity　　　　df	2 080
Sig.	.000

对全部评定数据作主轴因子分析并经斜交旋转后显示,显著性突出的公因子共有三个。排在第一位的是因子一,主要包含的是问卷第三方面的描述语,即表达的灵活性、得体性、有效性,在总共 24 条描述语中有 19 条描述语普遍有大于 0.45 因子载荷。排在第三位的因子三则是问卷第一方面的描述语,即语言使用的准确性、丰富性,在总共 26 条描述语中有 17 条描述语普遍大于 0.45 的因子载荷。而排在第二位的因子二的因子载荷大于 0.45 的描述语中混合了来自问卷中三个方面的描述语,如果要将其解释成话语的衔接、意义的连贯性很难令人信服。

研究因子相关矩阵(factor correlation matrix)后发现因子之间显著相

关(见表 4-6)。这从语言学角度看是很自然的事情。因为这些描述语都是针对口语能力设计的,而口语能力的各个侧面彼此相关。比如,很难发现一个人口语表达灵活得体,却词汇贫乏,错句连篇。而从统计分析角度看,则佐证了使用因子斜交旋转的合理性。

表 4-6 因子相关矩阵

因子一	因子二	因子三
1.000	.760	.805
.760	1.000	.740
.805	.740	1.000

(二) 聚类分析结果

将全部 1 830 组考生数据在 65 条描述语上的评定结果作聚类分析,结果如表 3 所示。聚类分析(quick cluster)是根据评定者使用 65 条描述语评价考生语言能力合适程度的数据,把能力水平及能力结构类似的考生归在一类。从分类结果(见表 4-7)看,共分六类:1 类主要包含 CET‐SET 口语考试成绩为 A+和 A 的考生;2 类主要包含成绩为 B 和 B+的考生;3 类人数太少,可以并入其他类;4 类主要包含成绩为 B,C 和 C+的考生;5 类主要包含成绩为 D 的考生;6 类与 2 类很近似,可以考虑合并,共分四类比较合适。这说明四类考生的口语能力水平分别处于四个不同的等级。

表 4-7 聚类分析结果

		聚 类						总数
		1	2	3	4	5	6	
考生等级	A+	466	72	6	0	0	5	549
	A	57	80	2	11	0	33	183
	B+	36	90	2	20	0	35	183
	B	34	132	3	84	11	102	366

续　表

		\ 聚　　　类						总数
		1	2	3	4	5	6	
考生等级	C⁺	0	16	0	74	34	59	183
	C	2	27	0	81	25	48	183
	D	0	9	0	43	119	12	183
总数		595	426	13	313	189	294	1 830

四、讨论

（一）因子一分析

在问卷总共 65 条描述语中，因子一在 27 条描述语上有大于 0.45 的因子载荷，其中有 19 条来自问卷的第三方面：表达的灵活性、得体性、有效性。这些描述语的因子载荷都在 0.50 以上，而且相对集中。因子一中另有 8 条来自第二方面：话语的衔接、意义的连贯性。这些描述语的因子载荷都在 0.54 以下，也相对集中，如表 4-8 所示。

表 4-8　因子一所概括的描述语及其载荷

		因　　子		
		一	二	三
在交谈中能积极地与对方保持合作	P314_1	.864		
能自然地发起、参与、保持、结束谈话、转接话轮	P322_1	.839		
交际过程中动作、表情自然	P316_1	.819		
能应对复杂或抽象的话题，甚至争论	P323_1	.791		
表达时伴随的举止行为、表情基本得体	P315_1	.754		

续　表

		因　子		
		一	二	三
能有效地完成一般场合的交际任务	P321_1	.746		
能有效地参与各种交际活动	P324_1	.733		
能根据表达需要得体地使用语言	P313_1	.731		
能采用灵活、有效的交流补救措施	P308_1	.678		
能礼貌地表达观点、意见、态度等	P310_1	.650		
能自然地与他人进行交流	P307_1	.634		
能根据表达需要,选择适当的表达形式	P306_1	.630		
表达符合社会文化习惯	P312_1	.625		
能发起、参与、保持、结束一段谈话	P320_1	.599		
能基本有效地完成日常的或比较熟悉场景的交际任务	P319_1	.589		
能采用重复、询问等简单手段,或借助肢体语言,解决交流困难	P304_1	.585		
能采用迂回表述、换说、解释等手段弥补语言能力的缺陷	P305_1	.553		
在一般交际场合能选择较合适的表达形式	P303_1	.539		
话语组织或结构衔接自然	P206_1	.537		
表达流利、自然	P212_1	.509		.501
表达基本得体	P311_1	.507		
语流顺畅,无不自然的停顿、迟疑	P211_1	.504		.462
能很好地使用各种话语组织手段	P204_1	.500		.483
语速正常	P208_1	.500		

		因　子		
		一	二	三
意义连贯	P215_1	.500		
使用关联词语自然	P205_1	.465		
能进行较长时间的交谈	P209_1	.455		

分析来自问卷第三方面"表达的灵活性、得体性、有效性"的 19 条描述语可以发现其中有 6 条描述语(P304,P305,P308,P314,P320,P322)可归为描述考生口语表达的灵活性,属于对交际策略的描述,有 9 条描述语(P303,P306,P307,P310,P311,P312,P313,P315,P316)可归为描述考生使用话语的得体性,有 4 条描述语(P319,P321,P323,P324)可归为从总体上描述考生参与或完成交际任务的有效性。这三个方面(运用适当的交际策略,得体地使用话语,参与或完成交际任务的有效性)从运用话语形式完成交际任务的有效性角度来描述口语能力水平,因此也可以进一步概括为对交际有效性的描述。

因子一上还有因子载荷大于 0.45 的 8 条描述语(P204,P205,P206,P208,P209,P211,P212,P215)来自问卷第二方面。这些描述语主要涉及话语组织的自然程度与连贯性,它们描述的是说话人使用语言形式或语言单位组织连贯话语的能力。在口语交际过程中,话语在形式上前后衔接,在语义内容方面自然、连贯,有利于实现交际的有效性。因此,这些描述语在更高的层次上也可以归为描述交际的有效性方面。

(二) 因子二分析

因子分析结果显示,排在第二位的公因子主要与 16 条描述语有关(因子载荷大于 0.45),但混合了来自问卷中三个方面的描述语,如表 4-9 所示。

还有两条描述语在因子二上的载荷也大于 0.45(但它们在因子三上的载荷更大)(见表 4-10)。

表 4-9　因子二所概括的描述语及其载荷

		因　子		
		一	二	三
能使用结构简单的语句	P117_1		.949	
能使用基本语句	P119_1		.911	
能使用简单的表达方式	P122_1		.896	
能使用简单的词汇	P121_1		.879	
能用简单的语句进行陈述、提问	P118_1		.864	
能使用简单的日常用语	P123_1		.843	
能用简单的词语或句子进行有限的交际	P301_1		.816	
能较为适当地运用一些简单的词语或句子	P309_1		.783	
能用语言完成一些最基本的交际任务	P317_1		.775	
能使用简单的连接词	P201_1		.733	
就熟悉的话题,能进行简单的交流	P318_1		.699	
能使用常见的连接词连接短语或简单的语句	P202_1		.609	
能正确使用基本的语法结构	P107_1		.583	
表达意思基本清楚	P114_1		.575	
意义有一定的连贯性	P213_1		.520	
语速基本正常	P207_1		.462	

表 4-10　在因子二和因子三上均有较高载荷的描述语

		Factor		
		1	2	3
词语发音基本正确	P101_1		.458	.642
词语使用基本正确	P110_1		.473	.521

这 18 条描述语来自问卷的三个不同方面,有的涉及语言使用的准确性、丰富性,有的涉及话语的衔接、意义的连贯性,也有一些涉及表达的灵活

性、得体性、有效性。显然公因子二很难与问卷设计时所设想的描述口语能力水平的某单个方面相对应。

考察与因子二有关的全部18条描述语不难看出，它们中都含有"简单"（10条）、"基本"（7条）、"一定"（1条）这样表示不确定量的词语。P202条的描述语除了含"简单"一词外，还含有"常见"一词。这很可能是这些描述语被聚集在一起的重要原因。

North（2000：86）讨论过含有 some，afew，several，many 等词语的描述语在使用过程中具有不稳定性。我们在整理和提炼描述语时已经注意尽量避免使用含有"一些""许多"之类表示不确定量的词语。但本研究结果表明，"简单""基本""一定""常见"等表示不确定量的词语也影响描述语使用的一致性。不同的评定者对"简单的词汇""简单的日常用语""简单的表达方式""简单的语句""简单的连接词""基本语句""基本的语法结构""基本的交际任务""基本正确""基本清楚""基本正常""一定的连贯性""常见的连接词"等描述语所表示的含义会有不同理解。就拿"简单的词汇"来说，仅仅指频率最高的500词，还是频率最高的1 000词甚至3 000词，人们会有不同的理解。这样一来，同一条描述语所描述的口语能力水平就会有很大差异。

因此，描述语中如果要保留这些带有不定量表述的词语，就必须作进一步的定量说明，明确列出哪些词语属于"简单的词汇""简单的连接词"，哪些用语属于"简单的日常用语"，哪些结构属于"基本的语法结构"，只有定性与定量相结合才有可能提高评分的客观性和一致性。

（三）因子三分析

因子三所概括的17条描述语（见表4-11）全部来自问卷中的第一方面，这些描述语普遍有大于0.5的因子载荷，这个公因子解释为语言使用的准确性、丰富性较为妥当。

这些描述语聚集在一个公因子下，一方面表明它们在描述口语能力水平的属性方面具有一致性，即描述口语交际中运用语言形式和语言单位的准确性和丰富性；另一方面也表明这些描述语含义比较明确，评定者对它们所描述和评价的口语能力水平高低的认定比较一致。在评定者看来，这些描述语中包含的"准确""正确""清楚""丰富"等词语的含义相对明确。

表 4-11 因子三所概括的描述语及其载荷

		因 子		
		一	二	三
发音准确	P104_1			.811
词语使用准确,极少出错	P112_1			.782
语法结构使用准确、极少出错	P109_1			.738
能用准确的语言表达语义的细微区别	P116_1			.726
语调自然	P103_1			.699
能正确使用结构复杂的语句	P108_1			.686
词汇量丰富	P125_1			.667
能熟练而准确地使用惯用语	P113_1			.665
轻重音、节奏和语调自然	P105_1			.650
词语发音基本正确	P101_1		.458	.642
语调基本正确	P102_1			.621
表达意思清楚	P115_1			.565
能运用足够的词汇表情达意	P126_1			.564
能正确使用常用词语	P111_1			.542
能使用较长的、结构复杂的语句	P120_1			.527
词语使用基本正确	P110_1		.473	.521
词汇量较为丰富	P124_1			.508

　　因子三所概括的 17 条描述语中有 13 条(P101,P102,P104,P103,P105,P111,P110,P113,P108,P112,P109,P115,P116)描述口语交际中使用话语在语音、词语、结构、语义表达等方面的准确性,有 4 条(P124,P125,P126,P120)描述口语交际中运用词语、结构的丰富性。这两方面的描述语

聚集在因子三之下,表明问卷中将这两方面描述语合并为一个部分具有一定的合理性。

但问卷中的语言使用的准确性、丰富性方面另有 9 条描述语(P106,P107,P114,P117,P118,P119,P121,P122,P123)在因子三上的载荷很低,甚至没有体现。这些描述语中除了 P106 条以外,其他 8 条描述语在因子二上的载荷都大于 0.5。考察发现这些描述语中都含有"简单""基本"等表示不定量的词语,它们在因子二上有较高的载荷。

P106 条描述语(语法有错误,但不影响交际)在三个重要的公因子上都没有显示因子载荷,说明它在各因子上的载荷都很低,这可能跟这条描述语的否定性有关。评定者在评价考生的口语能力时可能更多的是从正面关注考生具有怎样的语言能力,即从肯定的方面看考生能用语言完成怎样的交际任务,而不是关注考生使用语言犯了多少错误。从否定方面描述考生口语表现的描述语"语法有错误,但不影响交际"与三个公因子所概括的其他描述语从肯定的方面进行描述的性质不同,因此在三个公因子上都没有显示因子载荷。

（四）因子分析与口语能力描述的方面

将因子分析结果与各因子下所聚集的描述语所描述的语言能力方面联系起来看,因子一下聚集的描述语可以概括为描述交际的有效性,因子三下的描述语全部来自问卷的第一方面。因子二所概括的描述语分别来自问卷的三个部分,这些描述语中都含有表示不定量的"简单""基本""一定""常见"等修饰限制词,它们所描述的口语能力水平的属性缺乏内在的一致性,而且这些描述语不适宜用来描述较高水平的口语能力,因此将这些描述语作为描述口语能力水平的一个方面缺乏理论依据,在实践上也行不通。因子分析的结果显示问卷中的描述语大体可以分为两大类:一类是对口语交际有效性的描述和评价(因子一),一类是对语言使用的准确性和丰富性的描述和评价(因子三)。

应当指出因子分析所显示的三个因子表示的是评定者在使用描述语对考生语言能力进行评定时合适程度的差异,因子一差异大,因子三差异小,而不表示考生口语能力的构成要素中哪一个因素更重要。

　　根据因子分析结果可以推断口语能力描述或评价可以从两大方面着手：一方面是使用话语完成交际任务的能力，描述或评价时着眼在使用话语参与或完成交际任务的有效性；另一方面是使用语言形式和单位（包括语音、词汇和语法结构等）构成语句的能力，描述或评价时着眼在语言使用的准确性和丰富性。

　　语言教学传统上向来重视对语言要素（包括语音、词汇、语法结构等）的教学，重视语言形式和单位使用的准确性和丰富性，这从根本上保证了学习者使用语言的准确性和丰富性。从语言测试发展历程看，在结构主义心理测量学时期十分重视对语言要素掌握情况的测试，注重语言要素使用的准确性和丰富性，教师和语言测试人员对考生在语言使用的准确性和丰富性方面也比较容易形成一致的认识，语言测试比较容易达到较高的信度。由于语言要素是语言使用必需的材料，对语言要素掌握程度如何直接决定着语言使用水平的高低，即考生掌握语言要素的情况客观反映了考生的语言能力。因此，测试考生掌握语言要素的准确性和丰富性就是测试考生的语言能力，体现了语言测试的效度。可以说语言使用的准确性、丰富性是语言能力的核心。

　　既然评定者使用因子三所概括的描述语对考生口语能力水平高低的描述和评价差异较小，看法一致性程度高，而语言使用的准确性和丰富性又是语言能力的核心，就应当将其作为描述和评价口语能力水平高低最重要的方面，在口语测试评分标准中可适当增加在这方面评分的权重。这也有利于保证口语测试评分的信度。

　　尽管评定者使用因子一所概括的描述语描述和评价口语能力水平的高低有一定的差异，但从定性的角度说，完成交际任务的有效性毕竟是衡量说话人口语能力水平高低的重要指标。从基于任务的语言教学与测试的观点看，使用话语完成交际任务的有效性甚至是描述和评价口语交际能力的首要指标。因此，尽管人们使用这部分描述语描述和评价口语水平高低的评定结果有较大差异，它们仍然应作为描述和评价口语能力水平的一个重要方面。

　　语言使用的准确性和丰富性以及口语交际的有效性可以视为口语能力结构的内外两个方面。前者涉及在口语表达中运用语音、词汇、语法结构等形式和单位的准确性和丰富性，这些可以视为口语能力结构的内部和核心。

后者涉及在一定的口语交际场景、交际活动中运用和组织语句，参与或完成交际任务的灵活性、得体性和有效性，这是口语能力的语用方面，可以视为口语能力结构的外部。口语能力正是这样内外两个方面的有机结合。

从因子分析结果还可以看出问卷中有些描述语的表述尚待改进。问题最突出的是因子二所概括的描述语都含有不定量的描述，这些不定量表述容易引起理解的分歧。还有 5 条描述语（P203，P214，P210，P106，P302）在三个因子上都没有显示因子载荷，其中的原因也值得研究。P203 条"能有效地使用一定的连接手段"和 P214 条"意义基本连贯"都含有不定量表述，但在因子二上却没有显示因子载荷。P210 条"能比较流利地进行表达"在三个因子上没有显示因子载荷，似乎跟人们对流利的含义有不同认识有关。P106 条"语法有错误，但不影响交际"和 P302 条"对表达中的一些明显的语言错误有所察觉，并能予以纠正"都是否定的描述，这种描述语应尽量避免使用。

（五）描述语所描述能力的等级划分

在编制问卷时我们将描述语进行了初步排序和分级，以便做到有序化。如问卷中关于语音准确性的描述共有 5 条描述语，由低到高初步排序如下：

P101　词语发音基本正确

P102　语调基本正确

P103　语调自然

P104　发音准确

P105　轻重音、节奏和语调自然

这种排序虽然主观，但一般不会有歧义，如"发音准确"显然比"发音基本正确"程度要高。但是 P103 条"语调自然"和 P104 条"发音准确"所描述的口语能力水平孰高孰低人们就可能有不同的看法，需要通过调查来确定。在编制问卷时它们只是暂且被排在一起。这样初步排序仅是为了便于评定者使用，并不影响量表化的结果。因为所谓量表化，是指被调查群体集体判断的统计结果。

假定有四名考生的英语口语能力由低到高排列为 S1，S2，S3，S4，他们的能力水平分别可用由低到高排列的描述语 M1，M2，M3，M4 进行描述，但是描述语顺序错排成了 M1,M4,M3,M2(M4 和 M2 的位置排错了)。如果评定者是一个大数量群体(如调查 100 位以上有经验的教师),而且在评定时工作都非常认真负责,那么统计结果一定会显示 M2 适合描述考生 S2 的语言能力,而 M4 适合描述考生 S4 的语言能力,这样得到的就是描述语量表化的结果。只要实验条件能满足要求,所得结论就是可靠的。

本研究要求评定者根据考生的表现对每条描述语适合描述该考生能力水平的程度进行判定,从未达到到完全达到,在五个程度中选择唯一的一项。显然某一条描述语用来描述和评价水平不同的考生,它的合适程度是不同的。比如,P108 条描述语(能正确使用结构复杂的语句)用来描述水平等级为 A＋的考生显然比较合适,全体评定者所判定的平均合适程度为4.375 4(介于较好达到和完全达到之间)。而这条描述语用来描述水平等级为 D 的考生明显不合适,全体评定者所判定的平均合适程度仅为 1.745 3(介于未达到和勉强达到之间)。这条描述语用来描述和评价 10 位水平等级不同考生(A＋考生 3 名,B 考生 2 名)的平均合适程度为 3.278 7。

正因为每条描述语用来描述和评价不同等级考生口语能力水平的合适程度有高有低,因此有可能按照平均合适程度的高低对描述语进行排序。比如,对于"能使用简单的词汇"(P121)这条描述语,高端和低端考生都能完全达到或较好达到,平均合适程度必高,而"词汇量丰富"(P125)这条描述语只有高端考生才能达到,平均合适程度必低。因此,平均合适程度较高的描述语较为适合描述较低的口语能力水平,而平均合适程度较低的描述语则较为适合描述较高的口语能力水平。统计显示,P107 条描述语"能正确使用基本的语法结构"描述各等级口语水平的平均合适程度为 3.818 5,而 P108 条描述语"能正确使用结构复杂的语句"描述各等级口语水平的平均合适程度为 3.278 7。两者相比较,可见 P108 条描述语适合描述较高的口语水平,而 P107 条则适合用来描述较低的水平。

根据每条描述语所描述口语能力水平的平均合适程度的高低,将全部65 条描述语进行线性排序,可以发现一端是平均合适程度最高的 P121 条"能使用简单的词汇"(4.115 6),另一端是最低的 P125 条"词汇量丰富"(2.991 0)。描述语的量表化排序为划分口语能力水平的等级提供了可能。在这条线性序列上可以根据需要将已经排序的 65 条描述语分为任意个等级,用来描述不同等级的口语能力水平。但实际上,在划分口语能力水平等级时至少要考虑两个方面。

一方面,不同等级上的描述语之间应有比较明显的区别。如 P117 条"能使用结构简单的语句"(4.113 8)和 P108 条"能正确使用结构复杂的语句"(3.278 7)各自所适合描述的口语能力水平之间的差异是比较明显的,但 P117 条"能使用结构简单的语句"(4.113 8)和 P119 条"能使用基本语句"(4.084 4)各自所适合描述的口语能力水平之间的差异就不那么明显。因此,从可操作性和实用性角度说,将 P117 条和 P108 条描述语放在不同的水平等级是适宜的,而将 P117 条和 P119 条放在不同的水平等级里区分起来就很困难。

另一方面,各个等级里描述口语能力各个方面的描述语在数量上应当基本适宜。这里所谓基本适宜包括两层含义:一是各个等级里的描述语总的数量基本适宜,二是各个等级里所包括的各个具体方面的描述语数量也分别基本适宜。如果将这 65 条描述语划分的等级过多,势必会造成有的等级在描述某方面口语能力时描述语数量过少,甚至完全没有。

就本研究所涉及的考生能力范围而言,综合以上考虑,我们认为,将口语能力水平分为四个等级比较合适。问卷结果显示,65 条描述语用来描述口语能力水平的平均合适程度全距为 1.124 6(4.115 6～2.991 0)。将这 1.124 6 分为四等分,则每段跨距约为 0.281 6。

第一段:4.115 6～3.833 7(共 14 条:P101,P117,P118,P119,P121,P122,P123,P201,P202,P301,P309,P310,P317,P318);

第二段:3.823 7～3.570 2(共 18 条:P102,P103,P104,P106,P107,P110,P111,P114,P207,P213,P214,P303,P311,P312,P314,P315,P316,P319);

第三段:3.546 3～3.269 9(共 22 条:P105,P108,P109,P113,P115,P120,P124,P203,P205,P206,P208,P209,P210,P302,P304,P306,P307,P313,P320,P321,P322,P324);

第四段:3.234 3～2.991 0(共 11 条:P112,P116,P125,P126,P204,P211,P212,P215,P305,P308,P323)。

将这四段中所包括的描述语分别作为描述和评价口语能力水平四个等

级的描述语,从而将它们分为四个等级。从数量上看,较低和较高等级描述语数量较少,中间两个等级描述语较多,而这也恰恰符合语言能力等级描述的一般需要,即中间等级人数多,社会需求量大面广,能力描述需要具体详细,描述语数量要丰富具体一些。而较高等级涉及人数较少,较低等级能够完成的交际任务有限,这两个等级的社会权重较轻,能力描述可以概括简略一些,描述语数量也可以少一些。

聚类分析结果也证实,就本研究所涉及的考生能力范围而言,考生口语能力水平分别处于四个不同的等级,这和根据量表化结果对65条描述语所划分的等级是一致的。

五、结语

本次调查所用问卷将描述和评价口语能力水平的描述语属性分为语言使用的准确性、丰富性,话语的衔接、意义的连贯性,表达的灵活性、得体性、有效性等三个方面。这样设想的构念效度如何,因子分析可以作为一种检验手段。通过因子分析得到三个因子,因子一所概括的描述语主要来自问卷的第三方面和第二方面,这些描述语可以概括为描述交际的有效性。因子三所概括的描述语全部来自问卷的第一方面,这表明在描述口语能力水平时将语言形式和语言单位使用的准确性和丰富性合并为一个方面是可行的、合理的。因子二所概括的描述语分别来自问卷的三个部分,描述语中都含有表示不定量的修饰限制词,它们所描述的口语能力属性也缺乏内在的一致性,因此很难将它们概括为描述口语能力的一个方面。

在等级划分方面,根据每条描述语用以描述考生口语能力水平的平均合适程度进行排序并划分等级这一做法也是可行的,划分为四个等级(各等级包含的描述语总数及描述口语能力所涉及的各方面)就实验所涉及的考生英语口语能力范围而言也是恰当的。如果要区分或描述更多的水平等级,可以根据这些描述语评定考生口语能力水平的平均合适程度的排列顺序将这些描述语分为更多的等级,或者将上述四个等级向两端扩展,设置更高的级别或更低的级别。但是无论采用哪种方法,都必须相应地增加更多具有一定区分能力的描述语。

本研究表明,整理、提炼大量的语言能力描述语,对描述语的使用情况进行大规模的群体调查,根据调查数据将描述语量表化,采用这种方法制定语言能力等级量表是可行的。根据调查数据还可以发现描述语表述方面存在的问题,为描述语的改进提供了依据。

使用给定的描述语由适当的评定者对语言学习者的语言能力进行评定的方式有多种,本研究仅采取其中的一种方式,即使用给定的描述语由有经验的教师评定考生的口语能力水平。在描述语量表化工作中如果能够采用多种方式进行大规模调查,获得的数据相互印证,量表化的结果会更加可靠,来自不同方面的数据也是语言能力等级量表的效度证据。

　　——原载于《现代外语》,2011(2);作者:杨惠中,朱正才,方绪军。

参 考 文 献

[1] Bachman, L. F. Fundamental Considerations in Language Testing [M]. Oxford: Oxford University Press, 1990.

[2] Council of Europe.Common European Framework of Reference for Languages: Learning, Teaching, Assessment[M]. Cambridge: Cambridge University Press, 2001.

[3] Luoma, S. Assessing Speaking [M]. Cambridge: Cambridge University Press, 2004.

[4] North, B.The Development of a Common Framework Scale of Language Proficiency[M]. New York: Peter Lang, 2000.

[5] 戴炜栋.构建具有中国特色的英语教学"一条龙"体系[J].外语教学与研究, 2001(5):322-328.

[6] 方绪军,杨惠中,朱正才.制定全国统一的语言能力等级量表的原则与方法[J].现代外语,2008(4):380-387.

[7] 全国大学英语四、六级考试委员会.大学英语口语考试大纲及样题[M].上海:上海外语教育出版社,1999.

[8] 杨惠中.大学英语口语考试设计原则[J].外语界,1999(3):48-56.

[9] 杨惠中,桂诗春.制定亚洲统一的英语语言能力等级量表[J].中国外语, 2007(2):34-37.

附　录
专业术语英汉对照表

ability　能力

adverse impact　负面影响

Analysis of Variance(ANOVA)　方差分析

argument　论证,论据

assessment　评价,测评

bias　偏差

can-do statement　"能做"描述

calibration　参数标定

certification　认证

claim　说明,声明

Chi-Square contingency table　卡方列联表

classical item analysis　经典题目分析

cognitive test　认知测试

competence　语言能力

confirmatory factor ananlysis　实证性因子分析

construct　构念

continuum　连续统

criterion　尺度,效标

differential Item Functioning　题目功能差异

discrimination　区分度

descriptor　描述语

domains　领域

empirical   实证研究

equating   等值

error in measurement   测量误差

evidence   证据

examination   考试

examinee   考生

exploratory factor ananlysis   探索性因子分析

feedback   反馈

formal definition   正式定义

formative assessment   形成性评价

item   题目,项目

intuitive methods   直觉法

item response theory   题目反应理论

language activities   语言活动

latent trait model   潜在特质模型

logistic regression   逻辑斯蒂克回归

null hypothesis testing   假设检验

qualitative methods   定性法

quantitative methods   定量法

statistical modeling   统计建模

tasks   任务

interaction   交互作用

Item Characlerisric Curve(ICC)   题目特征曲线

item parameter   题目参数

local independence   局部独立性

one parameter model   单参数模型

parameter estimates   参数估计

performance   语言行为

performence test   行为测试

polytomously scored item   多级评分题

proficiency scale　能力等级量表

principal component analysis　主成分分析

psychometrics　心理测量学

range-finders　评分参照样卷

two-paramctcr model　两参数模型

three parameter model　三参数模型

true score　真分数

sampling　抽样

scaling　量表化

score interpretation　分数解释

severity　松紧度

social consequence　社会后效

social perspective　社会视角

social impact　社会影响

social responsibilities　社会责任

social weight　社会权重

stakeholder　利害关系人

statistical bias　统计偏差

summative testing　终结性测试

task　任务

test misuse　考试误用

test-taker　考生

ture score　真分数

validity　效度

washback　反拨作用